Sufi-Tagebuch

Hinweis des Verlags

Seit der Neuausgabe des *Sufi-Tagebuches* von Carl Vett sind wir in der Türkei auf zusätzliche Informationen rund um dieses Buch gestoßen: biografische Notizen zu Scheich Essad Efendi, seinem Sohn Mehmet Ali, dem »Bey« genannten Freund des Autors, zu seinem Dolmetscher und zu Scheich Küçük Efendi. Dafür bedanken wir uns sehr herzlich beim Istanbuler Verlag *Kaknüs Yayınları,* bei dem die türkischsprachige Ausgabe dieses Buches unter dem Titel *Dervişler Arasında İki Hafta* erschienen ist (www.kaknus.com.tr).

Außerdem steht uns ein in der Türkei bislang noch zensierter Artikel von Professor Cevdet Küçük (Marmara-Universität, Istanbul) über den sogenannten »Vorfall von Menemen« zur Verfügung, der die politischen Hintergründe aufgreift, die 1931 zur Verhaftung von Scheich Essad Efendi, seinem Sohn Mehmet Ali und anderen führten (siehe Seite 7 f.).

Dieses Zusatzmaterial kann auf folgender Website kostenlos eingesehen werden:

www.verlaghjmaurer.de

CARL VETT

Sufi-Tagebuch

Seltsame Erlebnisse in einem Derwischkloster

Mit einem Beitrag
von André Ahmed Al Habib

Die Erstausgabe dieses Buches erschien 1931 im
Verlag HEITZ & CO, Leipzig – Straßburg – Zürich,
unter dem Titel:
Seltsame Erlebnisse in einem Derwischkloster

Der Verlag dankt der Familie Mehmet İş.

Bearbeitete Neuausgabe mit freundlicher Genehmigung von
Frau Lise Juul, Dänemark.

Neubearbeitung: Hans-Jürgen Maurer
Covergestaltung: Rosi Weiss
Innenlayout und Satz: Hans-Jürgen Maurer
Korrektorat: Sylvia Schaible

Verlag Hans-Jürgen Maurer
Frankfurt am Main

www.maurer.press
info@verlaghjmaurer.de

ISBN 978-3-929345-22-3

Inhaltsverzeichnis

Verzeichnis der Abbildungen:

VORWORT

Vor etwa sieben Jahren lebte ich in Konstantinopel und erlangte 1925
nach dem, was allgemein gesagt wurde, als erster Nichtmuslim die
Erlaubnis, in einer Tekke* – und zwar der Naqshbandi-Derwische – eine
Zeitlang als Ordensbruder zu leben. Durch vieljährige Studien waren
mir die Phänomene der Parapsychologie bekannt; so lag mir daran, die
ekstatischen Zustände der Derwische unter den Initiationsvorgängen
zu studieren, denn die Geheimorden des Islam sind Initiationsschulen.

Während und vor diesem Aufenthalt wurde ein Tagebuch geführt,
das eigentlich nicht für die Öffentlichkeit bestimmt war. Aber nach den
letzten traurigen Ereignissen in der Türkei, wo vor kurzem (im Februar
1931) in Menemen 29 Todesurteile vollstreckt wurden, hauptsächlich
unter Angehörigen des genannten Ordens, von denen damals einige mit
dem Verfasser – unter Führerschaft des alten Scheichs Essad – im Kloster lebten, meint er, daß seine damaligen Erfahrungen auch für weitere
Kreise von Interesse sein könnten, und hat sich deshalb für eine Veröf-
fentlichung entschieden.

Es muß in Betracht gezogen werden, daß die folgenden Schilderungen einer bereits verschwundenen Zeit angehören. Damals waren die
Angehörigen des Sufiordens leitende Persönlichkeiten in der Türkei.
Hohe Beamte, Universitätslehrer, Militärs und reiche Kaufleute nahmen
mit dem Volk teil an den Übungen der sogenannten »Tanzenden Derwische« oder der »Heulenden Derwische« oder zogen sich während der
Fastenzeiten in die Tekkes zurück, wo sie ihre Gebete und Meditationen
in Ruhe ausüben konnten. Die Sultane gehörten gewöhnlich sogar
irgendeinem Orden an und bedachten denselben mit reichen Gaben. In
vielen Tekkes waren die Ausschmückungen der Räume von außer-

---

* *Tekke, Ordenshaus der Sufis*

ordentlicher Schönheit und die »Türbes« oder Sarkophage der früheren Meister Marmorarbeiten bedeutender Künstler.

Heute sind dort alle Tekkes oder Derwischklöster geschlossen, die Orden aufgehoben und die früher so malerischen Sufigewänder und eigenartigen, für jeden Orden verschiedenen, Kopfbedeckungen verschwunden.

Die moderne Türkei hat nur ein Mitleidslächeln für diese Ausschläge des früheren »Aberglaubens« und der »Kindereien« übrig. Aber eine Quelle des reinen Wissens durch meditative Versenkung in die Gottheit hat aufgehört zu fließen. Dieselbe Quelle, aus der die Impulse zu den schönsten und größten Werken, auch in der christlichen Kultur, geschöpft sind, mit denen frühere Kulturen des Ostens die Menschheit bereichert haben.

Eine solche radikale Abrechnung mit der Vergangenheit, wie sie von der heutigen Regierung der Türkei durchgeführt wurde, mag in der historischen Entwicklung notwendig sein und kann in allen Einzelheiten mit der Reformation des Christentums verglichen werden. Aber eine wehmütige Erinnerung an die Schönheiten der Vergangenheit kann in einem Volk von all den hohen und guten Eigenschaften, wie sie das türkische besitzt, nur zu höherer Selbstachtung und stärkerem Einheitsgefühl führen.

Da ich von meinem Klosteraufenthalt und von den Menschen, mit denen ich dort in Verbindung kam, die angenehmsten Erinnerungen habe, ist dieses Buch in dankbarer Erinnerung an den zum Tode verurteilten türkischen Scheich des Naqshbandi-Ordens *Essad Efendi* und seinen in Menemen am 3. Februar 1931 hingerichteten Sohn *Mehmet Ali Efendi* niedergeschrieben.

Mai 1931
CARL VETT

KAPITEL I

EINE WERTVOLLE TÜRKISCHE BEKANNTSCHAFT

Ein orientalischer Bey, der die höchsten Ämter seines Landes bekleidet und als Botschafter viele Jahre in Europa gelebt hat, also westliche und östliche Bildung in sich vereinigt, geht unter die Derwische und macht sich ihre Lehren zu eigen, ohne allerdings das Sufigewand anzulegen. Wohlverstanden, der Bey steht noch immer auf der Höhe des Lebens. Ein solcher Wechsel in seinem Alter und nach einer so glänzenden Laufbahn erscheint uns Europäern beinahe unverständlich. Im Osten ist das fast etwas Alltägliches und bedeutet keine Sensation.

Das Schicksal führte uns beide zusammen. Gemeinsame Interessen und Lebensanschauungen verbinden uns bis heute. Die Gesetze des Karmas, die die Wege der Menschen leiten, führten mich durch ihn in das islamitische Tariqât ein. Hier fand ich die Kontinuität uralter Kulturen, die ich in Europa vergeblich gesucht hatte.

Ich hatte meinem Freund, dem Bey, einen Teil der geisteswissenschaftlichen Schriften, die sich mit parapsychologischen Studien beschäftigen, zu lesen gegeben, und er hat sofort verstanden, daß mit ihnen eine Grundlage vorhanden ist, die eine Vereinigung von Osten und Westen möglich macht.

In unserem Gedankenaustausch über dieses Thema sprach ich, soweit es den Osten betraf, in der Regel wie der Blinde von der Farbe, da ich nur eine ganz oberflächliche Anschauung von der modernen orientalischen Gedankenrichtung hatte. Und was die Religion betrifft - sie ist im Osten wesentlich -, so urteilte ich nach dem, was mir im äußeren

Kult begegnete. Ich sagte einmal, die Religion habe hier wie im Westen ihren lebendigen Gehalt verloren und sei zu toten Formen und Dogmen erstarrt. Mein türkischer Freund widersprach und behauptete, das Schariât (die exoterische) und das Tariqât (die esoterische Religionsausübung) seien wie Tag und Nacht verschieden. Ein Fremder, der niemals das Tariqât (Sufismus) und den mannigfaltigen Okkultismus der Derwischorden kennengelernt habe, wisse nicht, was sich in der Welt des Islam rühre. Ungeachtet der Nationalität und Rasse würden etwa 275 Millionen Muslime in unverbrüchlicher religiöser Einigkeit zusammengehalten. Unter den primitiven Völkern mache der Islam auch ohne Propaganda weit schnellere Fortschritte als das Christentum mit seiner Mission.

»Die Lehren des Schariât«, so äußerte sich mein Freund weiter, »die von allen Rechtgläubigen als heilig und unveränderlich betrachtet werden, sind in der vor sich gehenden Reformation und notwendigen politischen Umwälzung etwas in den Hintergrund gedrängt worden und werden stets mehr an Boden verlieren. Einer meiner Freunde sprach vor vielen Jahren mit dem geistigen Leiter der Muslime in Bulgarien und beklagte sich über den wachsenden Unglauben und den Bruch mit den Traditionen des Schariâts. Da antwortete ihm jener Leiter, in nicht allzu langer Zeit würde das heilige Ritual, das der Prophet selber vorgeschrieben habe, mehr oder weniger verschwinden. Und der äußere Kult müßte dann seine Form in dem Maße verändern, daß er kaum mehr zu erkennen wäre. – Sie sehen, nachher kam Krieg, Revolution, Republik und schließlich die Abschaffung des Kalifats*.«

Einem Freund, der kürzlich** aus Ankara nach Stambul zurückgekehrt ist, wurde von einer tonangebenden Persönlichkeit der Regierung folgendes gesagt: »Die Türken haben mit diesem Jahr ihren letzten Fastenmonat (Ramadan) erlebt. Das Fasten wird verschwinden, da es das Volk nur faul und schlaff macht. Und in drei Jahren dürfte selbst der

---

* *Am 3. März 1924*
** *Im Jahre 1926*

Fes eine Seltenheit sein, trotzdem er bisher als das Zeichen des rechtgläubigen Türken galt.«[*]

Indem ich dieses niederschreibe, fällt mir folgender Ausspruch eines alten Scheichs[**] ein: »Alles, was geschieht, liegt in Allahs Hand und hat einen tieferen Zusammenhang, als wir Menschen ahnen! Die äußere, tote Form des Schariâts wird vergehen. Das innere Leben muß dem äußeren neue Prägung geben. Es gilt, die verborgenen Schätze des Tariqâts in den Tekkes zu heben und zum Gemeingut zu machen, damit diese Kräfte in die Zukunftsentwicklung einfließen können!«

Wir kommen dazu - der Bey und ich -, über die Leiter des Islam zu sprechen, die Meister oder Eingeweihten, die die wirkliche - geistige - Regierung bilden. Durch ihre Tekkes, durch die Moscheen haben sie Einfluß auf Millionen. Nur mit ihrer Billigung ist ein Massenaufgebot zu erzielen, wie es zum Beispiel für den heiligen Krieg notwendig ist. Die Erklärung des heiligen Krieges durch die Deutschen, eine Waffe, von der so viel erwartet wurde, war darum ein Fiasko gewesen, weil man die Macht der eingeweihten Meister über die Massen nicht kannte und daher nicht zu benützen wußte; und diese Leiter gerade standen ja den kriegerischen Ereignissen des Weltkrieges vollständig gleichgültig gegenüber. Ich fragte den Bey, ob die Macht jener »Eingeweihten« auch von der Oberklasse anerkannt sei oder sich nur in der Unterschicht des Volkes bemerkbar mache. Er gab zur Antwort: »Im Islam gibt es keine eigentliche Klasseneinteilung. Die Wirkung der Religion auf einen Menschen ist individuell, und will man einen Unterschied machen, so ist es eher die sogenannte Oberklasse, die am meisten von ihrer Macht ergriffen ist. Die ersten Windeln eines meiner Freunde, eines literarisch hochstehenden Mannes, wurden von seiner Mutter auf die Türbe[***] des großen Heiligen Vefa gelegt, was bedeutet, daß der Säugling diesem

---

[*] *Kurz danach wurde das Tragen des Fes verboten.*
[**] *Ein Scheich ist ein Führer in einer Organisation, sei diese zivil, religiös oder militärisch. In diesem Buch immer religiös.*
[***] *Ein Mausoleum mit einem marmornen Sarkophag*

Scheich geweiht war. Später im Leben erschien ihm, das heißt seinem inneren Blick, der Heilige in seiner Ordenstracht zweimal und half ihm jedesmal in großer Not. Als er seiner Mutter davon Mitteilung machte, enthüllte sie ihm den Zusammenhang. Bei einem gemeinsamen Besuch mit meinem Freund am Grabe des Heiligen erschien ihm dieser wieder. Diesmal aber nach seiner Aussage im Kaftan, dem aus einem hellfarbigen Gewebe hergestellten Hausrock. Ich erkannte an seiner tiefen Bewegung, daß er ein seelisches Erlebnis hatte.«

Solche Heilige gibt es noch viele. Alle Stifter großer Derwischorden werden von ihren Anhängern als solche angesehen. In Konstantinopel ruhen unter anderem Kenan Yahya und Sünbül Efendi. Vom ersteren wird folgendes berichtet: Ein angesehener Türke, der Botschafter in Wien war, erzählte einmal seinem noch lebenden Meister Kenan Efendi, daß ein gewisser Generalkonsul eines anderen Staates beständig seine Pläne zu durchkreuzen trachte. Der Meister ließ sich den Namen des Widersachers aufschreiben, steckte den Zettel in die Tasche und versprach, sich der Sache anzunehmen. Etwa einen Monat später fiel er ihm bei einer Zeremonie aus der Tasche seines Mantels. Einer seiner Adepten hob ihn auf und las den Namen vor, der darauf stand. »Ach, laß den nur fliegen!« rief der Heilige. Später konnte einwandfrei festgestellt werden, daß zu jener Stunde der Generalkonsul bei einem Spaziergang am Kai von Saloniki eines plötzlichen Todes gestorben war. Jener Botschafter war bei der Beerdigung Kenan Beys in Konstantinopel zugegen. Nachher sagte er seinen Freunden, er habe, als der Meister zu Grabe getragen wurde, diesen auf dem Sarg sitzen und ihm zulächeln gesehen.

Von Wert sind solche Erlebnisse meistens nur für den Beteiligten. Andere sehen in ihnen oft nur Träume oder Halluzinationen. Mein Derwisch-Freund jedoch behauptet, es sei allen Okkultisten der Sufischulen bekannt, daß die Eingeweihten nur 24 Stunden im Grabe blieben. Er selber habe in seiner Jugend einen der großen Lehrer im Volksgewimmel erkannt, der wenige Tage vorher begraben worden sei. Er trug ein anderes Gewand als zuletzt, doch der Gesichtsausdruck war der gleiche geblieben; der Meister hatte den jungen Mann erkannt und ihm freundlich zugenickt.

Mein ehrenwerter Freund, der Bey

Mein Freund suchte mich auf diese Weise zu überzeugen. Doch ich verhielt mich noch immer zweifelnd und meinte, selbst wenn man zugeben wollte, daß die Verstorbenen, die eine hohe okkulte Entwicklung erreicht hätten, kurze Zeit, nachdem sie vom physischen Leibe getrennt seien, in ihrem Äther- und Astralleib fortleben könnten, blieben sie doch unsichtbar für diejenigen, deren Hellsichtigkeit nicht so weit entwickelt sei, um ätherische und astrale Beobachtungen machen zu können. Hierzu erwiderte er: »Die höchste Stufe der Initiation besteht darin, nicht nur die Astral- und Ätherkräfte in der Gewalt zu haben, sondern auch die physischen Stoffe und Kräfte mit solcher Vollkommenheit zu beherrschen, daß ein physischer Leib aufgebaut und aufgelöst werden kann durch die Schöpferkraft des Ichs. Ist doch die höchste Stufe der Einweihung nichts anderes, als Gott gleich zu werden und durch seine Gnade über Entstehen und Vergehen gebieten zu können.«

»Die Frau eines meiner Freunde, eines ägyptischen Paschas, ist hellsichtig«, erzählte er weiter. »Zuweilen erscheint ihr einer der größten Eingeweihten des Islam. Dieser war an der Einnahme Konstantinopels durch Mohammed II. beteiligt. Da die Verwandten jener Dame skeptisch waren, bat sie den Heiligen um einen sichtbaren Beweis seiner Nähe. Er antwortete: ›Nach der Eroberung der Stadt war meine Aufgabe beendet, und ich ließ mich am Marmarameer auf dem Hügel begraben, wo jetzt dein Haus steht, deshalb die Anknüpfung mit dir. Du brauchst nur im Garten unter der Zypresse nachgraben zu lassen, und du wirst meinen Sarkophag finden. Die sterblichen Überreste sind nicht mehr darin, aus Gründen, die ich dir nicht angeben kann.‹ – Die Dame ließ nachgraben und fand ein leeres, zwei Meter langes, gemauertes Grab, wie sie früher für Beerdigungen gebräuchlich waren.«

Durch vieljährige Beschäftigung mit parapsychologischer Forschung und eingehendes Studium von Theosophie und Anthroposophie bin ich mit den Methoden und der Gedankenrichtung der okkulten Schulen vertraut. Die Erzählungen meines Freundes, des Beys, und ihr Inhalt, der mir von anderer Seite bestätigt wurde, erweckten in mir ein lebendiges Interesse für den islamischen Sufismus und seine Initiationsmethoden, so wie diese bei den mannigfachen Derwischorden geübt werden. Deshalb beschloß ich, mich einem eingehenden Studium hiervon zu unterziehen, sofern sich dieses überhaupt machen ließ.

☾

KAPITEL II

DUNKLE SEITENWEGE DER ISLAMISCHEN MYSTIK

Ein junger arabischer Scheich, der 1923 den internationalen Kongreß für parapsychologische Forschung in Warschau besuchte, bei dem ich auch anwesend war, wohnt jetzt in Konstantinopel. Er hatte mir versprochen, mir bei meinen okkulten Studien im Orient behilflich zu sein.

In einem Vortrag, den er bei diesem Kongreß hielt, suchte er diejenige Form des Okkultismus - allerdings stark gemischt mit Aberglauben - zu schildern, die sich vergleichen läßt mit der neuen Wissenschaft, die man in Europa Parapsychologie nennt.

Da es Licht wirft auf meine späteren Klostererlebnisse und eine Seite der islamischen Mystik zeigt, die sich durch den Einfluß der niedrigsten Typen westlichen Geschäftsokkultismus' in den letzten Jahren im Osten verbreitet hat, gebe ich ein Referat seiner Ausführungen hier wieder.

Ursprünglich ein tiefreligiöser Mensch, ist er nach Europa gekommen und hat sich von den dortigen Medien, Hellsichtigen, Astrologen und anderen Abarten moderner westlicher Mystik beeinflussen lassen und sich auf Grundlage der verwerflichen islamischen Schwarzmagie ein einbringendes Geschäft in Stambul zurechtgelegt.

Seine folgenden Ausführungen stehen in einem grellen Gegensatz zu meinen eigenen Erlebnissen unter den Derwischen, werden aber durch diesen im Prinzip bekräftigt. Daher sind seine Ausführungen nicht nur »Aberglaube und faules Zeug«, sondern geben Einblicke in Gedankengänge und Traditionen des nahen Orients, die heute fast schon zur Geschichte gehören.

Ehe er seinen Vortrag beginnt, bittet Scheich Abdulvehab aus Konstantinopel, der in seinem Ordenskleid erscheint, um einige Minuten Ruhe, um sich sammeln und in Kontakt mit den Seelen seiner Zuhörer treten zu können.

Er gibt dann eine Übersicht vom Aberglauben und vom Vertrauen in die mediumistischen Kräfte bei den Arabern und Türken.

Diese Völker, führt er aus, glauben an das Bestehen von zwei Welten: die sichtbare Welt und die der »Dschinnen«, die zur unsichtbaren Welt gehören. Nach ihrer Auffassung ist jeder Mensch von 127 Dschinnen umgeben. Wenn seine Geschäfte nicht blühen, wenn seine Töchter nicht heiraten können, wenn er erkrankt oder bestohlen wird, kurz, alles Schlechte, das ihn befällt, ist den Dschinnen zuzuschreiben. Es gibt viele Mittel, um sie günstig zu stimmen. Das beste besteht darin, sich einen »Kutdam« zu verschaffen, einen Diener aus dem Jenseits [wahrscheinlich eine Art Mephisto, ähnlich dem, der in Fausts Diensten gestanden hatte]. Man erhält diesen Diener erst, nachdem man sich einer sehr schwierigen Übung unterzogen hat, nämlich dieser: daß man vierzig Tage stehend verbringt und sich während dieser Zeit mit einer täglichen Ration von 200 Gramm Brot und ein paar Feigen zufriedengibt. Man darf nur eine Stunde schlafen und muß jedes lebende Wesen, Mensch und Tier, meiden. Man füllt die Zeit mit Meditationen und geistigen Übungen aus. Ferner muß die Aufmerksamkeit auf Mantren okkulten Inhalts gerichtet sein, und zwar in aramäischer oder syrischer Sprache, und dazu in einem Raum, der zu diesem Zweck besonders nach alten Vorschriften ausgestattet ist. Man darf nicht gehört und von niemandem gestört werden. Ein Freund des Vortragenden, der diese Übungen gemacht hatte, erzählte diesem, er habe nach den 40 Tagen zwei kleine schwarze Personen erscheinen sehen, die mit Goldstücken beladen waren. Da er aber während der Zeit der Prüfung einen Fehler begangen habe, durfte er ihr Geschenk nicht annehmen und schickte sie weg.

Ein alter Araber, der fühlte, daß er sterben würde, rief seinen Sohn herbei und überließ ihm seinen Kutdam. Dieser beeilte sich, den Kutdam zu bitten, ihm Geld zu verschaffen. Jener erwiderte, der Vater habe nie einen solchen Dienst verlangt, gab dem Sohn ein paar fast wertlose Münzen und verschwand für immer.

Die Übungen, um in den Besitz eines Kutdam zu kommen, sind sehr gefährlich. Die meisten Leute, die sich dazu hergeben, werden krank oder verrückt, denn es gehört fast übermenschliche Kraft dazu, um substantielle Materialisationen erreichen zu können, die stark genug sind, um menschliche Arbeiten und Handlungen zu verrichten.

»Khat« ist das arabische Wort, das im Westen Apport-Phänomen heißt. Die am meisten entwickelten Yogis Indiens, die auf einsamen Bergen leben, fern von aller Welt, können ebenso wie die Sufis durch den Khat alles erreichen, was sie wünschen, wo auch der Ort sein möge, der den begehrten Gegenstand beherbergt.

Die Wissenschaft des »Kesh« erklärt die unsichtbare Welt durch eine Art Telepathie. Die höchste Wissenschaft ist die des »Gressin«, eine Art Astrologie, die durch Jahrhunderte bei den Arabern sehr in Ehren gehalten wurde. Man findet in den alten arabischen Manuskripten Kapitel über die Art und Weise, sich Kutdams zu verschaffen oder sich die Mitwirkung ähnlicher Kräfte aus der anderen Welt zu sichern.

Es besteht eine okkulte Schule von Sufis, deren Mitglieder fähig sind, ihre Kraft der Intuition so weit zu entwickeln, daß sie alles sehen können, was sich auf Personen bezieht, mit denen sie in Kontakt stehen, so zum Beispiel die Ereignisse ihres vergangenen und zukünftigen Lebens und selbst unwichtige Einzelheiten, wie den Betrag einer Summe, die irgendeine Person bei sich führt. Die Mitglieder dieser Sekte sind sehr stolz auf ihre Fähigkeiten; aber sie kümmern sich nicht um Fremde, daher ist es für solche fast unmöglich, derartigen Experimenten beizuwohnen.

Es gibt ein Mittel, das Kinder von 8 bis 14 Jahren die Fähigkeit zu einer Art Telepathie gibt, »Moendel« genannt. Sie werden gewaschen, sauber angekleidet und in einen Raum geführt, der von Weihrauch erfüllt ist. Solche ausgewählte Kinder müssen keusch sein, klein von Gestalt und von gutem Charakter. So konnte zum Beispiel ein armenisches Mädchen, das auf die beschriebene Art eingeweiht war, seinen Eltern angeben, daß einige Goldstücke, die sie verloren hatten, sich bei einer Frau befanden, von der sie eine genaue Beschreibung und zugleich die Lage ihres Hauses etc. gab. Man suchte jenen Ort auf und fand tatsächlich das verlorene Geld. Es werden viele andere Fälle von Leuten genannt, die durch die Andeutungen eines solchen etwa zwölfjährigen Mediums verlorene Gegenstände wiedergefunden haben oder die glückliche Geldspekulationen machten. Eine Dame, die ein Leiden hatte, das der Arzt nicht bestimmen konnte, kam zum Vortragenden zur Konsultation. Dieser ließ ein Mädchen von 13 Jahren kommen, welches nach einigen Minuten des Nachdenkens erklärte, einen Raum zu sehen und in diesem einen Mantel auf einem Stuhl. In dem Futter des Mantels sei ein kleines schwarzes Paket, welches der Grund des Übels sein müßte. Es sei durch eine übelwollende Person dahin gelegt worden. Man beeilte sich, das magische Paket zu entfernen, und die Kranke wurde gesund.

»Tassaruf« ist eine Macht, die man erreichen kann, indem man seine Persönlichkeit durch reine Gedanken und ein keusches Leben vervollkommnet. Diejenigen, die den höchsten Grad der Vollkommenheit erreicht haben, behalten ihre Ausscheidungen im Köper, wahrscheinlich, weil sie nur von Obst leben. Der, welcher den »Tassaruf« erreicht hat, ist fähig, Krankheiten zu heilen und einen Einfluß auf lebende Personen aus der Entfernung auszuüben.

Eines Tages erwartete der Vortragende eine Person, die ihn um eine bestimmte Zeit besuchen sollte. Da diese nicht erschien, rief er seinen »Tassaruf« an, um eine telepathische Verbindung mit ihr herzustellen. Diese sehr empfindliche Person wohnte auf der asiatischen Seite des Bosporus und war in dem Moment durch eine Arbeit in Anspruch genommen. Plötzlich hörte sie eine starke, gebieterische Stimme, die ihr befahl, sich sofort an einen bestimmten Ort zu begeben. Außerstande, diesen Befehl zu überhören, macht sich der Mann sofort auf den Weg, trifft mit zwei Stunden Verspätung an Ort und Stelle ein und ist sehr niedergeschlagen, daß er sein Versprechen nicht gehalten hat.

Man sieht aus diesen Beispielen, daß der Orient wohl weiß, was man in den Ländern des Okzidents die metaphysischen Phänomene nennt. Scheich Vehab glaubt, daß es nur von Vorteil für die parapsychologischen Wissenschaften im allgemeinen sein könnte, die Magie des Orients eingehend zu studieren. Wenn man sie gut verstehen und deuten lernte, würde man mehr als ein Element darin finden, das Licht auf eine große Anzahl von Phänomenen werfen könne, die bis jetzt unverständlich geblieben seien.

Zum Schluß erzählt er von einem Erlebnis, das sich am 1. März 1923 in

Konstantinopel zugetragen hat. Er begab sich mittags nach Pera, wo er den Herausgeber einer Zeitung sehen wollte. Als er ins Büro trat, bemerkte er vor einer Glastüre rechts eine englische Dame, die er kannte und die in Köln wohnt. Er grüßt sie, stellt Fragen, bekommt aber keine Antwort. Als er aus dem Büro auf die Straße tritt, steht sie da und begleitet ihn eine Zeitlang stumm, um dann zu verschwinden, ohne daß er sich erklären kann, auf welche Weise das alles vor sich gegangen ist. Er besteht auf der absoluten Identität zwischen der englischen Dame aus Köln und dieser Erscheinung. Durch dieses Abenteuer beunruhigt, geht er ins Büro zurück und erkundigt sich über das, was dort vorgefallen ist. Man kann ihm nur sagen, daß kurze Zeit, nachdem er ins Büro gekommen war, er dasselbe wieder verließ, um einer Dame zu folgen, die ihn »gerufen« hatte. Das ist wahrscheinlich ein Fall von Materialisation oder Doppelgängerprojektion am hellen Tage, meint er.

Der Scheich dankt am Schluß seines Vortrages den Zuhörern für die Aufmerksamkeit, die sie ihm geschenkt haben, und fügt hinzu, bei seiner Rückkehr in den Orient werde man ihm kaum glauben, daß es in Europa auch nicht verrückte Menschen gäbe, die solche Fälle interessieren. »Trotzdem die Sonne über unseren Ländern aufgeht, haben Sie im Westen mehr Licht. Hinter dem Schleier der sichtbaren Phänomene sind immense Kräfte versteckt, die geeignet sind, zum Glück der Menschheit beizutragen. Und alle, denen das Glück der Menschheit am Herzen liegt, haben die Pflicht, sich für die Metaphysik zu interessieren.

Dieser begabte und »smarte« junge Mann hatte bis vor kurzem in Konstantinopel ein Büro für parapsychologische Konsultationen und okkulte Experimente, das ihm mit Hilfe amerikanischer Reklame vollauf zu tun gab und ihm gute Einnahmen verschaffte. Eine seiner Reklamen im offiziellen Telephonbuch sieht so aus:

Parapsychologisches Kabinett von Professor Scheich Abdulvehab

In orientalischem Stil dekoriert, mit okkulter Bibliothek, ist dieses parapsychologische Kabinett das bedeutendste in Konstantinopel. Astrologische, chiromantische, chirosophische und graphologische Sitzungen durch Vermittlung des Mediums mit der Kristallkugel, Horoskope usw.

Der Zufall existiert nicht.
Jedes Ereignis, das in Ihrem Leben vorkommt, Unglück, Mißerfolg, Krankheit usw., alles hat seinen Grund und folgt einem Gesetz, bestimmt durch das *Höhere Wesen*; es ist an Ihnen, das Prinzip dieses Gesetzes zu suchen, um glücklich zu sein und im Leben Erfolg zu haben.

Für alle Fragen
Ihres gegenwärtigen und zukünftigen Lebens, bei Mißerfolg in Ihren Geschäften, Indisposition, geistigen und imaginären Krankheiten, bei Willensschwäche, in Fällen von Mißerfolg im Leben, für Reisen, Unternehmungen, Ehen, Verluste, für verschwundene Personen, für alle Ihre Pläne, alle Ihre Schwierigkeiten
konsultieren Sie den bekannten Professor.
Er wird Ihnen Erleichterung verschaffen, wird Ihnen alle Gründe Ihrer Mißerfolge erklären, er wird Ihnen den Weg zum Glück zeigen durch die rein wissenschaftliche und göttliche Methode.

Versuchen Sie und Sie werden überzeugt sein!
Er läßt durch göttliche Kraft und durch Suggestion selbst aus der Entfernung alle geistige Angst und den unreinen Magnetismus verschwinden, wie auch das schädliche Fluidum, das Ihr Wohlbefinden stört.

Unbedingte Diskretion.
Er gibt Stunden bei sich (wie auch durch Korrespondenz auf Französisch) über parapsychologische und theosophische Wissenschaft zur Entwicklung des Willens und zur Erziehung zum Denken, um glücklich und gesund zu sein und überall Erfolg zu haben.
Sprechstunde von l-5 nachmittags, ausgenommen freitags.
Adresse: Taksim, Sourp Agap 37, App. Chakir Pascha Nr. 1. (Tramstraße, gegenüber der großen amerikanischen Garage.)

Stimmen von Klienten

1. Der wohlbekannte Arzt Dr. Kalen schreibt: »Sie haben die Szenen und Ereignisse meiner Vergangenheit mit solcher Klarheit gezeichnet, daß ich ganz verblüfft bin. Ich glaube an Ihre Prophezeiungen.«

2. Dr. Nitchoff sagt: »Ich habe den Sitzungen des Professors Scheich Abdulvehab beigewohnt, die mit einer wunderbaren, bezaubernden und erstaunenswerten Geschicklichkeit ausgeführt wurden.«

3. Dr. M. A. schreibt: »Die Wahrheit seiner Aussagen und die Ausführung seiner Experimente setzen einen in Verwunderung; sie überschreiten jede Vorstellung.«

In den drei Warteräumen dieses modernen arabischen Zauberers wurden die Besucher von einem gut ausgebildeten türkischen Diener »sortiert«, das heißt, die Vornehmen und die, welche sich nicht gern an einem solchen Ort sehen lassen, kamen in das Privatzimmer, während die übrigen Klienten, nach Geschlechtern getrennt, in zwei andere Räume gewiesen wurden. Das Arbeitszimmer des Magiers war fast ohne Licht und mit Teppichen belegt und behangen. Er hockte in einer schwarz ausgeschlagenen Nische am Boden, von heiligen, okkulten Büchern umgeben. Vor ihm auf einem Tischchen standen verschiedene Insignien, geeignet, mystische Wirkungen zu erzielen, so zum Beispiel ein Totenkopf, eine Sanduhr und arabische Tarotkarten. In seinem Bücherschrank standen viele Bände über europäischen Okkultismus in drei Hauptsprachen, daneben buddhistische und arabische Zauberbücher. Auf einem Diwan, dem »Professor« gegenüber, nahmen die Klienten Platz. Die Beleuchtung war stets gedämpft, konnte jedoch durch verborgene Kontakte von ihm geändert werden. Grünes und rotes Licht spielten eine besondere Rolle. – Die wesentliche Aufgabe des Magiers bestand darin, die Zukunft vorauszusagen, nachzuweisen, wo verlorene Gegenstände zu finden wären oder wie man verborgenen Schätzen auf die Spur käme. Auch okkulte Medizin beschäftigte ihn, besonders in Fällen von Herzensangelegenheiten und Sterilität. Seine Heilmittel bestanden hauptsächlich in kleinen Amuletten mit eingenähten Geheimgewürzen und Mineralien, worüber

»gelesen« wurde und die, in Verbindung mit einer kräftigen Dosis Suggestion, gewöhnlich ihre Wirkung taten. Für Rechtgläubige benutzte er den Koran. Die Kunden mußten ein spitzes Papiermesser zwischen die Blätter des Buches stecken. Unter besonderer Inspiration gab er dann eine Deutung desjenigen Verses, auf den die Messerspitze zeigte, natürlich dem vorliegenden Fall angepaßt. Auch Spielkarten und die Linien der Hand wurden zu Rate gezogen. Er stellte mit Hilfe eines angesehenen arabischen Astrologen sorgfältige Horoskope. In schwierigen Fällen benutzte er als Medium 12 bis 14-jährige Kinder, die er zuerst isolierte, in eine Art Dämmerzustand versetzte und dann in eine Kristallkugel schauen ließ, die auf schwarzem Samt ruhte. Kinder in diesem Alter sind für das Übersinnliche besonders empfänglich. Nicht selten ist die Gabe des Hellsehens bei ihnen stark entwickelt. Durch Qualitätswahl erreichte der Magier auf diese Weise oft verblüffende Resultate, die ihm in weiten Kreisen einen Ruf, besonders auch Kunden verschafften. Herren und Damen aus allen Gesellschaftsschichten gingen bei ihm ein und aus, auch die ausländische Diplomatie war stark vertreten.

In Medina geboren, wo sein Vater als Scheich einer Tekke des Naqshbandi-Ordens vorstand, war er in sehr guten ökonomischen Verhältnissen aufgewachsen. Zu seiner privaten Bequemlichkeit - wie er sich ausdrückte - hatte er mehrere männliche und weibliche afrikanische Sklaven und einen schattenspendenden Feigenbaum, unter dessen kühlem Dach er zu arbeiten pflegte. Er hätte das Leben in Ruhe genießen können, ohne sich um sein Auskommen kümmern zu müssen, doch der Weltkrieg vertrieb ihn aus seinem Paradies und bescherte auch ihm Jahre voller Unruhe und Abenteuer. Er hatte die Wahl, seiner Militärpflicht entweder als Priester oder Offizier zu genügen. Da die ersteren damals besonders dazu verwendet wurden, die Leichen vor der Beerdigung zu waschen, entschloß er sich, Offizier zu werden. Sprachkundig und begabt wie er war, wurde er Adjutant und Dolmetscher im Generalstab und sah sich tüchtig auf verschiedenen Kriegsschauplätzen um.

Eine deutsche archäologische Mission führte er sehr geschickt von

Mesopotamien über das Rote Meer nach Abessinien und von dort nach Ägypten, indem er die verkleideten Angehörigen, die sich alle für Stumme ausgaben, durch die englischen Patrouillen hindurchführte als Pilger, die von Mekka wieder nach Abessinien zurückkehrten.

Zuletzt wurde er als Gefangener von den Engländern nach Ägypten geführt, wo er sich sofort beliebt machte und bald auch Dolmetscher wurde.

Heute ist er in Damaskus wieder Geistlicher, der sich genau an die Gebote des Schariâts hält, das heißt Turban und Dschübe (Mantel) trägt und gewissenhaft fünfmal am Tag betet.

Dieser eigentümliche junge Mann wurde mein Führer bei vielen Besuchen bei Derwischen und in Moscheen. Als echter Orientale hat er nie einen Augenblick an der wunderbaren Macht der okkulten Kräfte gezweifelt. Er kennt die Bedeutung des Spirituellen dem Materiellen gegenüber auf allen Stufen des Lebens. Seine eigenen okkulten Erlebnisse vertraute er mir nicht an. Vielleicht glaubte er, als Europäer sei ich außerstande, die Mentalität zu verstehen, aus der heraus diese zu erfassen sind. Vielleicht schämte er sich auch im Innersten, für das Handwerk, das er betrieb, vielfach das Vertrauen der Mitmenschen mißbrauchen zu müssen.

Mir wurde dies mit der Zeit klar, und es gelang mir, ihn zu überreden, seinen gewinnbringenden, aber unbefriedigenden Beruf aufzugeben und sich mit seinen ausgezeichneten Fähigkeiten dem ernstlichen Religionsstudium zu widmen.

Seine alte Haushälterin, die im Gegensatz zu ihrem schweigsamen Herrn gern sprach, erzählte mir im Wartezimmer folgendes: »Voriges Jahr, als der Professor während der Fastenzeit in der Tekke seines Ordens Aufenthalt genommen hatte, brach plötzlich Feuer hier im Hause aus. Die Bewohner im Stockwerk über uns kamen aufgeregt herunter und sagten, die Flammen schlügen bei ihnen durch den Boden, es müßte also bei uns seinen Herd haben. Wir konnten jedoch weder Flammen noch Rauch entdecken. Das Kabinett des Professors war wie gewöhnlich abgeschlossen. Aber durch ein Fenster konnten wir sehen, daß auch in seinem Zimmer kein Feuer war. Es gelang bald, den Brand zu löschen. Wie und wo dieser entstanden war, wurde nicht aufgeklärt. Doch«, unterbrach sie, »hier kommt der Professor, er kann Ihnen sagen, wie sich die Sache in Wirklichkeit verhielt.«

Ich bat ihn, mir doch mitzuteilen, was in dieser Angelegenheit von Interesse sein könnte für die Wissenschaft, und er berichtete: »Letztes Jahr verbrachte ich die Fastenzeit in der Tekke, das für Meditation besser geeignet ist als meine Wohnung hier. Doch es war mir nicht möglich, die Gedanken unter Kontrolle zu halten, was, wie Sie wissen, die Hauptbedingung der okkulten Entwicklung ist. Immer wieder flogen sie zurück zu meinen Büchern und zu all den gleichgültigen Dingen, die mich hier umgeben. Da diese mir keine Ruhe ließen, wurde ich wütend und fluchte: ›Zur Hölle mit dem ganzen Kram!‹ Später konnte festgestellt werden, daß genau um jene Stunde der Brand über meiner Wohnung in Pankaldi entstanden war.«

Das Haus ist aus Stein gebaut. Beim Brand wurde nur der Boden des Stockwerkes, das über jener Nische im Kabinett des Magiers lag, zerstört. Er lachte, als er dieses erzählte, doch die Haushälterin nahm die Sache sehr ernst und bedeutete ihm, mit solchen geheimen Kräften sei nicht zu spaßen; dazu seien sie zu stark und zu gefährlich. Da ich den seltsamen Mann nun einmal zum Reden gebracht hatte, bat ich ihn um ein paar ergänzende Mitteilungen über den Schluß seines Berichtes in Warschau. Ich gebe diese hier wörtlich wieder. Er erzählte:

»Ich befand mich einmal auf der Administration einer Zeitung, um für ein paar Annoncen zu zahlen. Da bemerkte ich plötzlich draußen im Warteraum hinter dem ›Gitter‹ eine mir von hier bekannte Dame, die seit langem die Stadt verlassen hatte und im Ausland weilte. Meine Aufregung war ungeheuer. Ich ließ meine Brieftasche, die viel Geld enthielt, einfach liegen und stürzte jener Dame nach, als ich sah, daß sie den Raum verließ und die Treppe hinunterging. Ich folgte ihr ein langes Stück die Grande Rue de Pera entlang und wunderte mich, daß sie kein Wort sprach, sondern nur nickte und mir zulächelte. Auf einmal verschwand sie vor meinen Augen wie eine Seifenblase, die im Sonnenlicht zerplatzt. Ich war sprachlos vor Staunen und eilte ins Büro der Zeitung zurück, um möglicherweise Näheres über die Dame zu erfahren. War das Ganze eine Halluzination, oder war sie wirklich dagewesen? Einer der Angestellten gab mir die Brieftasche zurück und sagte lächelnd, auch ihm sei die hübsche Erscheinung aufgefallen. Ich verstand daraus, daß hier also kein subjektives Erlebnis vorlag; deshalb habe ich es meinem Bericht in Warschau eingefügt.«

☾

KAPITEL III

BESUCH IN EINER MEVLEVI-TEKKE DER »TANZENDEN DERWISCHE«

Schon lange hatte ich diesen Freund gebeten, mich in einige der Derwischorden einzuführen, wo bei der Ausübung des Kultes die Teilnehmer in einen Trancezustand versetzt werden, der sich der Ekstase nähert. Ein bestimmter Freitag* wurde für einen Besuch bei den sogenannten »Tanzenden Derwischen« gewählt. Ich erhielt auch die Erlaubnis, ein paar von meinen Freunden mitzubringen. Zu Mittag des betreffenden Tages fanden wir uns vor der Tekke ein, doch mußten wir lange warten, bis der einleitende Gottesdienst mit Predigt, Gebet und Korangesang zu Ende war.

Am Eingang zur Tekke stauen sich viele Fremde, die auch der Zeremonie beiwohnen wollen. Aber Cherubinen gleich stehen unbestechliche Wächter vor dem Tor und wehren den Zudringlichen. Statt flammender Schwerter die nüchterne Barrikade eines hölzernen Ständers, auf dem die Überschuhe der Beter aufgereiht stehen! Mit diesen verbauen sie den Zugang zum Heiligtum. (Es sei hier bemerkt, daß fast alle wohlhabenden Muslime, die regelmäßig die Moscheen und Tekkes besuchen, stets Galoschen oder auch Überschuhe tragen, um sich das Aus- und Anziehen der Schuhe zu ersparen.)

Nach anderthalb Stunden ungeduldigen Wartens erscheint mein Freund, der junge Scheich, und ihm, einem Träger des heiligen Turbans**,

---

* Der Freitag ist sozusagen der muslimische »Sonntag«, wie der Samstag der »Sonntag« der Juden ist. Konstantinopel hatte also drei Sonntage pro Woche.

** Ein heiliger Turban ist groß und weiß und unterscheidet die Teilnehmer bei religiösen Zeremonien. Die Turbane der Nachfahren des Propheten haben grüne Streifen.

27

ist es nicht schwer, den »Schwellenhütern« verständlich zu machen, daß wir eine Art von Adepten sind, denen man den Zutritt nicht versagen kann, obgleich wir weder Fes noch Überschuhe tragen. Zum Ärger der nicht zugelassenen Europäer öffnet sich uns die Pforte. Wir verbergen die Hüte unter dem Mantel, treten in einen Saal ein und lassen uns hinter einer erhöhten umgitterten Balustrade mit gekreuzten Beinen auf Strohmatten nieder, wo viele Rechtgläubige sitzen oder knien. Vor uns, nach der heiligen Stadt orientiert, befindet sich die Gebetsnische, Qiblah genannt, die den Altar in einer christlichen Kirche ersetzt. Auf ihre Innenseite ist eine mächtige Blumenvase gemalt, Mihrab genannt. Eine solche Qiblah mit Mihrab haben alle Moscheen. Sie wird von zwei gewaltigen Leuchtern flankiert. Davor steht der Koranständer mit inkrustiertem Perlmutt, auf dem das heilige Buch aufgeschlagen ist. Nicht weit davon sitzen auf kostbaren Teppichen das Oberhaupt die Tekke und zwei besuchende Scheichs desselben Ordens. Gegenüber der Nische auf einem Balkon haben die Koransänger und heiligen Musikanten Platz genommen. Kurze Stille. Dann erfüllen helle klagende Laute, dem Ton einer Oboe vergleichbar, den Raum. Können Menschen so singen? Doch wir täuschen uns nicht. Ein hochgewachsener bärtiger Mann hat begonnen, Abschnitte aus dem Koran zu psalmodieren. Nach einer halben Stunde wird dieser Gesang durch eine Rohrflöte abgelöst, deren verschleierter Ton das Ohr umschmeichelt und die Hörer in eine Art Dämmerzustand versetzt. Er ist wie das Raunen eines unberührten Waldes. Bäume rauschen, Quellen rieseln, Vögel singen, Tiere locken und warnen, kurz, alles Leben und Weben der Natur ist in dieser Musik vereinigt, die mit ihren Variationen ins Unendliche zu gehen scheint.

Auf ein Zeichen fallen dann andere Instrumente ein, ein paar Flöten, Trommeln und primitive Streichinstrumente. Gleichzeitig erheben sich die drei Scheichs, und viele Derwische in Mantel und Turban treten in den inneren Kreis, wo sie die Mäntel ausziehen und an der Balustrade entlang Aufstellung nehmen. Sie tragen lange, weiße, hemdartige Gewänder mit vielen Falten, die dann beim Tanz in rhythmisch bewegten Linien sich heben und senken. Die Kopfbedeckung ist ein brauner Turban, dreimal so hoch wie ein umgestürzter Blumentopf.

Die Mevlevis bzw. die »Tanzenden Derwische«

Die Scheichs entledigen sich nicht der Mäntel. Mit gesenkten Köpfen und gekreuzten Händen stehen sie da; heiliger Ernst ist auf ihren Gesichtern zu lesen. Hierauf empfängt der leitende Scheich jeden der Derwische einzeln. Sie verbeugen sich vor ihm, küssen ihm die Hände, während er sie andeutungsweise auf die Wange küßt und segnet. Jeder verbeugt sich im Abtreten vor dem Nächsten, der an die Reihe kommt. Nach dieser Zeremonie, die von Musik begleitet ist, beginnt auch der Gesang aus der Loge, und der Tanz nimmt seinen Anfang. Die Scheichs sind an ihren Plätzen, aber sie stehen.

Jeder der Teilnehmer wird zunächst noch einmal vom leitenden Oberhaupt geküßt und gesegnet, dann fängt er an zu »tanzen«. Diese Bewegung ist ein Drehen um die eigene Achse, verbunden mit einem Kreisen um den Saal. Arme und Hände werden dabei schräg vom Körper abgehalten, die Rechte mit der Handfläche nach oben, die der Linken nach unten gekehrt. Einer hinter dem andern, so wirbeln die Derwische an uns vorüber. Die Musik mit ihrem Werben und Locken hält sie im Bann.

Eine Imagination leitet meine Gedanken zu den im Himmelsraum kreisenden Planeten hin, die sich nach Sphärenharmonien drehen und zugleich ihre Sonnen umkreisen. Der tief ekstatische Ernst in den Gesichtern aller Teilnehmer, die ergreifende Musik und das Nachdenken über das, was hier vor sich geht, öffnen mir das Verständnis für diese erhabene Zeremonie. Sie wird von den esoterischen Sekten, zu denen die Mevlevi-Derwische gehören, geübt und kommt aus weit zurückliegenden Jahrhunderten her. Hier haben wir wahrscheinlich ein Bild der altokkulten oder arabischen astrologischen Kosmologie und der weisen Erkenntnis, daß Gott den Menschen als sein Spiegelbild wie einen Mikrokosmos im Makrokosmos geschaffen hat. Im unendlichen Weltenraum beschreiben unzählige Himmelskörper ihre Bahnen um mächtige Sonnen. Sie schwingen, jeder frei für sich, um ihre eigene Achse nach sphärischen Harmonien, wie ihre Miniaturabbilder hier im Saal. Indem ich dieser Intuition weiter folgte, erblickte ich inmitten des Raumes auf dem Boden das kaum sichtbare Bildnis der Sonne in hellem Holz, kunstvoll eingelegt.

Aus vier verschiedenen »Perioden« ist dieser »Planetentanz« zusammengesetzt, der vom Scheich geleitet wird. In den drei dazwischenliegenden Pausen stehen die Tänzer wie erstarrt, ehe sich das ganze Bild auflöst. Vor jeder neuen Periode weiht das Oberhaupt als Stellvertreter des Schöpfers die Tänzer durch Kuß und Segen. Liegt nicht hierin angedeutet die uralte okkulte Überlieferung von den drei früheren Inkarnationen unserer Erde, die als Saturn-, Sonnen- und Mondzustand bezeichnet werden, mit den dazwischenliegenden Pralayas (Ruhepausen, die, wie die Inder sich ausdrücken, dem Einatmen Brahmas nach seinem lebenspendenden Ausatmen folgen)? Ich habe nachgezählt, daß bei jedem Teilnehmer am Tanz auf eine Umkreisung des Raumes etwa 365 Drehungen um sich selbst kommen, was der Zahl der Tage eines Sonnenjahres entspricht. An der letzten und vierten Periode des Tanzes, die mit der heutigen Entwicklungsstufe unserer Erde sich vergleichen läßt, nimmt der Scheich persönlich teil, was ich so auslege, daß in dieser Periode der Geist Gottes mit der Materie verkörpert ist und an der Menschheitsentwicklung teilnimmt.

Nach dieser Runde ist die Zeremonie beendet. Die kurzen Pausen eingerechnet, haben sich alle »Tanzenden« fast eine Stunde lang so schnell gedreht, daß ihre langen schürzigen Kleider unten kegelförmig vom Körper abstanden. Keiner fühlt Schwindel; unser Scheich behauptet: infolge vieljähriger Übung. Wahrscheinlich aber liegen tiefere Ursachen vor, die man nur durch eigene Teilnahme am Tanz ergründen könnte. Ich beobachtete einen der Derwische. Er war krank und konnte sich zu Anfang kaum drehen. Doch langsam erholte er sich, gewann die übliche Schnelligkeit und sah nachher froh und gestärkt aus. Auch bei den übrigen Derwischen konnte ich keinerlei Zeichen von Müdigkeit entdecken. Der Gottesdienst ist zu Ende. Er hat über fünf Stunden gedauert, und doch rüstet man schon wieder zum Abendgebet.

Am Abend war ich Gast im Hause eines bekannten Arztes, der Professor für innere Medizin ist. Unter den Geladenen waren mehrere muslimische Geistliche, alles hochbegabte Menschen. Besonders aber interessierte mich der Scheich des Ordens, dessen Tekke ich vorher besucht hatte. Dieser Mann im hohen Turban und Dschübe entpuppte sich als eine Persönlichkeit, derengleichen man selten findet. Im Äußeren war er trotz seines geistlichen Gewandes ein vollendeter Weltmann, der in einen Klubsessel zurückgelehnt Zigarette um Zigarette rauchte und starken türkischen Kaffee dazu trank. Seine rassigen Hände begleiteten die Konversation mit vollendeten Gesten, wie man sie kaum schöner bei seinen westlichen Kollegen finden würde.

Unsere Unterhaltung mußte mit Hilfe eines Dolmetschers geführt werden. Glücklicherweise war dieser ein fein gebildeter Arzt, der vollkommene europäische Bildung hatte und leicht Fragen und Antworten formulieren konnte.

Ich fragte zunächst, ob der »Tanz« der Derwische die von mir vermutete symbolische Bedeutung habe. Der Scheich war freudig überrascht, einen Fremden jede Einzelheit der Vorgänge deuten zu sehen, und bestätigte diese Auslegung. Von besonderem Interesse war die Frage, ob die Teilnehmer bei der Zeremonie in einen ekstatischen Zustand kommen, wobei ihre »Egoität« außerhalb des physischen Körpers das Bewußtsein behalte. Ich erfuhr, daß solches nur in sehr seltenen Fällen geschehe, der Tanz jedoch stets großen Genuß bereite. Nach orientalischer Art fügte er eine Geschichte im Stil von »Tausendundeiner Nacht« hinzu, um seine Antwort besser zu beleuchten:

»Der Stifter unseres Ordens war ein sehr heiliger Mann, der nur lebte, um Allah anzubeten und die Gebote des Korans zu erfüllen. Lange Zeit lehnte er die Einladungen des Sultans ab. Schließlich jedoch ließ er sich überreden, bei einem ihm zu Ehren veranstalteten Fest zu erscheinen. Er machte sich auf den Weg zum Serail. Nahe dem Tor vernahm er plötzlich eine herrliche Musik, die ihn so hinriß, daß er, Ort und Zeit vergessend, anfing, sich nach Art der Derwische im Kreise zu drehen. Der Sultan wartete unterdessen, wurde ungeduldig, ließ den anderen Gästen das Mahl auftragen und schickte Boten aus, um dem Derwisch zu melden, er solle sich seinen Besuch sparen. Diese fanden ihn in der Vorhalle des Schlosses, noch immer in Drehung. Es gelang, ihn wieder zu sich zu bringen; der Meister hatte in der Ekstase eine Vision gehabt, die ihn erschreckte. Nach langem Bitten berichtete er, daß er gesehen habe, wie der Sultan geköpft würde. Als dieser zwei Jahre später wirklich ermordet wurde, erinnerte man sich dieser Prophezeiung wieder, und der Meister galt von dieser Zeit an als Weli (Heiliger).

Die prophetische Gabe ist unter den Derwischen sehr selten, doch kommen Wunder anderer Art oft vor.

So lebte vor zwanzig Jahren zur Zeit Abdulhamids in Medina ein Scheich des Rufai-Ordens namens Hamsa, der eine Art Schwertfakir war. Einmal, bei Ausübung seiner Kunst, schnitt er einem Kind die Zungenspitze ab und heilte sie verkehrt an. Nach einiger Zeit fiel sie wieder ab, so daß das Kind am Sprechen gehindert wurde. Der Vater ließ den Scheich verklagen. Er kam nach Konstantinopel ins Gefängnis, was aber nicht den geringsten Eindruck auf ihn machte. Seinen Angehörigen bedeutete er, sich nicht zu sorgen, er würde bald wieder zurück sein. Im Gefängnis fastete und betete er und machte seine Zikr-Übungen*. Während dieser Zeit wuchs dem Kind eine neue Zungenspitze an. So wurde offenbar, daß Hamsa ein Heiliger war. Der Vater zog die Klage zurück, und Sultan Abdulhamid überhäufte ihn mit Ehren und Geschenken. Die Zunge des einstigen Kindes ist heute ganz normal.«

Ich fragte weiter, ob der Islam eine spiritistische Richtung habe.

Er antwortete: »Unsere höheren Geistlichen wissen alle, daß es Möglichkeiten gibt, mit den Geistern der Verstorbenen in Verbindung zu treten, aber sie beschäftigen sich nicht damit. Es würde den Geistern schaden, wollte man sie wieder zur Erde herabziehen, von der sie im Begriff sind, sich zu trennen, um zu ihrem neuen Heim in den himmlischen Höhen hinaufzusteigen. Einer meiner Schüler, ein Scheich in Üsküdar, sah neulich in einem ekstatischen Zustand den Geist eines verstorbenen Bekannten auf der Straße genau so, wie er ihn lebend gekannt hatte. Der Scheich erschrak über diese Begegnung und kam zu seinem Meister, um sich Rat zu holen. Dieser versicherte ihm, das sei durchaus kein Einzelfall. Unter gewissen Bedingungen könne man die Verstorbenen mit

---

* *Zikr ist die Bezeichnung für die verschiedensten heiligen Übungen, die zu Visionen führen und die zur religiösen Praxis der esoterischen Orden gehören.*

inneren Augen sehen. Man müsse jedoch solche Begegnungen zu vermeiden suchen, da sie beiden Teilen schaden könnten.

Die Wesen, die sich Menschen durch magische Kräfte zu Dienern
machen können, die Dschinnen und Kutdams, sind nicht Geister der
Verstorbenen, sondern diabolische Mächte, vom Feuer geschaffen und
Sklaven desselben. Sie werden im Koran genannt und existieren. Aber es
ist unter der Würde eines fortgeschrittenen Muslims, sich mit diesen zu
befassen. Zauberer in breiten Schichten des Volkes bedienen sich dieser
Geister, um sich Macht zu verschaffen. Es gibt sogar ganze Orden, die
sich mit dieser Form der Schwarzen Magie abgeben.«

Ich bat den Scheich weiter um einen Vergleich zwischen den Derwischorden und den katholischen Mönchsorden.

»Vor ihrer Aufnahme«, erwiderte er, »müssen unsere Adepten eine
Schule der Demut durchmachen, indem sie zum Beispiel längere Zeit in
der Tekke mithelfen oder bei Reinigungsarbeiten mit Hand anlegen,
denn Dienstboten gibt es hier nicht. Gleichzeitig fasten und beten sie
nach alten Vorschriften. Geschlechtliche Askese wird bei uns als Ordensregel nicht gefordert, dagegen darf während der Probezeit ein Adept 1001
Nächte und Tage hindurch ›von keinem Weibe wissen‹. Während dieser
fast dreijährigen Probezeit gibt es viele Übungen, die alle darauf hinzie-
len, Mäßigkeit und Selbstbeherrschung zu entwickeln. Wir haben keine
eigentlichen Klöster und Klostergelübde. Einzelne Derwische wohnen
im Anbau der Moscheen und in den Tekkes, die meisten gehen einem
bürgerlichen Beruf nach und sind über das ganze Land verstreut. Etwas
vom katholischen Klostergelübde: Armut, Keuschheit und Gehorsam,
findet sich auch bei uns, doch die Hauptsache bleibt, daß jeder Derwisch zu seinem obersten Leiter in ein persönliches Abhängigkeitsver-
hältnis tritt. Dieser hat somit uneingeschränkte Macht über die Brüder.
Er allein bestimmt, wer für eine höhere Würde reif ist und wer in seiner
okkulten Entwicklung zurückgehalten werden muß. Solange die Derwische aktiven Dienst leisten, wohnen sie in der Tekke unter der Leitung
des Tekke-Scheichs. Das Leben hier ist im wesentlichen frei, nur müssen
die Gebets- und Zikr-Zeiten sowie die Stunden der gemeinsamen Mahl-
zeiten eingehalten werden. Der Scheich und einzelne Derwische haben

ihre Familien bei sich. Jedem stand bis vor kurzem das Recht auf vier Frauen zu, wenn er sie unterhalten konnte. In der Regel jedoch lebt der Bruder in einer mit spartanischer Einfachheit eingerichteten Zelle und ist auch in geschlechtlicher Hinsicht enthaltsam. Täglich hält der Scheich belehrende Vorträge, außerdem ist oft eine gute Bibliothek in der Tekke vorhanden.«

Über das Verhältnis der Rechtgläubigen zu den Anhängern anderer Religionen sagte der Scheich folgendes: »Der Koran gibt an, daß Christen, Juden und Sabäer, deren heilige Bücher direkt von Allah inspiriert sind, mit den Muslimen auf gleicher Stufe stehen. Nur der Unwissenheit der Massen ist es zuzuschreiben, daß in Wirklichkeit ein Unterschied gemacht wird. Sind doch letzten Endes alle Religionen dazu da, die Menschen mit der Göttlichkeit zu verbinden und wieder zu vereinigen, da sie aus ihr hervorgegangen sind.«

Und wieder wußte der Scheich das oben Gesagte durch ein Bild zu erläutern. Merkwürdig, der Koran verbietet das Malen jeglicher Bilder. Nur durch Sprüche in schönen Arabesken ist die Ausschmückung der Moscheen gestattet. Um so reicher an Bildern sind Schrift und Rede in den Ländern des Islam.

Der Scheich erzählt: »Vier Pilger aus verschiedenen islamischen Ländern und mit vier verschiedenen Sprachen zogen gemeinsam durch die Wüste nach Mekka. In einer Oase fanden sie ein Geldstück. Ließen sie es wechseln und teilten dann das Geld, so erhielt jeder fast nichts. Sie beschlossen daher, etwas zu kaufen und es unter sich zu verteilen. Der Älteste sagte auf arabisch, er wünsche sich Trauben. Der nächste wiederholte dasselbe auf persisch, der dritte auf türkisch und der letzte auf kurdisch. Doch da jedesmal das Wort für Trauben anders lautete und sie sich nicht verstehen konnten, gerieten sie in Streit, der in eine kleine Schlägerei ausartete. Erst als ein fünfter Pilger dazukam, der die vier Sprachen verstand und jedem sein Recht versprach, beruhigten sie sich. Kurz nachher brachte er herrliche saftige Trauben und verteilte sie zur Zufriedenheit der durstigen Pilger. Genau so ist es mit den verschiedenen Religionen.

Die Wahrheit ist stets dieselbe, doch die Ausdrücke, mit denen sie

35

beschrieben wird, können mannigfaltig sein und bleiben den Anhängern der verschiedenen Glaubensbekenntnisse unverständlich. Einmal, wenn die Menschheit dazu reif sein wird, muß eine Religion kommen, die alle zusammenschließt, indem sie Worte findet, die alle Menschen verstehen und befriedigen. Denn die Wahrheit ist eine und ewig wie Gott.«

»Geschieht die Ausbreitung des Islam durch Missionare?« so lautete meine letzte Frage an jenem Abend.

Ich gebe die Antwort des Scheichs in ihrer Ausführlichkeit hier wieder:

»Gewiss, aber durch die Ungeschicklichkeit *christlicher* Missionare; wir haben keine. Den Pionieren des Christentums fehlt es an Verständnis für die Gedankenwelt primitiver Völker. Sie treiben diese in die Opposition, und dann kommen sie zu uns. Fährt das Christentum fort, seine Lehre wie bisher durch Feuer und Schwert verbreiten zu wollen, so wird es ihm gehen wie dem Löwen, der vom Hasen getötet wurde. In einem großen Walde lebte einmal ein Löwe, der Entsetzen und Schrecken unter den anderen Tieren verbreitete. Diese sannen auf einen Ausweg. Anstatt fortwährend in Angst schweben zu müssen, aufgefressen zu werden, hielten sie es für klüger, täglich das Los zu werfen über den Unglücklichen, der sich freiwillig dem Feind zum Fraß ausliefern müßte. Auch der Löwe war einverstanden und im Anfang sehr zufrieden, denn das Los traf große Tiere wie Büffel und Hirsche. Aber dann kam der Hase daran. Dieser erklärte sich bereit, seine Pflicht zu erfüllen, bat aber um die Erlaubnis, den Löwen töten zu dürfen, anstatt selbst getötet zu werden. Er meinte, da man gemeinsam beschlossen habe, den Feind am Leben zu erhalten, so müßte auch gemeinsam beschlossen werden, ihn zu töten. Die anderen Tiere fanden den Vorschlag des Gnomen lächerlich und erteilten ihm mit höhnischer Freude die Erlaubnis zu diesem Vorhaben. Der Hase stellte sich dem hungrigen Löwen vor und bat noch um Verzeihung, daß er ihm nur eine so elende Mahlzeit anbieten könne. ›Wir waren zuerst zwei Hasen‹, sagte er, ›doch der andere wurde unterwegs von einem anderen Löwen gefangen, der – verzeihe mir die Kühnheit – größer und stärker zu sein schien als du.‹ Der Widersacher, der bisher geglaubt hatte, der oberste Herr des Waldes zu sein, forderte den Hasen auf, ihn an jene Stelle zu führen. Sie machten sich gemeinsam auf den Weg und gelangten an den Saum des Waldes, wo ein tiefer Brunnen gegraben war. ›Hier hat sich der andere Löwe mit seiner Beute versteckt‹, sagte das Häschen. ›Ich selbst bin zu klein, um über den Rand des Brunnens zu schauen. Nimm mich zwischen deine Vorderpfoten, damit ich besser sehen kann, ob mein Bruder schon gefressen ist.‹ Dieses tat der König des Waldes und sah nun im Brunnen sein Spiegelbild, das heißt einen mächtigen Löwen, der einen Hasen zwischen den Pfoten hielt. In seiner Wut ließ er Meister Lampe los, sprang auf den Räuber zu, stürzte in den Brunnen und kam elend darin um. Das listige Häschen aber kehrte stolz zu den anderen Tieren zurück und erzählte von seinen Heldentaten.

Dieses Schicksal kann auch die mächtige Christenheit treffen, falls die Missionare nicht die Lehre vorleben, die sie anderen mitteilen wollen. Einer meiner Bekannten in Syrien wurde von einem dieser Missionare, der keinen guten sittlichen Ruf genoß, mit Bekehrungsversuchen belästigt. Um von ihm loszukommen, sagte jener: ›Falls die Religion, zu der du mich überreden willst, die ist, nach der Bayezid gelebt hat, so bin ich einverstanden. Handelt es sich jedoch um die Religion, nach der du lebst, so ist eine Bekehrung unnötig, denn die, nach der ich jetzt lebe, ist sicher viel besser!‹

In Indien war es in gewissen Gegenden Sitte, daß Männer aus allen Klassen sich als Bettler auf eine dreijährige Pilgerfahrt begaben, nachdem sie ihre Reife erreicht hatten. Sie besaßen nur einen Mantel und eine Tasse für die Almosen. Diese Dienstzeit der Demut war sicherlich der Moral des einzelnen dienlicher als der Militärdienst, der eher eine Schule des Hochmuts ist.«

Es war spät geworden, als wir uns an jenem Abend trennten. Mein neuer Freund, der Derwisch-Scheich, war liebenswürdig genug, mich beim Abschied einzuladen, ihn in seiner Tekke zu besuchen, wo er mir weitere Erklärungen zu geben versprach.

☪

KAPITEL IV

BESUCH IN EINER RUFAI-TEKKE
DER »HEULENDEN DERWISCHE«

Ein Derwisch, der im bürgerlichen Leben als Angestellter in einer Firma in Pera tätig war, hatte von meinem Interesse für die türkischen Mönchsorden gehört. Er suchte mich auf und schlug mir vor, mich bei seinem Orden einzuführen. »Sie lernen«, sagte er, »die Zeremonien bei den Rufai-Derwischen kennen, die oft damit enden, daß ihr Leiter die größere Macht des Geistes über die Materie zeigt. Die Teilnehmer lassen sich mit spitzen, pfriemenförmigen Instrumenten stechen, ja sogar den Leib mit Messern öffnen, so daß die Eingeweide sichtbar werden, und doch fließt kein Blut. Die Wunden werden nachher vom Scheich wieder geschlossen, indem er die Öffnungen mit Speichel anfeuchtet und einfach zusammenpreßt. Dann haucht er darauf, und der Geist, der in ihm ist, heilt die Wunden, so daß sie kaum eine Narbe hinterlassen.«

Das alles klang vielversprechend. Ich erfuhr jedoch auch die Gründe, die zu diesem Vorschlag geführt hatten. Jener Derwisch hoffte nämlich, ich könnte ihm behilflich sein, mit Parapsychologen in den Vereinigten Staaten in Verbindung zu treten. Er gedachte, dann als Impresario mit einer Gesellschaft von Rufai-Derwischen hinüberzufahren, Wunder auszuführen und als Millionär zurückzukehren.

Ein europäischer Freund von mir, der diesen Verhandlungen beiwohnte, stellte seine Wohnung für die Experimente zur Verfügung, unter der Bedingung, daß kein Blut fließe und er photographieren dürfe. Tag der Zusammenkunft und Bezahlung wurden festgesetzt, leider vergebens. Der Impresario erschien zur festgesetzten Zeit allein und entschuldigte sich: Der Scheich könne nicht kommen, er sei unwohl. Die eigentliche Ursache seines Ausbleibens war, daß er sich außerhalb der gewohnten Umgebung in der Tekke, wo ihm auch seine hingebenden Derwische keine Kraft zuführen konnten, nicht imstande fühlte, seine Fakirkünste zu zeigen. Wir wurden aufgefordert, ihn am folgenden Freitag dort aufzusuchen, um einer Zeremonie beizuwohnen.

In der Zwischenzeit wurde ich von einem Professor an der Universität eingeladen, einer Séance mit einem Medium beizuwohnen, das sehr starke Kräfte besitzen sollte. Er gedachte, die Sitzung vor vier bis fünf Personen in einem der Räume der Universität abzuhalten. Zur verabredeten Zeit begab ich mich dahin und traf das Medium, Rhusdi Efendi. Es war ein kleiner, feingliedriger, epileptisch aussehender Mann von etwa 30 Jahren mit schmalen Händen, spitzen Fingern und hübschen braunen Augen. Vom zwölften Jahr an hatte er mediumistische Fähigkeiten besessen und behauptete, daß Muhaeddin-el-Arabi durch einen Geist, der sich Erbassa nannte, sein Leiter gewesen sei. Dieser habe ihn moralisch und spirituell aufgeklärt, und er sei zu großen Zukunftsaufgaben berufen. Vor einigen Jahren habe er von seinem Leiter die Nachricht erhalten, daß der Çiraghan-Palast am Bosporus noch vor Wochenende abbrennen werde. Er ging hin, um die Aufseher zu warnen; doch die Torwächter lachten ihn nur aus und schickten ihn wieder weg. Seine Vorhersage habe sich im ganzen Umfang bestätigt. Noch vor Ende jener Woche, am 19. Januar 1910 sei der Palast in Rauch und Flammen aufgegangen.

Das Medium begann seine Experimente mit automatischem Schreiben, wobei er mehrere Fragen richtig beantwortete. Da dies für mich nichts Neues war, bat er mich, ihm ins Nebenzimmer zu folgen, das er abdunkelte. Er sagte, ich würde jetzt meine Mutter sehen, falls ich meine Aufmerksamkeit auf einen bestimmten Punkt konzentrieren wollte. Da ich nach 15 Minuten durchaus nichts erblickte, versuchte er es mit Suggestion: »Eine ältere Dame ohne Kopfbedeckung und etwas blond!« Als auch jetzt die Wirkung ausblieb, zauberte er als Apportphänomen einen kleinen Stein aus der Luft herunter und behauptete, er käme von Kalkutta geflogen. Ich müßte ihn als Amulett tragen. Er würde mich vor allerlei Unannehmlichkeiten schützen. Auch dieses Phänomen imponierte mir nicht, da ein Medium ohne vorhergehende Leibesvisitation leicht imstande ist, solche Apporte in Fülle mitzubringen, die mit ein wenig Geschicklichkeit leicht aus der Luft herabgezaubert werden können. Wir gingen zu den anderen Gästen zurück, denn jetzt wollte er seine Fakirkünste vorführen, indem er seinen Bauch durchbohrte. Er brachte eine dünne, etwa 45 Zentimeter lange verrostete Aale zum Vorschein. Ich machte den Professor darauf aufmerksam, daß eine solche Operation in diesem Fall unfehlbar zu einer Blutvergiftung führen müßte, weshalb die Nadel durch Streichhölzer erhitzt und der Ruß mit Zeitungspapier abgerieben wurde. Rhusdi hatte sich unterdessen selbst in eine Art leichter Trance gebracht und atmete »Gottes Geist« über das Instrument, das er sich nun angeblich »in den Bauch bohrte«. Eine Stelle seines Bauches wurde entblößt. Mit zwei Fingern formte der Fakir eine tiefe Hautfalte, steckte gleichzeitig die Nadel ein paar Zentimeter tief hinein, schnitt entsprechende Grimassen und klopfte mit der anderen Hand tüchtig nach. Große Schmerzen vorgebend, zog er sie dann langsam wieder heraus, hielt aber noch längere Zeit die Haut mit den Fingern zusammengepreßt. Als alles zu Ende war, untersuchte ich ihn und konstatierte, daß nur ein kleiner schwarzer Fleck zu sehen war, und zwar dort, wo er die Metallspitze auf die Haut gepreßt hatte. Jedenfalls war diese so stark kontrahiert worden, daß das Instrument nicht hindurchdrang, obgleich es einen gewissen Druck ausübte. Dasselbe Experiment kann jeder an sich selbst ausführen und naive Zuschauer davon überzeugen, daß man sich durchbohrt und dann von »geheimen Kräften« heilen läßt.

Nach dieser Kirmesvorstellung war mein Interesse für Fakirkünste stark abgekühlt. Aber ich halte mein Wort und finde mich mit ein paar Freunden am festgesetzten Tag bei der bezeichneten Dampferhaltestelle am Bosporus ein, wo wir vom oben erwähnten Impresario abgeholt und sofort in ein nahebei gelegenes Privathaus geführt werden. Es gehört dem Scheich, der uns mit Kaffee bewirtet und währenddessen seine zehn Derwische holen läßt, die in demselben Viertel verschiedenen Berufen nachgehen. Der Scheich ist ein außergewöhnlich hübscher und intelligenter junger Mann, der in der Nähe der Schiffslände ein Barbiergeschäft betreibt. So also kann die Laufbahn eines Scheichs aussehen! Er versammelt zuerst ein paar Freunde um sich, hält mit ihnen Gebet und Gottesdienst in seiner besten Stube und überzeugt diesen kleinen Kreis von seinen besonderen Kräften, wodurch er ihnen die Visionen und geistigen Erlebnisse verschafft, worauf sie so viel Wert legen. Von diesen wird sein Ruhm weitergetragen. Mehr und mehr Jünger sammeln sich um ihn. Und wenn etwa durch Todesfall die leitende Stelle in einer Tekke frei wird, kann er vielleicht erreichen, dort als Scheich gewählt zu werden, und sein Glück ist gemacht!

Nun zur Zeremonie. Die zehn im Raum anwesenden Mönche sitzen mit gekreuzten Beinen am Boden und beten. In gleichmäßigem Rhythmus werden Oberkörper und Kopf hin- und hergeschwungen, und dazu die Worte gesungen: »Es-stang-fi-ru-lla, Es-stang-fi-ru-lla«, in endlosen Wiederholungen. Dies bedeutet: »Möge Gott mir meine Sünden vergeben.« Dieser Rhythmus bringt sie langsam in eine Art Ekstase; dann steigert er sich, wird schneller und schneller, lauter und lauter und endet schließlich in einem unartikulierten Gebrüll. Man bringt jetzt ein Mangal (Kohlenbecken) herein, auf dem langstielige Metalllöffel liegen. Der Scheich schürt das Feuer und lädt uns ein näherzutreten. Nun führt er einen der glühenden Löffel zum Mund, berührt ihn mit der Zungenspitze, zieht diese zurück, macht sie im Munde wieder feucht und leckt nun ordentlich an dem glühenden Metall, daß es zischt. Die Mönche führen der Reihe nach dasselbe Experiment aus. Der Impresario fragt, ob ich zu photographieren wünsche. Ich bedeute ihm, daß die Bilder kaum von parapsychologischem Interesse sein würden, da der Wärmegrad des Löffels nicht festgehalten werden könne. Im übrigen sei dies Phänomen nicht überwältigend; mit etwas Übung könne jeder Laie es wiederholen.

Etwas unzufrieden mit meiner Skepsis fangen die Mönche wieder mit ihren Zikr-Übungen an. (So werden die verschiedensten heiligen, Halluzinationen hervorrufenden Übungen genannt, die sich im Islam an den Kult der esoterischen Mönchsorden knüpfen.) Sie gruppieren sich wie vorher zu einem Kreis und stimmen unter Leitung des Führers an: »Büyük Büyük Allah; Büyük Büyük Allah!« Währenddessen werden

41

mehrere etwa 30 Zentimeter lange und einen halben Zentimeter dicke, stark zugespitzte, mit hölzernen Handgriffen versehene Stahlnadeln im Feuer geglüht. Nach 15 Minuten hat der Gesangsrhythmus den Grad des Heulens erreicht, und das zweite Experiment kann beginnen. Der Leiter kühlt eine der glühenden Nadeln in Wasser ab (das Glühen der Nadeln wurde hier nur aus hygienischen Rücksichten vorgenommen) und sticht sie durch den offenen Mund eines gutmütig aussehenden älteren Derwischs von innen heraus durch die Wange, eine Prozedur, die diesem Genuß zu bereiten scheint, wenigstens nach seinem strahlenden Gesicht zu schließen. Die Nadel ist 5 Zentimeter durch die Backe gedrungen. Das andere Ende hängt, mit dem schweren Holzknopf versehen, zum Munde heraus. Nachher unterwirft sich ein ganz junger Mann, der sonst als Gehilfe bei dem Barbier und Scheich arbeitet, derselben Prozedur, und dann kommt unser Impresario an die Reihe. Er hat an den Gebetsübungen teilgenommen, weil er dem Orden angehört. Zuerst will er sich nicht zu dieser Operation hergeben, gibt aber schließlich nach, da er von allen Seiten gedrängt wird. Um eine noch größere Wirkung zu erzielen, nimmt nun der Scheich einen Hammer und nagelt sein erstes Opfer mit dem Nagel der durchbohrten Wange an den Türpfosten, wo es volle 15 Minuten angepflockt steht. Ich mache ein paar Aufnahmen, die jedoch mißglücken, da das Licht zu schwach ist. Schließlich entfernt der Scheich die Nadeln wieder. Die Wunde in der Backe wird von innen und außen mit den Fingern zusammengepreßt, dann ein Gebet darüber gehaucht. Das ist alles. Als er fertig ist, betrachte ich die Opfer näher. Es ist kein Tropfen Blut geflossen. Nur ein roter Fleck ist zu sehen, der - wie behauptet wird - nach einigen Tagen verschwindet.

Der Impresario verlangt jetzt seine Bezahlung. Doch da ich einstweilen mit dem Resultat der Sitzung noch nicht zufrieden bin, gebe ich ihm nur die Hälfte und verspreche ihm den Rest, wenn er seiner Verpflichtung nachkommen will, den Unterleib eines der Teilnehmer öffnen zu lassen, so daß die Eingeweide sichtbar werden. Er vertröstet mich auf eine spätere Gelegenheit, heute sei nicht genug »Kraft« vorhanden. Das Geld gibt er dem Scheich, der es nach einer kurzen Besprechung mit den Mönchen mit einer königlichen Gebärde zurückweist. Er erhält nun die ganze Summe gegen das Versprechen, die Vorstellung bei Gelegenheit zu ergänzen. Ein Gelübde, welches nie erfüllt wurde, weil ich kurz nachher die Beziehungen zum Impresario abbrechen mußte, da er mir stets Besuche machte, um eine höhere Bezahlung zu beanspruchen.

Wie eine Art heilendes Pflaster für die Enttäuschung, die uns diese Privatvorstellung gebracht hatte, war der Besuch bei dem ehrwürdigen Scheich des Rufai-Ordens, den ich noch am gleichen Tag ausführte. Dieser hat im Privatleben eine Stelle im Finanzministerium inne; er empfängt gern ernstgesinnte Fremde in seiner Tekke.

Dieses hat einen kleinen Balkon mit einer Fremdenloge, in der wir Platz nehmen. Auf dem Boden des Saales unter uns liegen schöne Teppiche. In der östlichen Wand gegen Mekka zu ist in der Mitte wie immer die Nische, von den großen Leuchtern flankiert. Hier stehen allerlei Gegenstände, die für die Zeremonie gebraucht werden, Schwerter, Speere, Musikinstrumente, Messer, Krüge und dergleichen. Der Scheich, ein feiner, blonder, soignierter Mann mit kurzem Bart, sitzt mit gekreuzten Beinen vor der Nische mit ein paar älteren vornehmen Besuchenden zusammen. Auch sein vierjähriger Sohn, der, als Derwisch gekleidet, alle Bewegungen seines Vaters genau nachmacht, ist bei ihm. Gegenüber an der westlichen Wand sind die Derwische mit ihren Zikr-Übungen beschäftigt. Es gibt deren zwanzig, die sich der Mäntel entledigt haben und in langen, weißen, hemdartigen Gewändern Arm in Arm dastehen. Sie singen unter starkem Vorwärtsbiegen des Oberkörpers, begleitet vom Nicken des Kopfes, den ersten Vers aus dem Koran: »La ilahe ill'allah; La ilahe ill'allah!« (Das heißt: »Es gibt keinen Gott außer Gott.«) Der Scheich und seine Gäste folgen den Bewegungen durch ein beherrschtes Beugen von Oberkörper und Kopf. Dieser rhythmische Gesang beginnt langsam und steigert sich in vier Perioden zu einem heiseren Gebrüll oder Heulen, mit der Wirkung, daß mehreren der Beter Schaum vor dem Mund steht und sie in einen Trancezustand versetzt werden. Wie bei den »Tanzenden Derwischen« findet sich auch hier erst bei der Schlußperiode der Geist ein, so daß die Phänomene eintreten können. Nach einer halben Stunde bricht der Scheich den ersten Teil der Zeremonie ab,

und der Korangesang setzt ein. Dieser wird von einem Sänger ausgeführt und ist harmonisch und gedämpft, also wohlgeeignet, die aufgereg-
ten Gemüter zu beruhigen. Einer der am wildesten aussehenden Derwische ist der junge Barbiergehilfe, dem in der vorhergehenden Séance die
Backe durchbohrt wurde. Er ist in die Tekke hinübergeeilt, um auch
diese Zeremonie mitmachen zu können. Gut, daß heute Freitag ist. Er
würde wohl nach allen diesen Anstrengungen kaum imstande sein, sein
Rasiermesser mit Sicherheit zu führen.

Es werden Krüge und Flaschen mit Wasser vor den Scheich hinge-
stellt. Er haucht darüber. Jetzt wird dieses Wasser die Kranken heilen,
deren Verwandte es gebracht haben. Die zwei vornehmen Besucher
legen sich jetzt einer nach dem anderen auf den Bauch vor dem Scheich,
der ihnen auf den Rücken tritt, und hier auf einem Fuße stehend, ihren
Körper mit dem anderen Fuß bestreicht. Sie danken ihm kniend mit
Handküssen, die er als Höflichkeitszeremonie zu erwidern sucht. Sie
lassen dies aber nicht zu und reißen ihre Hände an sich.* Nun werden
ein paar kranke Männer hereingebracht und derselben Prozedur unterworfen. Sie scheinen gebessert wieder fortzugehen. Auf ein gegebenes
Zeichen legt sich nun auch der kleine Sohn des Scheichs auf den Boden,
und zu meinem großen Erstaunen wiederholt sich derselbe Vorgang.
Doch mein Erstaunen steigt, denn nun bringen Mütter ihre kranken
Säuglinge, und der Reihe nach tritt der Scheich mit seinem ganzen
Gewicht auf die kleinen Rücken, wo er auf einem Fuß steht und mit dem
anderen Fuß hin- und herstreicht. Er berührt dabei nur leicht einen der
Mönche mit einem Finger, um das Gleichgewicht nicht zu verlieren. Die
Mütter sind hoch erfreut. Unter normalen Verhältnissen kann der Kör-
per eines nur wenige Monate alten Kindes sicherlich das Gewicht eines
erwachsenen Mannes nicht aushalten, ohne Schaden zu nehmen. Hier

---

* *Oft wurde ich Zeuge, wie der Bey Bettlern eine Goldmünze in die Schale legte.
Dabei geschah es manchmal, daß sich ein Bettler weigerte, sich vom Bey die Hände
küssen zu lassen. Manchmal kam es zu kleinen »Kämpfen«. Nach einer solchen
Gelegenheit sagte der Bey zu mir, daß jener Bettler eine der am höchsten entwickelten Seelen im Islam war.*

muß eine andere Erklärung gesucht werden. Bekanntlich bestehen die Stoffe des menschlichen Körpers zu siebzig Prozent aus Wasser. Durch Gewichtsversuche ist wissenschaftlich festgestellt worden, daß Trancemedien während der Trance fünfzig Prozent oder mehr von ihrem normalen Gewicht verlieren können. Ob hier etwas Ähnliches vor sich geht, ist nicht leicht zu entscheiden. Mehrere der Derwische sind während dieser Übungen sicher außerhalb ihres Körpers gewesen. Der Scheich hingegen hat sich augenscheinlich die ganze Zeit über in normalem Zustand befunden.

Wieder folgt Korangesang, und mit gemeinsamen Gebeten wird die Feier beendet.

Wir werden vor dem Verlassen der Tekke mit Kaffee und Lokum (türkischem Zucker) bewirtet und unterhalten uns noch eine Zeitlang mit dem liebenswürdigen Scheich in seinem Audienzraum. Er bemerkt unsere Apparate, bittet um eine photographische Aufnahme von sich und seinem Sohn, die wir machen. Doch leider glückt sie des schlechten Lichtes wegen ebenfalls nicht.

Daß dieses eigentlich nur Vorbereitungen waren zum wirklichen Phänomen war mir klar nach alledem, was ich von einem Freund wußte, welcher sich einige Jahre früher dieselben Derwische angesehen hatte. Auf meine Bitte hin hat er seine Erlebnisse so lautend geschildert:

In den Kriegsjahren 1916 - 1917 in die Türkei kommandiert, hatte ich Juli 1916 Gelegenheit, einem Treffen der Rufai-Derwische in Üsküdar beizuwohnen.

Leider hatte ich mich damals und auch noch lange nachher nicht zu einer Beschäftigung mit okkulten Phänomenen entschließen können, die ich, von der zünftigen Naturwissenschaft kommend, für beweisunkräftig, jedenfalls nicht für genügend »erforscht« hielt.

Deshalb hat auch damals ein gewiß in jedem Sinne hochbeachtenswertes, auch im Orient nicht alltägliches Phänomen, nämlich die anscheinende Aufhebung der Gesetze der Schwerkraft, nicht den Eindruck auf mich gemacht und die Aufmerksamkeit bei mir erregt, die es wirklich beansprucht hätte.

Ich stand damals als Mitteleuropäer unter so vielen für mich absolut neuen und verwirrenden äußeren Eindrücken, wie sie ja immer beim ersten Bekanntwerden mit dem bunten Orient selbstverständlicherweise ausgelöst werden, daß ein tieferes Eingehen auf solche, einem Wissenschaftler doch äußerst fernliegende Dinge wie Okkultismus mir nicht in den Sinn kam. Dazu kam, daß die Reise in noch fernere Gebiete – bis nach Bagdad – nahe bevorstand.

Erst 1919 begann ich mich mit Theosophie und Geisteswissenschaften zu beschäftigen, und erst seit einigen Jahren ist meine Aufmerksamkeit auf sogenannte okkulte Phänomene gelenkt worden.

Damals, also Juli 1916, ging ich zu den alle Freitag in Üsküdar stattfindenden religiösen Zeremonien der Rufai-Derwische, wie man sonst in ein Varieté geht.

In dem in einem alten Kloster befindlichen Vorführungsraum der Sekte der Derwische war bei meinem Eintritt die feierliche Handlung schon im Gange. Das Publikum war zusammengewürfelt aus gläubigen Orientalen der besseren und mittleren Stände in allen möglichen bunten Trachten und einigen wenigen neugierigen Europäern, zum Teil in Uniform. An einer Seite des Raumes von mittlerer Größe hockten Flötenspieler und Sänger, die in ewiger, langweiliger Wiederholung für europäische Ohren nichtssagende, näselnde Rhythmen vollführten. In der Mitte des kleinen Saales bewegten sich die weißgekleideten, sehr hohe, den Persermützen ähnelnde schwarze Mützen tragenden, im Kreise nebeneinanderstehenden Derwische mit eigenartig zuckenden Bewegungen im Seitenschritt. Die feierliche Handlung hatte schon vor ca. einer Stunde angefangen, und über die Gesichter der Tänzer rieselte der Schweiß, was die Luftbeschaffenheit im Raume nicht gerade verbesserte.

Mir und meinem gelegentlichen Begleiter, dessen Name mir leider längst entfallen ist, wurde die Sache bald langweilig: Wir blieben nur, weil plötzlich Rhythmus und Tanz lebhafter wurden. Die Derwische machten zuweilen Sprünge und stießen dabei aufmunternde Rufe aus. Mein Begleiter, der schon vor dem Kriege in Konstantinopel ansässig gewesen war, hielt mich nun vom beabsichtigten Weggang zurück, indem er mir zuraunte, heute wäre noch etwas Besonderes zu erwarten. Damit war es jedoch zunächst noch nichts. Zwar wurden das Tempo der Musik, die Sätze der Tänzer und ihre Schreie oft sehr lebhaft, doch wurde mir die schweißdurchschwängerte Atmosphäre bald so unerträglich, daß ich mich nach der freien Luft sehnte.

Da sprang plötzlich einer der Tänzer, ein großer, breitschultriger junger Bursche mit gellendem Aufschrei in die Mitte des tanzenden Kreises. Die Rhythmen der »Musik« erfolgten nun in rasender Schnelle. Die Bewegungen und Zurufe der Tänzer wurden immer lebhafter – nur der Derwisch in der Mitte stand steif und hochaufgereckt mit waagerecht erhobenen Händen, Handfläche nach oben, da. Langsam fiel der Kopf nach hinten über, was für meine weiteren Beobachtungen, da ich mich hinter ihm befand, sehr günstig war. Denn nun konnte ich bequem beobachten, daß zwar die Augen weit offen standen, aber nur das Weiße derselben sichtbar war. Aus dem weit geöffneten Munde troff dicker Schaum. Und nun geschah das Unbegreifliche, ja eigentlich doch Unmögliche: Langsam erhob sich der ganze gestreckte Körper des Mannes ca. einen halben Meter vom Boden und blieb so, die Fußspitzen nach unten gerichtet, in der Luft schwebend. Wie lange? – Ja, das kann ich nicht genau sagen, denn in derart verblüffenden Situationen ist der Zeitbegriff wohl stets ausgeschaltet. Schätzungsweise hat es aber mindestens eine halbe bis eine Minute gedauert, bis der ekstatische Mensch sich wieder trotz allen Brüllens der Mittänzer und des gläubigen Publikums langsam senkte, mit den Fußspitzen zuerst den Boden berührte und dann in sich zusammenbrach, schnell aufgefangen von den zuspringenden Genossen.

Ich mußte wegen einer Verabredung dienstlich eilig nach Konstantinopel zurück und weiß deshalb nicht, was weiter geschah. Herr Kaufmann Schindler in St. Stephano, dessen Familie – sie stammt aus der Schweiz – schon seit etwa 30 Jahren in Konstantinopel ansässig war, sagte mir, als ich ihm den obigen Vorfall erzählte, daß ich ein kolossales Glück gehabt hätte, denn meistens träten dieser und ähnliche Fälle nur wenige Male im Jahr ein, er selbst hätte bei mehrfachem Besuch leider nie etwas Derartiges zu sehen bekommen, ab und zu aber von Bekannten davon gehört.

P. Müller
Veterinärrat in Königsberg, Ostpreußen

KAPITEL V

ÖSTLICHE UND WESTLICHE MYSTIK

W as der Fremde vom islamischen Sufismus oder Derwisch-wesen in den Tekkes zu sehen bekommt, ist kaum mehr, als was ein Protestant in Europa vom Mönchtum erfährt, wenn er ein Kloster besucht. Ich sagte mir deshalb: Willst du die esoterische Richtung des Islam verstehen, wie dies im Tariqât zum Ausdruck kommt, so mußt du in dieses eintreten und Derwisch werden, denn jedes wirkliche Verständnis kommt durch persönliche Erfahrung.

Es war mir klar, daß jede Esoterik auf derselben Wahrheit fußt. Eine Erkenntnis, die von den Mystikern des Mittelalters wie Dante, Jakob Böhme, Meister Eckhart, Angelus Silesius, Ruysbroek oder neueren Datums wie William Blake, Swedenborg, Blavatsky oder Goethe und Rudolf Steiner in Europa erlebt wurde - eine solche ewige Wahrheit hinter dem Schleier der Illusion ist dasselbe, was wir durch Überlieferung von den Eingeweihten der Antike kennen, von Krishna, Manu, Gautama, Hermes, Zarathustra, Pythagoras, Platon und - wie ich hier erfahren durfte - von Mohammed.

Die katholischen Ordensstifter Franz von Assisi, Ignatius Loyola, Benedictus, Domenicus und alle die übrigen sind in ihrer Kloster-Initiation zu denselben Wahrheiten gelangt wie die islamischen Ordensstifter, nur anders ausgedrückt. Auch die Koryphäen des Protestantismus wie Luther machten ihre eigenen übersinnlichen Visionen und Erfahrungen zum Grund ihrer Lehre.

Unter den äußeren Decken der Religionen, die höchst verschieden sein können, wird der wirkliche Inhalt, der immer der gleiche ist, aufbewahrt. Es haben immer die gleichen Wege zu Gott geführt, der breite und der schmale, das Gesetz und die Propheten. Der äußere Weg, die Erfüllung der Gebote, und der innere Erlebnisweg, von dem die Propheten Zeugnis ablegen. Daß dies auch beim Islam der Fall ist, daran zweifelte ich nicht. Denn in der Literatur findet man mannigfaltige Beispiele, und es lassen sich leicht Parallelen ziehen, die beweisen, daß der Kern in der islamischen Esoterik der gleiche ist wie bei den anderen Religionen.

Das buddhistische *Tat Tvam Asi* drückt aus: Du und ich, wir sind eins, oder: Du bist eins mit deiner ganzen Umgebung. Der Schleier, den die Persönlichkeit über den Menschen breitet, verbirgt uns das Göttliche, bis wir ihn wegheben. Diesen Gedanken drückt der islamische Verfasser Dschelalaldin Rumi folgendermaßen aus: »Im Urbeginn waren meine Seele und die deinige nur eins, mein Erscheinen war das deinige, mein Verschwinden war das deinige; es wäre unwahr, von mein und dein zu reden; es hat zwischen uns aufgehört das Ich und Du.« Oder er sagte: »Mache dich rein von allen Attributen des Selbst, damit du dein glänzendes Wesen erschaust.« Ferner: »Mein Ort ist ortlos, meine Spur ist spurlos.« Abu-el-Atahija sagt zur Verherrlichung Buddhas: »Der König im Gewand des Bettlers, er ist es, dessen Ehrfurcht groß ist unter Menschen!«

In der *Mesnewi* heißt es: »Laß mich nicht-seiend werden, denn das Nichtsein ruft mir mit Orgeltönen zu: Zu ihm kehren wir zurück!« Ist dies nicht der Nirvana-Gedanke, in schönen malenden Worten ausgedrückt? Derselbe Verfasser (Al-Rumi) läßt Gott in einer Offenbarung Moses sagen: »Die Liebhaber der Riten sind eine Klasse. Und die, deren Herzen und Seelen von Liebe glühen, bilden eine andere. Hier sind sie wieder, die zwei Wege: das Gesetz und die Propheten!« Am höchsten greift der Verfasser in den Worten der Mesnewi über die Vergangenheit und Zukunft der Menschheit:

> Ich starb als Mineral und wurde Pflanze.
> Ich starb als Pflanze und stieg empor zum Tier.
> Ich starb als Tier und wurde Mensch.
> Weshalb dann fürchten, daß ich beim Sterben
> geringer würde?

Als Mensch muß ich sterben, um Engel zu werden.
Und auch von dieser Stufe muß ich steigen
Bis zu dem, was über allem Vorstellen liegt.
Dann werde ich nicht-seiend,
Und nicht-seiend nähere ich mich ihm.
Ihm, in dem wir wahrhaftig wiederkehren werden!

Christian Morgenstern, unbeeinflußt von Al-Rumi, drückt denselben
Gedanken für unsere moderne Zeit in folgendem ergreifenden Gedicht
aus, das seinem Lehrer Rudolf Steiner gewidmet ist:

Die Fußwaschung

Ich danke dir, du stummer Stein,
und neige mich zu dir hernieder:
Ich schulde dir mein Pflanzensein.

Ich danke euch, ihr Grund und Flor,
und bücke mich zu euch hernieder:
Ihr halft zum Tiere mir empor.

Ich danke euch, Stein, Kraut und Tier,
und beuge mich zu euch hernieder:
Ihr halft mir alle drei zu mir.

Wir danken dir, du Menschenkind,
und lassen fromm uns vor dir nieder:
weil dadurch, daß du bist, wir sind.

Es dankt aus aller Gottheit Ein-
und aller Gottheit Vielfalt wieder.
In Dank verschlingt sich alles Sein.

Ich möchte noch einen Koranvers anführen, der sagt:

»Oh Mensch, falls du an der Auferstehung zweifelst,
so bedenke, daß Wir auch aus Erde geschaffen sind.«

Aber: »Gott hat den Menschen nach seinem Bilde geschaffen.«

Und:

»Oh Mensch, Gott hat dich für sich geschaffen; und das
übrige hat er für dich geschaffen. Verringere nicht das, was
Gott für dich geschaffen hat, indem du dich auf dieselbe Stufe
stellst mit dem, was er für dich geschaffen hat.«

Daß auch die sogenannten Freidenker einen Weg zu Gott finden können, wußte schon Avicennas Freund, der Mystiker Abu Said abu-el-Chejt,
indem er sagt: »Solange Moschee und Medrese nicht ganz verwüstet
sind, wird der Kalender (Derwische) Werk nicht erfüllet sein; solange
Glauben und Unglauben nicht völlig gleich sind, wird kein einziger
Mensch ein wahrer Muslim werden!«

Ich sprach in letzter Zeit öfters mit einem alten indischen Weisen,
der eine kleine Moschee in einem der Armenviertel der Stadt leitete.
Ursprünglich Brahmaanbeter, war er zum Islam übergetreten, aber er
hatte infolge seines indischen Ursprungs einen weiteren Blick behalten
als die Hodschas oder Priester des Islam im allgemeinen. Oder besser
gesagt, als die Moscheediener des Islam, denn der Begriff Priester ist
hier nicht bekannt. Jeder ist sein eigener Priester. Man findet nicht wie
in Europa eine ganze Klasse vom Staat unterstützter Menschen, die kraft
ihrer Examina und Ämter sich einbilden, Patentinhaber aller Religions-
erklärung und Wegweisung zu Gott zu sein. Wir sprachen öfters über
die Möglichkeiten, die verschiedenen Religionen zu vereinigen. Einmal
sagte dieser Weise: »Wenn die Menschen dazu gereift sein werden, die
Wahrheit verstehen zu können, wird Gott sie ihnen offenbaren. Bis dahin
müssen sie einzeln vorwärts finden, durch schmale, unwegsame Pfade
den Berg hinauf. Wenn sie den Gipfel erreichen, werden sie dieselbe Auffassung von Gott haben, ob sie nun auf den breiten Wegen des Chri-

stentums, des Buddhismus, des Islam oder anderer Religionen geblieben oder abgebogen waren.«

Er hatte als Fakir die Yogischulen seines Vaterlandes besucht und war später in der Türkei Derwisch geworden. »Man findet mehr Inhalt bei den letzteren und mehr äußeren Effekt bei den ersteren«, sagte er und riet mir dringend, in einen Derwischorden einzutreten, so daß ich durch eigene Anschauung die Esoterik des Islam kennenlernen könne. Ich lernte aus diesen Gesprächen, daß »der edle Pfad« des Buddhismus dem Tariqât, dem Weg des Sufis genau entspricht, und entschloß mich, ihn selber zu betreten. Ich sprach mit meinem Freund, dem Bey, über diesen Plan, den er durchaus billigte. Er versprach mir, sich zu erkundigen, welcher »Meister« mir bei meinem Vorsatz am besten helfen könnte.

☾

KAPITEL VI

ERWÄGUNGEN VOR DEM EINTRITT IN EINE TEKKE

Während dieser Zeit dämmerte ein Bild vor meinem inneren Blick, ein Bild, das mir zunächst ganz unklar war; doch da es immer wieder auftauchte und stets schärfere Konturen annahm, konnte ich es nicht als Phantasieerzeugnis abweisen. Zu Anfang war es mit einem Erlebnis aus der Kriegszeit verwoben, das öfters in meinem Bewußtsein auftauchte. Aber allmählich schied es sich von diesem, bekam eigenes Leben und deutliche Umrisse. Oft, wenn ich mich in den Jahren des Krieges unter den kämpfenden Nationen aufhielt, sah ich lange Züge von Flüchtlingen, die ihr Hab und Gut aus dem alten Heim, das besetzt war, mit sich führten und Zuflucht hinter der Front suchten. So war es in Belgien, in Nordfrankreich, später in Rußland, Österreich und auf dem Balkan. Überall sah ich dasselbe traurige Bild von Frauen, Kindern und Greisen, die das wenige, was sie schleppen konnten, in Sicherheit zu bringen suchten. In der Regel waren es Kleider oder Bettsachen, oft aber sah ich auch ein junges Mädchen mit einem Singvogel im Käfig, einer Katze oder einem Hund. Das war nun ihr teuerster Schatz. Nicht selten trugen jene Ärmsten auch Bilder mit sich, meistens solche religiösen Inhalts, Heiligenbilder mit wundertätiger Kraft, wie in Rußland die Ikonen, ferner Musikinstrumente und Bücher. Ich erinnerte mich stets eines Verses von Angelus Silesius, wenn ich diesen armen, trauernden Menschen begegnete, die alles verloren hatten: »Der ist ein reicher Mann, der alles, was er hat, ohn' Leid verlieren kann.« Nur der, welcher alles, was er hat, weggeben kann, um Christus zu folgen, ist der wirklich Reiche, meinte er.

Neben diesem Bild nahm noch ein anderes bei mir in diesen Tagen, wo mein Entschluß am Reifen war, Gestalt an: Hundert Jahre zurück. Ein einsamer Mann verläßt seine Heimat im hohen Norden, seine Habseligkeiten auf einer Schubkarre vor sich herschiebend. Er kommt schließlich nach Izmir, lebt mit den Kindern des Islam wie mit seinen Geschwistern, lernt vieles und macht sich nach sieben Jahren wieder auf den Heimweg. Auf den unbeschreiblich elenden Wegen durch Ungarn, Österreich und Deutschland schiebt er seine Karre nach dem fernen Dänemark zurück. Unter Türken, Arabern, Armeniern und Levantinern hat er gelebt und einsehen gelernt, daß die »Heiden« im Innersten gerade so gute Christen sein können - oder noch bessere - als solche, die sich an die Brust schlagen und sich rühmen, die Gebote der Schrift zu erfüllen. Jener Pilger war ein Schüler Grundtvigs*, ein Mann aus den unteren Schichten des Volkes, der das Wort des Paulus zu verstehen und in die Tat umzusetzen suchte: Nicht ich, sondern Christus in mir. Diese innere Kraft trieb ihn hinaus und wieder in die Heimat zurück, wo er als Vorsteher einer Volkshochschule seine Tage beschloß. Kristen Kold hieß er. Er wußte, daß das wahre Christentum nicht bekehren, sondern Verstehen lehren will. Er war der erste wirkliche Missionar. Vielleicht wird sein Werk mehr dazu beitragen, als wir jetzt ahnen können, daß sein Vaterland von dem Schicksal verschont bleibt, das den anderen Völkern Europas heute droht, wenn sich wieder der Strom von Osten über die Länder ergießen wird, wenn karmische Schuld wird bezahlt werden müssen. Kristen Kold wußte, daß vor 3000 Jahren die Bewohner Dänemarks dieselbe Kopfbedeckung trugen, die heute noch von den Völkern des Islam gebraucht wird, und die für sie das Zeichen ist, daß sie sich zur einzigen wahren Religion bekennen. Vor 3000 Jahren waren die Bewohner Dänemarks Sonnenanbeter. Vor 3000 Jahren beteten auch die Völker des Islam in Persien, Arabien und Kleinasien die Sonne an. Heute wirken die geistigen Kräfte der Sonne, der Logoskräfte sowohl in

---

* *Nikolai Frederik Severin Grundtvig, 1783–1872, dänischer Poet, Schriftsteller, Theologe und Reformer*

Dänemark als auch in den anderen Ländern des Westens unter dem Namen Christentum. In Indien, Arabien, Persien, Kleinasien und an der Südküste des Mittelmeeres entlang werden dieselben geistigen Sonnenkräfte durch den Mond widergespiegelt, von 275 Millionen Menschenseelen Islam genannt. In anderen Gegenden der Erde hat man ihnen andere Namen gegeben. Lag in dieser Pilgerfahrt Kristen Kolds nicht eine Ahnung davon, daß die tragenden Kräfte in der ganzen Menschheit überall dieselben sind und diese in der Zukunft zu einer universellen Brüderschaft zusammenschmelzen wird? Eine Sehnsucht, die heute jeder denkende Mensch hat.

Als Kristen Kold lebte, lag eine solche Möglichkeit fern. Jetzt ist sie uns näher gerückt, nachdem wir durch den Weltkrieg erfahren haben, welches Unglück die sogenannte Großmachtpolitik über die Menschen bringen kann, solange sie nicht selbst ihr Schicksal in die Hand nehmen und jeder für sich herausfindet aus dem Gewebe von Lüge und Betrug, von dem man sich so leicht einspinnen läßt. Ich beschloß in aller Bescheidenheit, dem Beispiel Kristen Kolds zu folgen.

☾

KAPITEL VII

AUFNAHMEPRÜFUNGEN

Nachdem mein Freund, der Bey, zu den maßgebenden Personen über mein Vorhaben gesprochen hatte, schlug er mir vor, einen der Tariqâtscheichs aufzusuchen, der die größte geistige Macht besitzen sollte. Dieser, so meinte er, würde mir am besten helfen können. Zuerst besuchten wir eine der bekanntesten Moscheen, wo der Freund sein Gebet abhalten und einen sehr heiligen Mann aufsuchen wollte, der dort seine Zuflucht hatte. Es ist ein bettelarmer Greis, den wir nach langem Suchen in einem abgelegenen Gewölbe der Moschee endlich finden, wo er gerade sein Mittagsmahl, aus Brot, frischem Salat und Wasser bestehend, einnimmt. Wir warten in ehrerbietigem Abstand, bis er sein Mahl beendet hat. Nachdem der Bey seine Hände geküßt und ihm erklärt hat, worum es sich handelt, legt der Heilige seine Hände auf meinen Kopf und meine Brust, schüttelt mich ein wenig, legt dann seine Rechte auf mein Herz und die Linke auf meinen Rücken und »haucht« viermal über mich, indem er zwischendurch je ein Gebet murmelt. Diese Handlung ist der Segen oder die Weihe zu meinem Vorhaben. Der Bey will ihm Geld geben, doch er weist es mit den Worten zurück: »Du brauchst dein Geld selbst, ich habe nur 5 Piaster am Tag notwendig; die finde ich immer!« – »Doch du kennst andere, die des Geldes bedürfen«, sagt mein Freund. Dieses Argument überzeugt den Alten. Er nimmt das Geld und entfernt sich, gebeugt von der Last seines Alters.

Wir fahren jetzt zum anderen Ende der Stadt, wo Küçük Osman wohnt. Das Haus ist für eine Familie gerade groß genug, aber außergewöhnlich reinlich. Wir ziehen uns die Schuhe aus und werden im ersten

Stock von einem ganz kleinen, sehr alten Mann, der mit gekreuzten Beinen auf einem Gebetsteppich am Boden sitzt, empfangen. Er weist uns mit königlicher Geste Plätze an, auf einem Teppich ihm gegenüber, nachdem wir ihm kniend seine gerunzelten Greisenhände geküßt haben. Der Bey erzählt ihm, daß ich das islamische Tariqât aus eigener Erfahrung kennenlernen möchte und gibt ihm genügende Aufklärung über mich. Er blickt mich längere Zeit scharf an und sagt: »Ja, er kann schon ein Stück auf dem Wege geführt werden; aber er ist nicht reif genug, allein zu stehen, wenn er erst den Schleier gelüftet hat! Ich bin jetzt 94 Jahre alt und habe nicht mehr Kraft genug, eine 40 Tage dauernde Schulung mit ihm durchzumachen. Aber 10 Tage werde ich aushalten können. Falls er dieses annimmt, können wir sofort beginnen.«

Als ich mich dazu willig erkläre, schickt er uns in seine Tekke, damit ich sehen kann, was mir bevorsteht. Ich verspreche, dort Bescheid zu geben, ob ich dann am kommenden Montag beginnen werde. Sein Wesen hat etwas Hartes und Gebieterisches. Die kleinen, schwarzen, trüben Augen sind stechend und unangenehm. Wie er auf seinem Teppich sitzt in einer schmalgestreiften Jacke aus gelb-lila Seide, grüner seidener Weste und feinem weißem Turban, sieht er aus wie ein kleiner Gott, der angebetet sein will. Ich bin nicht sicher, ob er die Weiße Magie benutzt. Doch hier sind alle Abschattungen zu finden, bis zur absoluten Schwarzen Magie wie beim früher erwähnten jungen Zauberscheich.

Wir fahren nun weiter zur Tekke, das hinter einer alten Moschee versteckt liegt. Hier hat ein großer Heiliger seine Türbe. Das ist ein würdig geschmückter Raum, wo sein mit dem Turban gezierter Sarkophag aufgestellt ist. Wir machen bei der Türbe einen Aufenthalt. Während mein Begleiter einige Gebete hersagt, versuche ich, mich auf diesen Heiligen zu konzentrieren. Und nach einigen Minuten bekomme ich das Bild eines ehrwürdigen Greises mit großem weißem Bart und milden Augen. Von seiner Stirn unter dem mächtigen Turban scheinen Strahlen wie Gold herabzublitzen, die sich über mich ergießen. Ich bin nicht sicher, ob dieses Bild ein wirkliches Gesicht ist oder ob es nur irdischer Phantasie zugeschrieben werden muß. Aber der Freund, dem ich es beschreibe, legt großen Wert auf dieses Erlebnis, da es die alte Tradition beweise, daß die Heiligen jeden Donnerstag an ihrer Gruft zu treffen sind. Und heute ist es gerade ein solcher Donnerstag.

Vor der Moschee, der Türbe gegenüber, steht ummauert eine tausendjährige verdorrte Zeder, in deren dürren Zweigen Teile einer zerrissenen Eisenkette hängen[*]. Als dieser Baum noch jung war, heißt es, wurde seine Krone mit dieser Kette umwunden, also gewissermaßen gefesselt, damit Allah seine unsichtbare Kraft zeigen könne. Der Baum wuchs und breitete sich aus, zersprengte seine irdische Fessel und entfaltete sich frei als ein Symbol der Menschheitsentwicklung. Die Tekke ist an der Straßenseite von einer Mauer umgeben. In dieser sieht man eine kleine moderne Eisentür, ähnlich wie bei einem Stahlfach in einer Bank. Wir klopfen an und werden in einen anmutigen kleinen Hof eingelassen, wo sich nicht weit vom Eingang ein Wasserstrahl schnatternd in ein Marmorbecken ergießt. Der Hof ist dreieckig. Die Zugangspforte liegt an der Spitze eines der Winkel. Die drei Seiten bilden Häuser. Das rechte ist hell, hat zwei gute und reinlich aussehende Zimmer, wo der greise Scheich nach dem Gottesdienst seine Audienzen gibt und sich ausruht. Das linke Haus, dunkel und unheimlich aussehend, enthält vier Zellen unter der Erde, die durch eisenvergitterte Fenster geschützt sind. Die Decke jeder Zelle bildet eine kleine Kuppel mit einer kaminartigen Öffnung darin, durch die der Himmel hereinschaut. Ähnliches sah ich in den Medresen-Räumen der Moscheen, wo die Studenten wohnen. Auf einer Erhöhung gegen die Wand liegt eine schmutzige Strohmatte, feucht und mit Spinnweben bedeckt.

»Hier sehen Sie also Ihr nächstes Palasthotel«, sagt mein Führer lächelnd, indem er auf das Hotel Bezug nimmt, das ich bisher bewohnt habe, welches Palace heißt, zwar mit nicht viel, aber doch etwas mehr Berechtigung. Sehr ermunternd ist dieses ja nicht. Die Ordensregel fordert, daß, solange die Schulung dauert, nur drei Stunden Schlaf des Nachts erlaubt sind. Das Fasten darf nur einmal jede 24 Stunden unterbrochen werden, wo eine Mahlzeit von gekochtem Reis, Wasser und

[*] *Siehe rechte Abbildung auf Seite 69*

Brot gestattet ist. Es besteht das Schweigegebot, was für mich leicht sein
wird, da ich die Sprache nicht spreche. Auch Lesen und Schreiben
werde ich nicht dürfen, sogar jede körperliche Bewegung wird ausgeschaltet sein. Alle Kraft und alle Zeit gilt dem Beten und Meditieren. Es
wird eine erhebliche Kraftanstrengung fordern, mein Vorhaben auszuführen. Doch da ich nicht gern auf halbem Wege stehen bleibe, erkläre
ich mich bereit, hier einzutreten, unter der Bedingung, daß ich ein Feldbett mit Zubehör und einen Stuhl benutzen darf und außerdem mich
nur während der drei Stunden des Nachts in der feuchten Gefängniszelle aufzuhalten brauche. Dieses wird bewilligt. Ich darf mich, wenn es
mir beliebt, in dem schönen und hellen Zeremoniensaal, der die dritte
Seite des Tekkedreiecks bildet, aufhalten. Damit ist alles geklärt, und ich
verspreche, nächsten Montag einzutreten. Dabei werden mir von meinem Freund folgende Vorschriften mitgeteilt: »Sie sollen Ihre Sachen
vorausschicken und zur Mittagszeit in die Tekke einziehen. Unmittelbar
vorher muß ein warmes Bad genommen werden als Symbol dafür, daß
Sie sich von den Einflüssen des täglichen Lebens reinigen, und zum
Zeichen, daß Sie Ihre Probezeit rein und neu beginnen. Nach diesem
Bad dürfen Sie, solange der Aufenthalt dauert, also wenigstens zehn
Tage, kein Wort sprechen. Etwaige dringende Mitteilungen müssen Sie
schriftlich Ihrem Dolmetscher geben.«

Ich erkläre mich bereit, all seinen Anweisungen nachzukommen, nur
werde ich vorher noch mit meinem Arzt reden müssen. Denn ich kann
Reis nicht vertragen und werde Sago oder Hafer vorziehen, was sich
sicher einrichten läßt. Mein Begleiter verspricht mir seinen baldigen
Besuch in der Tekke und nimmt von mir Abschied.

Am nächsten Montag nach meinem Bad fahre ich mit einem anderen
Freund, der als Dolmetscher fungiert, zur Tekke hinaus, mit meinem
Feldbett, und werde vom Tekke-Vorsteher Omar Efendi empfangen, der
mir sagt, sein Scheich bedaure, vergessen zu haben, mir mitzuteilen,
daß er in diesen Tagen eine Einladung zu einem Landaufenthalt am Bosporus erhalten habe und mich infolgedessen nicht vor nächstem Montag empfangen könne.

Es macht keinen guten Eindruck auf mich, daß der Scheich die Sache so leicht nimmt. Ich äußere Zweifel, ob er mich überhaupt aufnehmen wolle.

Einer der angeblich weit über 50 000 Schüler des Meisters meldet sich, gerade als wir gehen wollen. Es ist ein ältlicher distinguierter Mann von europäischem Zuschnitt, der mich umarmt, als er von meinem Plan hört, und mir auch die Hände küssen will.

»Es tut mir wohl, so etwas zu vernehmen in einer Zeit, die für alle ernsten religiösen Menschen so trübe aussieht«, sagt er. Er hofft, daß ich ihm erlauben werde, mir Gesellschaft zu leisten und Gutes und Böses mit mir zu teilen.

Obwohl wir nicht miteinander sprechen dürfen (er kennt zwar Französisch) kann ich natürlich nichts dagegen einwenden, einen zivilisierten Leidensgenossen zu haben, und wir scheiden mit dem Versprechen, uns nächsten Montag wieder zu treffen. Zu Hause telephoniere ich meinem Freund, dem Bey, der über den Bericht von der Tekke sehr erstaunt ist. Er verspricht, die Sache zu untersuchen. Schon am nächsten Tag meldet er mir, es sei besser, diesen Plan aufzugeben. Er habe mit seinem eigenen Meister gesprochen; dieser sei bereit, mich am kommenden Dienstag zu empfangen. Er hält es jedoch für richtig, daß wir ihm am Sonntag vorher erst einen Besuch machen.

☾

KAPITEL VIII

BESUCH BEIM SCHEICH
ESSAD EFENDI

Am betreffenden Tag begeben wir uns, um ihm unsere Aufwartung zu machen, zur Tekke des Meisters des Beys. Wir kommen unterwegs an einer Moschee vorbei, wo seine Vorfahren beigesetzt sind. Hier will der Bey sein Gebet abhalten. Der Türbedar, das heißt der Aufseher, der die Grüfte der Sultane und Heiligen zu betreuen hat (ein hohes Vertrauensamt), ist ein Freund von ihm. Wir besuchen das Mausoleum eines Groß-Sultans, wo man durch eine Glaswand auf die mächtigen, turbangeschmückten Sarkophage des Sultans und der heiligen Männer blickt. Die kleineren, unscheinbareren im Hintergrund gehören ihren Frauen und minderjährigen Kindern, die, wie im Leben, auch hier zurücktreten müssen. Mein Begleiter stellt mich dem Türbedar als einen Adepten vor, der im Begriff sei, sich »zum rechten Glauben« zu bekehren. Mit offenen Armen begrüßt mich dieser feine, sympathische Mann und heißt mich im Islam willkommen. Er ist nach Aussage meines Freundes einer der am höchsten entwickelten Scheichs in dieser Stadt und hat als Schüler und Nachfolger eines der großen Meister im Amte des Türbedar die Hoffnung, dessen würdiger Erbträger zu werden. Dieser starb vor 5 Jahren, nachdem unser Freund 30 Jahre hindurch als Adept in seinem Dienst gestanden hatte. Er soll ein vollkommener Heiliger gewesen sein, einer von denen, die der Prophet mit den Worten gekennzeichnet hat: »Ein Gottesbote kann immer durch sein strahlendes Angesicht, das die Gedanken eines jeden, der es sieht, zu Gott führt, erkannt werden.« Der Türbedar hat seinen Vertrauten erzählt, daß es oft, während er kniend in stiller Andacht vor dem Meister saß, vorgekommen sei, daß dessen irdische Gestalt sich in einen

Strahlenglanz auflöste und verschwand. Er saß dann ganz still konzentriert und dankte Gott für einen so erhabenen Lehrer. Nach kürzerer oder längerer Zeit, doch selten nach mehr als einer halben Stunde, saß der Meister wieder vor ihm in seiner irdischen Erscheinung.

Ich erkundigte mich später bei vielen Menschen, die diesen Meister, Ahmed Efendi, gekannt hatten, über ihn, und alle versicherten, seine Person habe einen heiligen Glanz ausgestrahlt. Nur mit größter Ehrfurcht näherte man sich ihm.

Sein Schüler hat ein herzgewinnendes Lächeln, und ich fühle in mir bald ein merkwürdiges inneres Verständnis von seinem Wesen. Die Worte, die wir wechseln, gehören verschiedenen Sprachen an. Durch diese verstehen wir einander nicht. Doch die Sprache der Herzen gibt ein tieferes Verständnis.

Er liest meine Gedanken und läßt mir durch den Bey sagen: »Hier sind viele Gelehrte aus Europa gewesen, um den Islam zu studieren. Sie kannten unsere Sprache und unsere Literatur und haben dicke Bände über uns geschrieben. Aber ein wirkliches Verständnis für uns haben sie nicht besessen. Dazu wird dasjenige Herzensverständnis gefordert, das auf anderem Wege als durch die gewöhnliche Intelligenz zu erwerben ist. Bei uns unterscheiden wir zwischen Gelehrten und Weisen. Die letzteren können, was Gelehrsamkeit angeht, ganz unwissend sein, aber sie dringen in der Regel tiefer in die Wahrheit ein als die ersteren. Ich fühle bei dir etwas von diesem Herzensverständnis, das mir bei den anderen Europäern, die mich besuchten, nicht entgegengetreten ist. Ich wünsche dir alles Gute zu deinem Vorhaben, das sicher reiche Früchte tragen wird.« Er fordert mich auf, ihn öfters zu besuchen. »Wenn wir auch nicht zusammen sprechen können«, sagt er, »so kann ich dir auf andere Art helfen.« – Später erfuhr ich, daß er eine große Anzahl Schüler hat, die ihn zu bestimmten Zeiten besuchen und ständig in okkulter Beziehung zu ihm stehen.

Nach diesem Besuch setzen wir unseren Weg zur Tekke fort, das bald meine neue Wohnstätte sein soll. Sein Leiter, ein ehrwürdiger achtzigjähriger Greis, empfängt uns auf das Herzlichste und drückt seine Freude über meinen Entschluß aus, indem er zugleich verspricht, mir so gut wie möglich beistehen zu wollen. Ein anderer Besucher ist eben im

Scheich Essad Efendi

Begriff, sich zu verabschieden: ein außergewöhnlich eleganter Orientale mit vollendeten Manieren, übrigens der erste mit blauen Augen und blondem Haar, dem ich begegne. Er wird als Verwalter der Stammtafel der Nachkommen des Propheten vorgestellt. »Eines der wichtigsten Ämter!« flüstert mein Begleiter. Nun wendet der Scheich mir seine Aufmerksamkeit zu. »Wir wirken hier bei uns mehr von Herz zu Herz als durch Worte«, sagt er. »Alles Äußere überlassen wir dem einzelnen. Hier kann jeder schlafen, essen und reden, so viel oder so wenig es ihm beliebt. Setze dich nach unserer Art auf diesen Diwan, damit wir versuchen können, wie es sich mit dem Kontakt unserer Herzen verhält.« Ich nehme mit gekreuzten Beinen ihm gegenüber auf demselben Diwan Platz und knöpfe meine Jacke auf, so daß das Herz freier liegt. Er lächelt und sagt: »Unser großer Meister und Reformator Al-Ghazzali sagte, daß das, mit dem sich der Mensch Gott nähere, nicht der Körper sei, sondern das Herz! Unter Herz verstand er zwar etwas anderes als das Stück Fleisch, das man heute gewöhnlich so benennt. Etwas mit den Sinnen nicht zu Erfassendes, das zu dem großen Geheimnis gehört, das uns den Weg zu Gott weist. Konzentriere dich jetzt darauf, dieses, dein übersinnliches Herz in Verbindung mit meinem zu bringen.«

Ich schließe die Augen und mache eine Willensanstrengung in dieser Richtung. Lange sitzen wir so einander gegenüber. Ich erwache aus meiner Abwesenheit, als der Scheich auf mich »haucht«, und ich glaube, dies sei ein Zeichen zum Ende dieses Sitzens. Er macht beruhigende Gesten mit der Hand, die andeuten, daß wir mit dieser Übung fortfahren sollen. Wir sitzen uns wohl 20 Minuten gegenüber und viermal werde ich angehaucht. Die Glieder schmerzen von der ungewohnten Stellung. Endlich winkt er den Dolmetscher heran und fragt mich durch ihn, was ich gespürt habe. – »Nur eine tiefe innere Ruhe und wohltuenden Frieden habe ich in meinem Inneren gefühlt.« – »Hast du die Empfindung von irgendwelchen Farben gehabt?« Ich muß das verneinen. »Ich fühlte, wie ein grünliches* Licht von deinem Herzen ausging!« sagt

---

* *Grün ist die Farbe des Propheten.*

er und scheint mit der Probe zufrieden zu sein. Nachdem wir uns noch eine kurze Zeit unterhalten haben, zeigt er mir das Zimmer, das ich beziehen werde. Es stößt an den Empfangsraum, der mit eingerahmten Sprüchen aus dem Koran geschmückt ist. Mit herzlichem Lächeln werde ich verabschiedet. Am nächsten Morgen kann ich eintreten.

»Sehr gut bestanden«, sagt der Bey beim Gehen, »es scheint fast, als hätten Sie das Interesse des Alten gewonnen. Es ist sehr schwer, in ein besonderes Verhältnis zu ihm zu kommen, das heißt in eines, das sich von dem seinen anderen Schülern gegenüber unterscheidet. Aber zu Ihnen war er offener, als es sonst seine Art ist. Ich hatte ihn zwei Jahre lang meine okkulte Entwicklung leiten lassen, ehe er mich einen Eindruck von seiner wirklichen Größe bekommen ließ. Darum freut es mich, daß er Ihr Wegweiser zum Islam sein wird und nicht Küçük Osman. Dieser hat zwar Initiative und Energie in Fülle und konnte mehr als einmal in die Tagesereignisse eingreifen. Darum meinte ich, er könnte Ihren Bestrebungen am meisten dienlich sein. Mein Orden aber wird Ihnen sicherlich mehr zusagen als der andere, der so viel Wert auf alles Äußere legt. Welchen Eindruck hätte es wohl auf Sie gemacht, wenn der kleine Meister Ihnen als Übung vorgeschrieben hätte, den Namen Allahs 5000mal am Tage laut zu nennen und sonst nichts zu tun – was für den Anfänger eine der häufigsten Übungen ist? Bei uns handelt es sich mehr um eine Vertiefung in sich selbst und um einen gewissen Herzenskontakt mit unserem Meister, wodurch die moralische Entwicklung gefördert wird. Alle Äußerlichkeiten werden abgestreift. Sie müssen morgen, wenn Sie antreten, Ihren Dolmetscher mitbringen und ihn mit dem Scheich abmachen lassen, wie oft dieser seine Gegenwart wünscht.« Ich verstand, daß es eine Probe war, auf die er mich gestellt hatte, als wir zum ersten Tekke fuhren. Erst nachdem er gesehen hatte, daß es mir wirklich ernst war und daß ich mich entschließen konnte, auf alle Bequemlichkeiten des modernen Lebens zu verzichten, um eine geistige Schulung durchzumachen, ließ er mich in seinen eigenen Orden ein.

☪

KAPITEL IX

TAGEBUCH AUS DER TEKKE

Erster Tag in der Tekke
Ankunft – Besichtigung und Eindrücke

Am nächsten Tag zur Mittagszeit kommen der Dolmetscher und ich in der Tekke, das inmitten eines Pompeji von Ruinen in Stambul liegt, an. Zwischen alten Holzhäusern steht die Tekke, auch aus Holz gebaut und von weitem schon kenntlich durch seine hohen Zypressen, die über die niedrigen Häuser der Umgebung emporragen. In der Mauer, die das Gebäude umschließt, ist ein großes Holztor. Wir klopfen an, und hilfsbereite, etwas behäbige Männer mit dunklen Augen und mildem Blick sind uns bei dem Hereinschaffen meines einfachen Gepäcks behilflich. Es besteht aus einem zusammenschiebbaren Feldbett nebst Wolldecke, Klappstuhl und einer kleinen Handtasche. Wir lassen die Schuhe, wie üblich, beim Eingang zur Tekke stehen und steigen eine Holztreppe empor, die auf einen mit Kelims belegten Vorsaal mündet. Hier habe ich Zeit, mich näher umzuschauen. Durch zwei holzvergitterte Fenster blickt man in den Tekke-Saal hinunter. Von hier aus wohnen die Frauen ungesehen den Gottesdiensten bei. Vom Vorsaal aus gelangt man in zwei nebeneinanderliegende Zimmer. Eines ist der Empfangsraum des Scheichs, das zweite wird mir angewiesen.

Es liegt nach Norden und ist groß und luftig, aber nicht rein. Auf dem Boden sind Kelims ausgebreitet. In die Wand, die an das Zimmer des Scheichs stößt, sind große vorstehende Wandschränke eingelassen, auf denen staubige arabische Bücher aufgehäuft liegen. Die zwei anderen Wände haben Fenster, die vierte ist ein dünner durchlöcherter Bretterverschlag nach dem Vorsaal hin. Längs den Wänden liegen baumwollbezogene Matratzen. Eine zerrissene braune Tapete mit weißen Blumen als Muster deckt zum Teil die Wände, deren schwarzer Anstrich hier und da zum Vorschein kommt. Die Decke besteht aus dunkelbraun gemaltem Holz. Es bläst ein kalter Nordwind. Die Fenster klappern, Tapetenfetzen flattern im Luftzug, Spinnweben schaukeln in allen Ecken, und ab und zu erhebt sich eine kleine Staubwolke von den arabischen Folianten. Wie gut, daß ich ein Moskitonetz mitgebracht habe, denn hier scheint ein Eldorado für Parasiten zu sein.

Aus den Rissen in den Wänden, vom Holzplafond, von Matratzen und Kelims ist in der Nacht ein Heer von blutsaugenden Wesen zu erwarten. Häuslich sieht es hier nicht aus, doch die Sonne scheint draußen. Zwischen den Ruinen blicke ich auf schlanke Minarette, in Grün gebettet, und jenseits des Marmarameeres tauchen die blauen Berge Kleinasiens auf.

Jetzt kommt der Scheich langsam die knarrende Treppe herauf, um mich willkommen zu heißen. Er läßt sich mit gekreuzten Beinen nieder, ganz in die Falten seines langen Mantels eingehüllt, und weist mir gütig einen Platz neben sich an. Er macht einen ehrwürdigen Eindruck mit seinem langen weißen Bart, dem gefurchten Gesicht und den schwarzen, lebendigen, milden Augen, die viel jünger aussehen als seine achtzig Jahre. Nachdem wir uns gesetzt haben, werden die üblichen Begrüßungen gewechselt. Er sagt, daß ich mich in der Tekke ganz zu Hause fühlen soll. Es habe eine gute Küche, ich könne alles haben, was ich wolle, wenn ich es ihm nur sagte. Ob ich Eier äße? Sie hart oder weich vorziehe? Ob Butter und Honig mir schmecken? Wie es mit Lammbraten stünde oder Yoghurt?

Nachdem wir das Materielle besprochen haben, geht er zum Spirituellen über, indem er fragt: »Glaubst du an Gott? Glaubst du, daß Gott überall anwesend und alles sehend ist?« Ich antworte, daß ich in all dem Leben der Natur, in Pflanzen, Tieren und Menschen eine Offenbarung der göttlichen Kräfte sähe, als Beweis der Existenz Gottes. Die Antwort scheint ihm zu gefallen.

»Wie empfindest du einem König oder Kaiser gegenüber?« fragt er weiter. »Das hängt ganz von seinen menschlichen Eigenschaften ab«, antworte ich. »Ist er ein hochentwickelter, edler Mensch, so habe ich Achtung und Ehrfurcht vor ihm. Ist er dies nicht, so schätze ich ihn nicht höher als andere Menschen. Seine Titel machen keinen Eindruck auf mich. Ich kann mehr Achtung vor einem Bettler haben, der als Mensch groß ist, als vor einem König oder Kaiser, der auf einer tieferen Stufe steht.« Der Scheich ist mit dieser Antwort nicht zufrieden, denn der Untertanenglaube erscheint dem Orientalen als etwas Selbstverständliches. In den Herrschern dieser Welt sieht er Auserwählte Gottes. Sind diese als Menschen unvollkommen, so hat Gott auch dafür seine guten Gründe. Minderwertige Herrscher werden zur Strafe von Gott über ein Volk gesetzt. Ich verstehe seine Gedanken, füge aber zu seiner Aufklärung hinzu: »Im Westen sind Begegnungen mit Königen, und besonders mit abgesetzten Königen, ein alltägliches Phänomen. Ich habe öfters Gelegenheit gehabt, mit solchen, ja sogar mit ein paar Kaisern zu sprechen, ohne daß ihre menschlichen Eigenschaften besonderen Eindruck auf mich machten.«

Der Scheich läßt nun seine erste Frage fallen und sagt nur: »Die Ehrerbietung des Untertanen mußt du immer auf Gott mit übertragen; bedenke, daß er stets anwesend ist. Alle deine Taten und Gedanken müssen von der Einsicht gelenkt sein: ›Ich stehe meinem Kaiser gegenüber!‹«

Der Scheich verläßt mich, um bei seiner Familie, die ein an die Tekke grenzendes Haus bewohnt, zu essen. Ein Tablett wird hereingebracht mit Tellern, Bestecken und reinen Servietten, ganz nach europäischer Art. Weichgekochte Eier werden serviert nebst Brot und Honig. Alles schmeckt vorzüglich.

Nach dem Essen treffen wir den Scheich im Garten vor der Tekke unter einem Feigenbaum, wo wir uns auf kleinen Hockern niederlassen. Ich bitte ihn, mir den Unterschied zwischen Schariât und Tariqât zu erklären. Er blickt auf den Feigenbaum, wo die Früchte im Sonnenschein glänzen, und sagt: »Schaue diese Früchte an. Jede Feige hat eine dicke Schale. Langsam reift sie, das Innere wird süß und saftig. Dieses Innere aber weiß nichts davon, wie dieses vor sich geht, denn die dicke Lederhaut hüllt es ganz ein und schließt es von der Außenwelt ab. Die Frucht empfängt die warmen Strahlen der Sonne durch die Schale, bis sie her-

Islamische Grabstätten (Türbes). Links die Zeder mit der zerrissenen Eisenkette (S. 58)

Eingang zur Tekke

Tägliche Meditation in der Tekke

Der Übersetzer, Ali, der Scheich, der Autor (v.l.n.r.)

angereift ist und anderen Wesen als Nahrung dienen kann. Schariât, das heißt das Gesetz, das vom Koran vorgeschrieben ist, bildet die gewöhnliche Bezeichnung des äußeren Islam. Es wird in den Moscheen geübt und spielt sich im gewöhnlichen Leben ab. Das Schariât ist wie die Schale. Je dicker sie ist, um so saftiger und weicher wird das Innere der Frucht. Schale und Inhalt sind füreinander gleich notwendig. Ohne das Zusammenwirken beider werden keine Samen gebildet, aus denen die zukünftigen Bäume werden. Das Schariât ist die beschützende und verbergende Möglichkeit für das Innere, für die Entwicklung des Tariqâts.

Das Tariqât - der Weg der Einweihung - bildet eine Allgemeinbezeichnung für alle Derwischorden. Es ist das Innere, das den Baum durch neue Samen fortpflanzen soll, wenn es im göttlichen Licht gereift ist, um Gott als Nahrung dienen zu können. Aber ohne das Schariât ist dieses nicht denkbar. Nur durch die Schale, das Schariât, kommt man zum Inneren der Frucht, dem Tariqât. Was das Äußere, das Schariât, enthält, kannst du durch Bücher lernen, so wie man die Wahrheit dieser Welt gewöhnlich aufnimmt. Was sich dagegen im Tariqât befindet, kann nicht durch die Sinne wahrgenommen werden. Es ist nur mit Hilfe eines neuen Sinnes zu erfassen, der zuerst im astralen Abbild unseres Herzens zu erwecken ist durch einen Gottesvertreter, einen Scheich, der, bildlich gesprochen, den Sonnenstrahlen entspricht. Allmählich werden durch seine Hilfe die verborgenen latenten Fähigkeiten des Herzens zum Leben erweckt und geben uns Kenntnisse von einer Welt, die für das gewöhnliche Betrachten verborgen bleibt. Diese Kraft, die ein Scheich seinen Schülern mitteilen kann, ist ein Erbe des Propheten. ›Der Engel Gabriel‹, sagte Mohammed, ›hat einen Tropfen von der göttlichen Essenz in mein Herz gegossen. Ich habe diesen an meinen Nachfolger Abu-Bekr übertragen, und er hat ihn seinem Nachfolger weiterzugeben.‹ So ist diese Kraft bis in unsere Zeit weiterverbreitet worden, und jeder Kalif hat sie seinen Schülern mitteilen können.

Es geht für unsere Schüler darum, sich in einen so engen Kontakt mit ihrem Scheich zu bringen, daß dieser ihnen in der rechten Weise helfen kann. Stets sein Bild vor Augen zu haben ist eine Bedingung für die okkulte Entwicklung. Denke an deinen ersten Besuch, wie wir uns gegenübersaßen, und führe dir seine Gestalt lebendig vor Augen, dann wird es ihm möglich sein, dir das mitzuteilen, wofür du reif bist.«

Bevor diese Audienz schließt, fragt mich seine »Heiligkeit«, wie er allgemein tituliert wurde, was man in Europa über Mohammed denke. Ich antworte: »Man denkt so viel verschiedenes, daß ich diese Frage nicht beantworten kann. Doch kann ich sagen, was ich von Mohammed denke. Ich bin überzeugt, daß er im guten Glauben gehandelt und seine Visionen und Inspirationen wie andere Heilige und Propheten gehabt hat.« – »So war er also doch ein Prophet?« unterbricht mich der Alte. »Ja, meiner Meinung nach ein großer Prophet, der die Mission hatte, alle die heutigen Völker des Islam zu belehren!« »Und seitdem ist kein Prophet gewesen?« – »Nein, er war wohl der letzte, nachher gab es die Eingeweihten!«

Der Scheich wundert sich, daß ein Mann vom Westen so sprechen kann, und diese Antwort ruft ihm eine Vorhersage ins Gedächtnis zurück, die ihm vor 37 Jahren von einem großen Eingeweihten gemacht wurde: »Dein geistiger Einfluß wird groß werden. Viele tausend Schüler wirst du haben. Ja, deine Hand wird bis zu den Ländern des Westens reichen!«

»Du bist ein Sohn des Westens, durch dich erfüllt sich diese Vorhersage!« sagt der Scheich und erhebt sich mit Mühe aus seiner sitzenden Stellung, reicht mir die Hand zum Kuß und zieht sich zurück.

Den Rest des Tages bringe ich in einer sonderbaren Stimmung zu. Hier lebe ich wie im Mittelalter zwischen Menschen, die einen ganz anderen Bewußtseinszustand haben als wir Europäer. Bekanntlich rechnen sich die Türken zu den Asiaten und sprechen von Europa wie von einem anderen Erdteil.

Asien bedeutet Himmelreich. Jedenfalls ist seit uralter Zeit zwischen den Bewohnern dieses Erdteils und den himmlischen Mächten ein Band geknüpft, dessen Stärke anderswo unbekannt ist. Hellsichtig zu sein gehört hier noch immer fast zum normalen Bewußtsein. Jene, die die alte Hellsichtigkeit verloren haben, das heißt das alte bewußte Miterleben der geistigen Welt, sind die Pioniere, die mit ihrem eigenen wirklichen Inneren gebrochen haben, um Leben und Sitten des Westens in sich aufzunehmen. Hier in der Tekke kann man noch das Bewußtsein früherer Zeiten studieren, so wie dieses im Mittelalter oder noch früher in Europa existierte. Erst dadurch, daß man sich in die Betrachtungsweise und Gedankenart dieser Menschen hineinversetzt, kommt man zum richtigen Verständnis der damaligen historischen Tatsachen, das der hier herrschenden Bewußtseinsstufe entspricht. Gleichsam wie man in der embryonalen Entwicklung ein Spiegelbild von dem materiellen Ursprung und der Entwicklung der Arten hat, kann man, indem man in die Gedankenwelt und in den Bewußtseinszustand asiatischer Völker von heute eindringt, sich ein Bild der Gedankenart und Auffassung der früheren Menschen historischer Perioden formen. Wir können dadurch zu einem Verständnis der weltgeschichtlichen Ereignisse kommen, das tiefer und wahrer ist als das traditionelle.

Wenn wir uns klar machen, daß bei früheren Völkern die Hellsichtigkeit etwas Selbstverständliches war, so dringen wir tiefer in das Verständnis der mythologischen Schilderungen und in die ganze Sagen- und Abenteuerwelt ein, die bei allen Völkern zu den ältesten Traditionen gehört und die historischen Überlieferungen dieser in eine fabelhafte Traumwelt hinüberdämmern läßt. Die Mythologie erklärt sich letzten Endes aus hellsichtigen Beobachtungen vom Leben in der übersinnlichen Welt, und diese stimmen annähernd mit den Berichten von heutigen Menschen überein, die sich durch eigene Kraft die Gabe der neuen vollbewußten Hellsichtigkeit erworben haben.

Zweiter Tag in der Tekke
Einführung in das Klosterleben – Meine Gefährten

Die erste Nacht war hundekalt, der Nordwind heulte, es blies durch die undichten Fenster und Wände, so daß das Moskitonetz, das nicht ausgebreitet wurde, hin- und herschwang. Der Adept behielt Kleider und Überzieher an und streckte sich ohne Matratze auf das Feldbett, nur mit einer Wolldecke versehen. Er schlief nicht und erhob sich eine Stunde vor Sonnenaufgang, als unten Gebete und Zikr-Übungen begannen. Eine primitive Toilette mit Waschwasser aus einem Samowar leitete den Tag ein. Die persönliche Reinlichkeit, die bei den Muslimen sehr entwickelt ist, verlangt, daß das Wasser, in dem man sich wäscht, immer rein und deshalb fließend sein muß.

In dem Hotel, das ich kürzlich bewohnte, lebte auch der frühere ägyptische Khediv. Er beschwerte sich darüber, daß ihm nur das übliche Waschgeschirr zur Verfügung stand. Deshalb sah sich die Hotelleitung veranlaßt, eine besondere Leitung mit fließendem Wasser in seinen Zimmern einzurichten, um den steinreichen Gast zu behalten.

Da hier kein Leitungswasser vorhanden ist, hat man eine einfache Toilette in einer Ecke des Vorsaals eingerichtet, wo sich auch der Samowar befindet.

Die Kinder des Islam waschen sich fünfmal täglich vor den fünf vorgeschriebenen Gebeten und außerdem vor und nach jeder Mahlzeit. Dem Gesicht wird besondere Aufmerksamkeit geschenkt, indem man Mund, Augen und Ohren spült und reinigt. Dann kommen Hände und Arme bis zum Ellbogen an die Reihe, schließlich auch die Füße bis zu den Knöcheln. Die reinlichsten Muslime nehmen noch ein paarmal wöchentlich ein türkisches Dampfbad, deren es viele in der Stadt gibt. Im Gegensatz hierzu herrscht in den Häusern und Straßen ein furchtbarer Schmutz. Mein kleines Zimmer ist jedenfalls monatelang nicht gesäubert worden. Dicker Staub bedeckt Bücher, Wände und Matratzen. Schränke und Fenster sind mit Spinnweben überzogen. An den Wänden, auf dem Boden kriechen Insektenlarven. Hinter den Rissen in der Tapete ahnt man allerhand Ungeziefer, das mich allerdings während der Nacht - ein paar Flöhe abgerechnet - verschont hat. Jedenfalls wurden die wärmeliebenden Tierchen durch die Kälte abgeschreckt.

Am späten Morgen kommt ein Freund, der sich aus Liebenswürdigkeit als Dolmetscher zur Verfügung stellt, und ein paar Stunden später empfangen wir den Scheich. Um die Zeit in seiner Gegenwart auszunützen, haben wir vorher alle meine Fragen genau durchgesprochen. Es ist für mich von großer Bedeutung, daß mein langgeprüfter Freund, der Dolmetscher, neben seinen achtjährigen Medresen-Studien auch eine ganz europäische Ausbildung genossen hat. Er spricht Französisch und

Englisch gut, Deutsch gebrochen und daneben tadellos Persisch, Arabisch und Türkisch. Dazu kommt, daß er sich durch Verkehr und Zusammenleben mit Europäern in deren moderne Bewußtseins- und Gedankenwelt eingelebt hat. Er ist also nicht nur imstande, die Worte nach beiden Seiten hin zu übertragen, sondern auch die verschiedenen Mentalitäten, von denen sie ausgehen, zu berücksichtigen.

Der Scheich erkundigt sich nach meinem Befinden. Er wiederholt, daß ich diese Umgebung wie mein Heim ansehen solle. An ihn als meinen Vater dürfe ich mich vertrauensvoll wenden mit allen äußeren und seelischen Sorgen. Aufgemuntert hierdurch erzähle ich von den Erfahrungen der vergangenen Nacht. Er schickt sofort einen Diener nach Bettsachen, und zu meiner großen Freude erhalte ich eine gute weiche Matratze, eine Steppdecke, ein Kopfkissen und Bettdecken. Er will weiter wissen, ob ich am Morgen laut gebetet oder gelesen hätte. Meine Stimme sei deutlich zu vernehmen gewesen. Es stellt sich heraus, daß mein Zwiegespräch mit dem Dolmetscher Anlaß zu dieser Vermutung gegeben hat.

Als Ausgangspunkt unserer Unterhaltung dient eine kleine Schrift *Erkenne dich selbst!*, die vom Scheich selbst verfaßt ist, und die der Dolmetscher unter den Büchern auf dem Schrank in meinem Zimmer fand. Ich frage ihn, ob er den Ursprung dieses Wortes kenne. Ob er wisse, daß es eingemeißelt stand über dem Apollotempel in Delphi. Die Antwort ist ausweichend und nimmt wie immer Bezug auf den Koran. »Mohammed hat gesagt: ›Ohne Zweifel wird der Mensch von den Kräften seines Leibes zum Bösen hingeleitet.‹ Der Prophet gibt uns dadurch zu verstehen, daß wir, falls wir uns selbst kennenlernen wollen, das irdische Ich überwinden müssen, indem wir es bekämpfen und unterjochen. Erst wenn dieses Ich, das immer in der Gewalt der Teufel ist, die uns in das Reich des Satans leiten wollen, überwunden wird, kommen wir ganz zur Kenntnis unseres wirklichen höheren, gottentsprungenen Ichs. Jede Religionsübung zielt darauf hin. Durch Fasten, Gebet und dergleichen Übungen können wir uns schon in diesem Leben darauf vorbereiten, mit dem jenseitigen in Berührung zu kommen. Das fängt mit Visionen an: ›Keschif‹, das heißt Entdeckung der geistigen Welt. Diese können von durchaus nichtgöttlicher Natur sein und uns sogar auf Irrwege leiten, da wir in uns keinen Kompaß besitzen, wonach wir steuern können, sondern außerhalb von uns, nämlich die Leitung eines erfahrenen Scheichs. Nur durch seine Hilfe entgehen wir den vielen drohenden Gefahren, die uns in der astralen Welt begegnen. Folgen wir seinen Anweisungen, so können wir weiter empordringen bis zum Gefühl der Gemeinsamkeit mit Gott, das die Bedingung dafür ist, unser Selbst wirklich kennenzulernen. Der Mensch wird von Engeln oder Teufeln geleitet. Die letzteren sind irdische Geschöpfe, aus den Kräften der Erde entstanden. Vermeiden wir durch Fasten und Askese, diese Stoffe der Erde in uns aufzunehmen, so wird der Körper rein und in höherem Grade aus den anderen drei Elementen Wasser, Luft und Feuer gebildet, was uns den Zutritt zu höheren Welten öffnet und es uns möglich macht, von Engeln anstatt von Teufeln geleitet zu werden. Erst wenn das niedere Ich stirbt, fängt das rechte Leben an. Von den Eingeweihten wird diese Entwicklungsstufe der Tod vor dem Tode genannt.«

Ich frage, ob die Bedeutung dieses Wortes die ist, daß der Mensch auf dieser Entwicklungsstufe seines Lebens dasselbe erlebe wie sonst erst nach dem Tod. »Nach dem Tod«, antwortet der alte Weise, »reicht ein Mensch nicht höher als er im Leben durch die Arbeit, die er an sich selber getan hat, gekommen ist. Ist er im Leben nicht zum Bewußtsein von der Realität des Geistigen gekommen, so wird er in den Todesreichen ebenso des geistigen Lebens unbewußt bleiben, von dem er auch hier umgeben ist, genau so wie im Leben. Der Geist ist nach dem Tod wie ein Lichtstrahl, der alle Formen annehmen und überall sein kann, allerdings unsichtbar für unsere Augen. Denn Zeit und Raum besteht in diesem Zustand nicht. Große Geister können sich nach dem Tod den Menschen ebenso lebend zeigen, als ob sie selbst noch auf dieser Erde weilten.« – »Geschieht dieses in Visionen, oder zeigen sie sich als wirkliche Menschen?« frage ich. »Die Visionen werden den Menschen ohne eigenes Zutun geschickt und können von Teufeln oder Engeln, von Geistern der Verstorbenen oder von höheren Wesen herrühren. Durch Zikr-Übungen bereiten wir uns darauf vor, Visionen zu empfangen, aber es steht nicht in unserer Gewalt, wann und wo wir diese haben. Nicht alle sogenannten übersinnlichen Phänomene sind aber subjektive Visionen. Die großen Eingeweihten haben die Fähigkeit, als Menschen von Fleisch und Blut an mehreren Orten zur selben Zeit anwesend zu sein. Der Stifter unseres Ordens, Naqshbandi, besuchte gleichzeitig an 40 verschiedenen Stellen eine Abendmahlzeit im Ramadan, und alle Teilnehmer waren in gleichem Maße überzeugt, daß seine Person in ihrem Kreis anwesend war. Mein Vorgänger als Scheich in dieser Tekke ging an einem Abend während des Ramadan mit einem seiner Schüler über den Beyazid-Platz. Einer seiner alten Adepten kam ihnen entgegen und lud beide für den nächsten Abend zum Iftar (abendlichen Fastenbrechen) ein, was vom Scheich mit Dank angenommen wurde. Sein Schüler wußte nicht, wie er antworten sollte, da sie schon für den kommenden Abend eingeladen waren. Vielleicht zöge der Scheich diese vor und würde die andere absagen, dachte er. Er nahm daher auch an und versprach, seinen Meister zu begleiten.

Am Abend darauf kam der Scheich jedoch der ersten Einladung nach und nahm seinen Schüler mit. Groß war nun dessen Erstaunen, als er einige Tage nachher den Gastgeber vom Beyazid-Platz traf und dieser ihm mit der größten Liebenswürdigkeit dafür dankte, daß er und der Meister sein Haus an dem betreffenden Abend mit ihrer Anwesenheit beehrt hätten. Alle Anwesenden seien hocherfreut gewesen, mit den Zweien reden zu können. Jedermann habe das Licht der Weisheit bewundert, das vom Meister ausgestrahlt sei. Als der Schüler später seinen Meister fragte, wie es habe kommen können, daß nicht nur er, der Meister, sondern auch einer seiner geringsten Schüler an zwei Orten zu gleicher Zeit sich aufhalten konnte, ohne daß dieser von seinem Doppelgänger etwas geahnt hätte, antwortete der Scheich nur: ›Nichts ist Allah unmöglich!‹«

Zum Schluß unseres Gesprächs richtet der Scheich wieder einige Fragen an mich. »Was glaubst du vom Koran? Wer hat ihn verfaßt?« – »Ich glaube, daß der Koran, ebenso wie die heiligen Bücher anderer Völker, die Bibel und die Veden zum Beispiel, eine heilige Schrift ist, voll von verborgener Weisheit und von der Gottheit inspiriert.« – »Falls er von Gott offenbart ist, kann dann etwas darin sein, was der Wahrheit nicht entspricht?« »Jeder Mensch kann nur so viel von der göttlichen Wahrheit aufnehmen, als er seinem Reifegrad entsprechend versteht. Infolgedessen hängt es vom Entwicklungsstand des Lesers ab, wie viel oder wie wenig Wahrheit er im Koran findet. Was mich selbst betrifft, so hoffe ich durch die Hilfe meines ehrwürdigen Scheichs ein Stück weiter als bisher in der Wahrheitserkenntnis zu kommen. Darauf deutet auch die schöne Meditation, die er mir gegeben hat.« Der Scheich antwortet: »Ja, sie kann in jeder Religion benützt werden und bisher verschlossene Türen öffnen, so Gott will!« Damit verabschiedet sich der Meister. Die Meditation aber lautet folgendermaßen:

»Allah humma erina-1-Hakka Hakan versukna itt ivaahu. Allah humma erina-1-Batile Batilon v'ersukna idjitina-bahu.« Das heißt: »Allmächtiger Gott! Sei mir gnädig und lehre mich, das Wahre als wahr zu erkennen und ihm zu folgen. Allmächtiger Gott! Lehre mich, das Unwahre als unwahr zu erkennen und mich davon fernzuhalten.«

Am Nachmittag erhalte ich Besuch von meinem Tariqâtsbruder, dem Bey, der Kuchen und Gebäck für mich und den Scheich mitgebracht hat. Wir haben wieder ein langes Gespräch mit seiner Heiligkeit, der mir die Ehre erweist, die Audienz in meiner Kammer abzuhalten. Wir sprechen von dem Buch *Die Geschichte der Mystik,* das einer meiner türkischen Freunde geschrieben hat und von dem gerade der erste Band erschienen ist. Der Gast lobt es in hohen Tönen und liest dem Scheich mehrere Stellen vor. Dieser hat selbst über verschiedene religiöse Themen geschrieben und beherrscht Arabisch, Kurdisch und Türkisch mit solcher Vollkommenheit, daß er sogar schöne Gedichte in allen drei Sprachen verfaßt hat.

Sie sprechen mehrere Stellen des Buches miteinander durch und rühmen verschiedene Zitate, zum Beispiel von Hassan Larm Kahharni: »Du bist der Pförtner Gottes. Laß keinen anderen als Gott in seine Wohnung, die dein Herz ist, hinein. Verwehre ihm nicht den Eingang durch deine Person, dann kommt der Besitzer in sein Haus, auch ohne daß du es ahnst. Halte den Teufel der Neugierde und Begierde fern, sonst drängt er sich in das Haus hinein und nimmt davon Besitz!« Oder: »Sorge dafür, daß immer reines Wasser in der Karaffe deines Herzens ist. Laß alles

Denken und jedes intellektuelle Wissen sich als Bodensatz absetzen, so daß du deinem Herrn das klarste Wasser zum Trinken anbieten kannst.« Und wiederum: »Herr, wie lange habe ich dich vergebens gesucht, bis ich dich entdeckte, daß du in meinem eigenen Busen wohnst. Die Weltseele in mir ist es, die sieht, und ein jeder, der sie erfaßt, erfaßt sich selbst. Gott in uns ist es, der sieht, der geehrt werden muß, der spricht und der hört.« – «Es gibt keine Schöpfungen, nur ein Werden des Seins«.

Die letzten Zitate sind vom Scheich Hadschi Bayram, dessen Türbe in Ankara ist und wie ein Heiligtum verehrt wird. Während wir sprechen, bringt einer der Diener des Scheichs ihm kniend mehrere Depeschen. »Ah!« ruft er zu mir gewandt aus, »Du hast Glück! Mehrere von meinen höchst entwickelten Kalifen aus Anatolien kommen auf Besuch. Sie werden dir Kräfte von ihrer eigenen, durch Gott erhaltenen Kraft mitteilen können.«

Unter diesem Himmelsstrich sind Telegramme oft länger unterwegs als die Reisenden, die sie abgeschickt haben. Kaum hat der Scheich diese Worte gesprochen, so treten schon zwei von den Angemeldeten, seine Vertreter in Trabzon und Izmir herein, ehrwürdige Greise mit langem Bart und mildem Gesicht. Sie knien beide tiefbewegt vor dem sitzenden Scheich nieder und küssen seine Hände und seinen feinen blauen Tuchmantel. Heute trägt er einen Turban von gelber, feingemusterten Seide, mit dem charakteristischen weißen Stoff umwunden, der alle Geistlichen kennzeichnet. Um den Hals geschlungen ist ein langes weißes Tuch, das seinen ehrwürdigen Kopf besonders hervortreten läßt. Er spricht mit dem Besuch wie ein Regent im Reiche des Geistes zu seinen Ministern, während Tee serviert wird.

Nachdem sich Scheich und Gäste zurückgezogen haben, bleibt der Bey noch eine Stunde bei mir. Das Gespräch dreht sich wie fast immer um religiöse Dinge. Ich frage ihn, ob man nirgends im Koran Verse findet, die auf die Reinkarnation deuten. »Solche sind schon zu finden«, antwortet er, »doch sie werden anders ausgelegt. Die Geistlichkeit will sich auf diese Lehre nicht einlassen.« »Gerade so wie im Westen«, sage ich, »aber dort fangen einzelne an, sich für diese Lehre zu erwärmen, die nach meiner Meinung die einzige ist, die uns Verständnis von dem größten Rätsel des Daseins, dem Tode, bringt.« Hierzu bemerkt er: »Es wird im Koran gesagt, daß sich die Gerechten nach ihrem Tode im Paradies aufhalten und dort so lange bleiben, wie es Gott gefällt. Dieses deutet darauf hin, daß der Aufenthalt nicht ewig ist, sondern daß Gott die Seelen nach anderen Himmelskörpern, vielleicht auch wieder zur Erde schicken kann. Ein anderer Vers spricht von der Strafe, die Gott den Bösen gibt, und lautet: ›Ich werde eure Leiber mit Fesseln umgeben, und wenn diese die Haut abgeschürft haben, werde ich euch eine neue Haut geben, so daß ihr die Strafe aushalten könnt, die ihr verdient habt!‹ – Der Ausdruck »neue Haut« ist sicher gleichbedeutend mit »ein anderer Körper«.

Nach der wohlschmeckenden Hauptmahlzeit, die um halb neun Uhr abends (Sommerzeit) serviert wird, werde ich von den Bewohnern der Tekke eingeladen, dem Abendgebet und den Zikr-Übungen zwischen elf und zwölf Uhr beizuwohnen. Der Scheich nimmt nicht daran teil. Zunächst werden lange Abschnitte aus dem Koran im gewöhnlichen Rhythmus vorgetragen, was außerordentlich schön und harmonisch klingt. Dann folgt das Gebet. Zuerst werden von den stehenden Teilnehmern die Hände flach und gestreckt (vom Kopfe parallel abstehend) gehalten, so daß die Daumen die Ohrläppchen berühren. Das Gesicht ist nach Mekka gerichtet. Stehend verbeugen sie sich nach Osten, dann wird dasselbe in kniender Stellung wiederholt, wobei der Kopf den Boden berührt. Das Gebet und die dazu notwendigen Kopf- und Körperbewegungen sind allen Rechtgläubigen vorgeschrieben und werden fünfmal täglich durchgeführt, nachdem die Muezzins die Gebetsstunde singend von den Hunderttausenden Minaretten in allen Ländern des Islam verkündet haben. Auch in diesen vom Propheten vorgeschriebenen Handlungen kommt die Vier zum Ausdruck. Viermal berühren die Köpfe die Erde (deswegen die schirmlose Kopfbedeckung bei den Muslimen). Erst während der vierten Periode gießt sich die Seele Gottes in den Betenden hinein, wie bei den »Tanzenden Derwischen«.

Nach dem Gebet setzen sich die Tekke-Bewohner mit gekreuzten Beinen in einen Kreis, um mit den Zikr-Übungen zu beginnen, und fordern mich durch Zeichen auf, unter ihnen Platz zu nehmen. Auch ich lasse mich bei ihnen nieder. Nach einer nochmaligen Koranlesung stimmen alle in die Worte ein: »La ilahe Ill'allah!«, die halb gesungen, halb gerufen werden, dazu in einem Rhythmus, den der ganze Körper mit schaukelnden Bewegungen begleitet. Diese werden nach vorwärts, rückwärts und nach beiden Seiten ausgeführt, während der Kopf im Takt dazu nickt. Je stärker die Bewegung, um so wirksamer das Resultat. Einer meiner Nachbarn, ein kräftiger junger Mann, ist mit Leib und Seele dabei und wird von konvulsivischen Zuckungen geschüttelt, die ihm durch den Körper jagen. Auch einige der anderen Männer - wir sind im ganzen acht - gehen in einen ekstatischen Zustand über. Der Rhythmus des gesprochenen Koranverses wird durch Steigerung in vier verschiedenen Zeitmaßen zu einem heiseren Gebrüll. Nun läßt der Leiter durch ein Zeichen, das sofort befolgt wird, die Übung abbrechen. Ein beruhigender Korangesang setzt ein. Nach einer Weile geht er in das Wort »Allah« über, das nun hastig und ohne Unterbrechung hergesagt wird und bald dieselbe Wirkung hat wie vorher. Jene dauerte fünfzehn Minuten, die zweite etwa fünf. Alle Beter waren mehr oder weniger in Ekstase, als geendet wurde. Ich dagegen fühlte besonders meine Beine, die wie durchgebrochen waren, nachdem sie eine halbe Stunde lang untergeschlagen das ganze Körpergewicht hatten tragen müssen.

Diese Übungen erinnern mich nach diesem ersten Eindruck an die Autosuggestionsmethoden Coués, denen ich letztes Jahr in Paris mehrmals beigewohnt habe. Bei diesen Demonstrationen rieb Coué die kranke Stelle des Patienten und wiederholte mit rasender Schnelligkeit: »Ça passe, ça passe!«, mit dem Resultat, daß Lahme, die auf die Vortragstribüne hinaufgetragen wurden, ohne Hilfe zu ihrem Platz zurückgehen konnten. Die Übung und die ungewohnte Stellung hatten mich nervös gemacht, so daß ich keinen Schlaf in dieser Nacht fand. Es ist, so scheint es mir, in diesen Andachtsübungen etwas Sinnliches, etwas von demjenigen, was im Mittelalter die fromme Nonne zur »Braut Christi« werden ließ oder was von Ruysbroek in die Worte gefaßt wird: »Das allein heißt Gott besitzen, glauben und lieben, nicht um unseres Gewissens - noch um unserer Ehre - noch um unserer eigenen Seligkeit willen - noch um etwas, das er uns geben möchte - sondern allein um seiner selbst willen und zu seiner ewigen Ehre sollen wir ihn lieben. Und das ist vollkommene Gnade. – Damit sind wir treue Knechte – und wohnen in ihm und er in uns!«

Ich habe den Eindruck, daß große okkulte Gewalt in diesen Übungen steckt. Die seelischen Kräfte der Teilnehmer bauen sich aus den gemeinsamen Handlungen wie eine Gruppenseele auf. Diese senkt sich in jeden einzelnen nieder. Um so mehr, je mehr er sich öffnet, um sie zu empfangen. Ich hatte während dieser Zikr-Übungen oft den Eindruck, daß unsichtbare Gestalten hinter mir standen mit dem Wunsch, mich zu absorbieren, das heißt meine Seele in sich aufzusaugen. Da es ihnen nicht gelang, in mein Wesen einzudringen, zeigten sie mir ihre Unwilligkeit. Sinnliche Gedanken und Vorstellungen, von welchen ich sonst nicht geplagt werde, schlichen sich in mein Bewußtsein ein und störten meine Ruhe. Ich fühlte mich schwer im Kopf und freute mich auf einen erquickenden Schlaf. Doch Unruhe, Nervosität und Phantasien hielten mich die ganze Nacht wach.

Dritter Tag in der Tekke
Kalifen zu Besuch

Um halb sechs Uhr, vor Sonnenaufgang, werden nach dem Morgengebet die Zikr-Übungen wiederholt. Jetzt bin ich zwar nicht dabei, aber ich höre alle Einzelheiten, als ob ich anwesend wäre, denn sie gehen im Raum unter mir vor sich, und Böden und Wände dieses alten Holzhauses sind sehr dünn. Nach einer halben Stunde (so lange dauern diese Übungen) legen sich die Teilnehmer wieder zu Bett, und in der Tekke herrscht bis halb neun Uhr vollkommene Ruhe. Heute ist Donnerstag, der Tag vor dem islamischen Sonntag, wo in der Regel Besuche gemacht werden. Man läßt die Arbeit ruhen, um sich in die richtige Stimmung für den heiligen Freitag zu bringen. Gegen elf Uhr meldet mir einer der Adepten, der in der Tekke als Diener die Aufwartung besorgt (die Stufe des Dienens müssen alle Adepten während der Lehrzeit durchmachen), daß der Oberscheich meine Anwesenheit wünsche. Ich folgte ihm in den

Raum unter dem meinigen, wo sonst die Zikr-Übungen im kleinen Kreise abgehalten werden. Der West- und Nordwand entlang laufen Diwane.
Der Korangesang hat schon begonnen. Ich werde stumm aufgefordert
näherzutreten. Der Scheich sitzt allein auf dem Diwan der Westwand
mit dem Gesicht gegen Osten. Auf dem anderen sitzen die übrigen Anwesenden. Mit einer königlichen Handbewegung lädt mich der Scheich
ein, neben sich Platz zu nehmen, eine ehrenhafte Aufforderung, der ich,
die rechte Hand am Herzen und mit tiefer Verbeugung nachkomme,
indem ich mich in gebührendem Abstand von ihm niederlasse. Der
Korangesang wird unterdessen nicht abgebrochen und dauert wohl
noch eine halbe Stunde. Alle Teilnehmer sitzen in tiefster Andacht und
mit gesenkten Köpfen da, die Hände auf dem Schoß, die Handflächen
nach oben, als erwarteten sie ein Almosen von Gott. Der Sänger hat ein
gefurchtes fanatisches Gesicht. Seine Stimme ist schön und klangvoll.
Harmonisch gibt er mit großer Kunst die schwierigen Koranverse auswendig wieder. Nach diesem Gesang werden die Besucher gemeldet, die
während der Andacht gekommen sind. Der Scheich erteilt Befehl, sie
einzulassen, und herein treten zwei mächtige, bärtige Männer mit riesi-
gen Turbanen und weiten pelzgefütterten Mänteln, von ihren Dienern
gefolgt. Der erste macht einen sehr jovialen Eindruck und wird vom
alten Scheich mit einem beherrschten Freudenausbruch begrüßt. Er
kniet vor dem Diwan nieder und küßt mehrmals die Hände des
Scheichs, die er dann an seine Stirn legt. Auch die Füße des Meisters, die
in feinen Hausschuhen aus Ziegenhaut stecken, küßt er. Darauf nimmt
er an der Nordwand, dem Scheich am nächsten, Platz und stellt seinen
Begleiter vor, einen großen, breiten, schwarzbärtigen, fanatisch aussehenden Mann mit schwarzen funkelnden Augen. Dieser ist tief bewegt
und kniet in großer Demut vor seinem Meister nieder, indem er ihm
ebenfalls Hände und Füße küßt. Später erfahre ich, daß der erstgenannte der Repräsentant des Scheichs für Konstantinopel ist. Sein Begleiter
ist von ihm dazu ausersehen, die anderen Leiter rings im Lande zu inspi-
zieren. Dieser nimmt neben dem anderen Besucher Platz. Jetzt kommt
ihr Gefolge, zwei kleine weißbärtige Männlein in gelbumwundenem
roten Fes und dicken Pelzen. Beide knien und küssen weinend vor Bewe-

83

gung Hände und Füße des großen Meisters. Dann nehmen sie neben ihren Herren Platz. Einige der Anwesenden räumen ihnen ihre Sitze ein und lassen sich auf Ziegen- und Schafsfellen nieder, die am Boden liegen, der Ost- und Südwand entlang. Der Scheich stellt mich seinen Repräsentanten vor und erklärt ihnen, was mich zur Tekke geführt habe.

Alle sitzen schweigend in tiefster Andacht, dem Scheich zugewendet, der seinen Kopf gesenkt hat und nur ab und zu einen Seufzer ausstößt und über die Versammlung hinhaucht. Mehr als eine halbe Stunde verläuft in dieser Weise. Ich erwarte, daß etwas geschehen, etwas gesagt werden soll, aber nichts ereignet sich, und kein Wort wird gesprochen. Die schweigende Andacht in Demut erfüllt alle und teilt sich auch mir mit. Das Fremdartige der Situation ergreift mich. Ich fühle das Atmen Asiens um mich herum. Ich könnte geradesogut beim Dalai Lama in Tibet sein, oder bei einem der nordindischen islamischen Fürsten. Vielleicht bei dem, der auf seine Münzen prägen läßt: »Das Undefinierbare ist ein Einziger! Mohammed ist sein Avatar!« So können nur Völker mit einer tausendjährigen Hingabe und religiöser Praxis sich in das innere Leben verlieren, sich selbst, Raum und Zeit vergessen und sich von der Weltseele in heiliger Andacht ergreifen lassen. Der vor mir auf dem Boden sitzende Teilnehmer wird von kurzen heftigen Zuckungen erfaßt. Sie wiederholen sich und dauern an, übermächtig und ohne jegliche Selbstkontrolle. Kurz nachher stößt vom anderen Ende des Raumes das weißbärtige Männlein einen Schrei aus. Er ist in Ekstase. Bald weint er, bald lacht er laut, bald heult er wie ein verwundetes Tier, bald sinkt er ganz zusammen; aber niemand kümmert sich um ihn. Alle sitzen versunken »im Strom eigener Träume«; die Seelen, das heißt die Astralkörper, haben die Leiber verlassen und befinden sich in ihrem eigentlichen Heim, den himmlischen Regionen. Der Meister erhebt sich und verläßt den Raum. Alle haben ihn ehrfürchtig gegrüßt und wechseln jetzt die Plätze. Der joviale Vertreter des Scheichs, der wie alle Anwesenden sehr ernst ist, nimmt dem Halluzinierten gegenüber Platz, seine breite Brust auf diesen gerichtet und konzentriert sich, von Zeit zu Zeit ihn anhauchend, ohne ihn jedoch mit den Händen zu berühren, die, einander fassend, in seinem Schoß liegen. Bald hat er das Männlein beruhigt. Dieser kann wieder ohne Unterstützung stehen und wird in den Tekke-Garten an die Luft geführt. Die anderen haben sich unterdessen erhoben. Sie sind stark bewegt, umarmen und küssen einander, ohne daß ein Wort gewechselt wird. Ich will mich jetzt zurückziehen, aber der erste Vertreter des Scheichs gibt mir Zeichen zu bleiben. Wir nehmen wieder Platz. Er hat sich gegen mich gedreht, ähnlich wie bei dem Kranken vorher, und sucht mir, (gewiß in der besten Absicht) seine parapsychologischen Kräfte durch starke Konzentration zuzusenden. Da ich noch keinen persönlichen Kontakt mit ihm habe und nicht riskieren will, die Herrschaft über meine Person zu verlieren, bewaffne ich mich mit schützenden psychischen Mitteln. (Nicht umsonst habe ich mich im letzten Dezennium mit okkulter Forschung beschäftigt.) Nach einer langen schweigenden Séance zwischen uns, die wohl 20 Minuten dauert, hört er auf und beginnt ein Gespräch mit einem der Tekke-Bewohner. Ich benütze diese Gelegenheit, um mich zurückzuziehen.

Am Nachmittag erhalte ich den Besuch des Scheichs. Er drückt seine Freude darüber aus, daß seine auswärtigen Repräsentanten, die sehr starke Kräfte zur Verfügung haben, mich während des Aufenthaltes in der Tekke treffen. »Sie werden dazu beitragen, das Band zwischen uns fester zu knüpfen«, sagt er. Er spricht dann von den Zikr-Übungen: »Diese entweder hörbaren oder inneren Berufungen sind in mehreren Versen des Korans empfohlen. An einer Stelle sagt Gott dem Propheten: ›Nenne meinen Namen, und ich werde mich deiner erinnern!‹ ›Danke mir, und ich erwidere den Dank!‹ oder ›Prophet, nenne den Namen deines Schöpfers!‹

Gestern und heute hast du eine Vorprüfung erlebt. Aber bilde dir keine Meinung über diese Handlungen, bevor du morgen dem Freitagsgottesdienst beigewohnt haben wirst.«

Ich sage, daß die Zikr-Übungen nach dem Abendgebet Herz und Nerven so stark beeinflußt hätten, daß ich keinen Schlaf finden konnte. Er antwortet: »Diese Wirkung besteht nur am Anfang. Du wirst dich bald wie alle anderen Teilnehmer an sie gewöhnt haben und Kraft und Stärke von diesem gemeinsamen Gebet ernten. Der Prophet hat die eine Form der Zikr-Übungen dem hochehrwürdigen Ali gegeben. Daher wird diese das

Ali-Zikr genannt, im Gegensatz zu der stillen Beeinflussung von Herz zu Herz, der du heute beigewohnt hast. Diese wird Abu-Bekr-Zikr genannt, weil der Prophet sie seinem Nachfolger, dem ersten Kalifen, anvertraut hat.« Es ist somit der Prophet selbst, der die Anweisungen zu der esoterischen Form des islamischen Kults gegeben hat, neben den vielen minutiösen Vorschriften für die äußeren Formen des Schariâts.

»Wenn du dich nicht wohl befindest, kannst du meinen Arzt sprechen. Heute ist Donnerstag. Er besucht mich jeden Sonntag und Donnerstag, um mir den Speisezettel für die Woche anzugeben, denn ich habe als achtzigjähriger Mann gewisse Nahrungsvorschriften nötig, damit der Körper die geistige Arbeit aushalten kann. Ich gehe bald in die andere Welt zurück. Doch solange ich noch hier bin, muß ich die Arbeit, die mir auferlegt ist, so gut wie ich kann ausführen, und dazu brauche ich Körperkräfte.«

Ich frage jetzt, ob es sich gehöre, daß die an den Zikr-Übungen Beteiligten die Herrschaft über sich selber verlören, so wie es gestern und heute der Fall war.

»Leider tritt das so ein«, lautet die Antwort. »Fast bei allen Übungen, aber besonders an Freitagen, wo mehr als hundert Brüder anwesend sind, kommt es vor, daß der eine oder andere seinen Körper verläßt und somit die Herrschaft über ihn verliert. Der Mann heute kam von weit aus Anatolien her; dies ist sein erster Besuch. Während langer Jahre hat er die Hoffnung gehegt, einmal an dieser Stelle unter meiner Leitung einem Gottesdienst beiwohnen zu können. Nun ist sein Ziel erreicht. Für ihn bedeutet diese Reise eine Pilgerfahrt. Es ist deshalb nicht sonderbar, daß er seiner großen inneren Bewegung nicht Herr zu werden vermochte.«

Später erfuhr ich von den Einwohnern der Tekke, der Ruf des Scheichs sei im ganzen Lande so groß, daß solche Pilger oft von sehr weit herkämen. In der Regel erginge es allen so wie dem Männlein heute vormittag.

Ich wage jetzt eine Frage, von der im voraus anzunehmen ist, daß sie nicht befriedigend beantwortet werden wird. Denn in jedem Okkultismus galt bisher der Satz: »Der, welcher weiß, spricht nicht. Und der, welcher spricht, weiß nicht!« Der Scheich gehört zu denen, die wissen, und geht daher in seiner Antwort um meine Frage herum. Sie lautet: «Dienen diese Übungen dazu, übersinnliche Erlebnisse bei den Teilnehmern hervorzurufen? Und von welchen Erlebnissen und Visionen ist dann die Rede?«

Der Meister antwortet: »Alle Religionen dienen dazu, die Menschenseele mit dem Göttlichen zu vereinigen. Wie das vor sich geht, hängt von der individuellen Entwicklungsstufe ab. Im Islam gibt es mannigfaltige Derwisch- oder Sufiorden, von Heiligen gestiftet, die in ihrem Leben eine Verbindung mit den geistigen Welten erreicht haben. Diese haben, jeder für sich, ihren Schülern den genauen Einweihungsweg gezeigt, den sie selber gegangen sind. Und dadurch sind im Laufe der Zeit eine ganze Anzahl verschiedener Wege (Tariqât) entstanden, von denen jeder zum Ziel führen kann. Der Weg, den wir hier in der Tekke gehen, liegt zwischen den bekannten Naqshbandi- und Kadiri-Orden und ist vom Scheich Kelami aus Arabien gestiftet worden, daher werden wir gewöhnlich Kelamis genannt.

Ein jeder dieser vielen Orden ist unabhängig und wird durch freiwillige Beiträge seiner Mitglieder unterhalten. Der Staat zahlt dem Leiter nur den vorgeschriebenen kleinen Monatsbeitrag, den man allen Scheichs, die eine Gemeinde leiten, gibt. Ebenso wie die Orden selbständig sind, behält auch jedes Mitglied innerhalb derselben seine vollständige individuelle Freiheit und Selbständigkeit. Seine Visionen und Erlebnisse hängen von der Stufe ab, auf der er steht, und von der Kraft, die ihm sein Scheich mitteilt. Diese wird ganz und gar durch das Vertrauen bedingt, das der Adept seinem Meister gegenüber hat.«

Am Abend bin ich müde und gehe schon vor dem letzten Gebet zu Bett. Als dieses beendet ist und die Zikr-Übungen beginnen, kommt mein junger Freund, der Diener, herauf und klopft so energisch an, daß ich aufstehen und ihm öffnen muß. Er sagt nur das eine Wort: »Allah!« Das soll heißen: »Gott wartet auf dich!« Als ihm aber aus meinem Nachtanzug und meinen Gebärden klar wird, daß ich ihm nicht folgen will, entfernt er sich betrübt.

Vierter Tag in der Tekke
Erste Teilnahme beim Zikr

Als der Diener vom vorigen Abend den Tee bringt, versuche ich, ihm mit meinem bißchen Türkisch zu erklären, warum ich ihm nicht zum Gebet gefolgt sei. Ich zeige auf mich selbst und sage: »Ali-Zikr yok! (nein) – Abu-Bekr-Zikr evet! (ja)«. Das soll heißen, daß ich mit der Zikr-Form, die Ali gestiftet hat, nicht sympathisieren kann, jedoch die von Abu-Bekr stammende sehr schätze. Seine Antwort lautet: »Ali yok! Abu Bekr, Osman, Hussein, Mehmet, Omar Fatme???« Was ich so auslege, daß offenbar einer von den Zikr-Teilnehmern in der Tekke Ali heißt und daß er verstanden hat, ich könnte diesen Ali nicht leiden. Nun hat er noch die Namen der übrigen Anwesenden genannt, um zu erfahren, ob diese mir lieber wären, wozu ich bejahend »Evet« geantwortet hätte. Als ich im Lauf des Tages von einem jungen, deutschsprechenden Türken, einem Chemiker, Besuch bekomme, bitte ich ihn, meinem Freund, dem Diener den Zusammenhang unseres Gesprächs zu erklären, der es aber trotzdem nicht versteht. Später sagt mir der Scheich, der Diener habe geglaubt, ich hätte Visionen wie er selbst gehabt und darin die Heiligen gesehen, die er vorhin bezeichnete. Der Vater des jungen Chemikers, der diesen begleitet, ist Hodscha im Schariât, das heißt Leiter einer Moschee, die am Bosporus liegt. Er hat unser Gespräch gehört und will gern vermitteln. Deshalb fragt er, was ich in der Nacht nach den Zikr-Übungen geträumt habe. Ich zögere, ihm den Traum mitzuteilen, weil ich fürchte, daß er verletzend wirken könnte. Doch er legt großen Wert darauf, alles zu erfahren, und ich lasse mich überreden: »Ich stand auf der flachen Kuppe eines Berges, dicht an einem steilen Abhang, aus dem etwas tiefer ein einsamer Baum fast rechtwinklig herauswuchs. Ich sprang auf diesen hinunter und merkte dann, daß ich nicht zurück konnte. Oben stand mein Freund, der Diener, und wollte mir helfen. Doch anstatt mir ein Seil oder etwas Ähnliches, an das ich mich hätte klammern können, zuzuwerfen, sprang auch er zu mir herunter. Der überhängende Baum, der nicht genügend Halt hatte, um uns beide zu tragen, wurde entwurzelt und fiel mit uns in den Abgrund. In demselben Augenblick zeigte sich oben ein anderer Mensch, der über die Mittel verfügte, die mich hätten retten können – nämlich mein okkulter Lehrer in Europa. Im Augenblick, als der Baum stürzte, erwachte ich.«

Keiner äußert sich zu meinem Traum, und ich bitte nun den »getreuen Knecht«, meinen Diener, mir als Entgelt zu erzählen, was er in der astralen Traumwelt während der Zikr-Übungen erlebte. Als Antwort erhalte ich von ihm und dem Hodscha nur ein mitleidiges Lächeln. Als wir dann allein sind, sagt der Chemiker, auch er habe sich früher mit an den Zikr-Übungen beteiligt und einmal das wunderbarste Geschehnis seines Lebens gehabt. »Es war, als löste ich mich von meinem Körper und schwebte frei in den Raum hinaus, mit einem Seligkeitsempfinden, das sich in Worten nicht beschreiben läßt.« Er weiß, daß es auch anderen so geht und daß sie bei diesen Übungen einen vollgültigen Beweis dafür erhalten, daß die Seele vollkommen unabhängig vom Körper leben kann und bis zu solchen Himmelshöhen steigt, von denen wir uns keinen Begriff zu machen vermögen. Aber für alle, die solche Erlebnisse gehabt haben, sind diese ein Heiligtum, wovon man zu keinem spricht und besonders zu keinem Fremden.

Heute ist der heilige Freitag. Schon im Laufe des Vormittags strömen Besucher zur Tekke, um dem großen Gottesdienst beizuwohnen, der sich dem Mittagsgebet anschließt. Ich mache vorher einen Spaziergang an den byzantinischen Stadtmauern entlang und komme zufällig zu einer griechischen Kirche, auch ein Denkmal aus dem alten Byzanz. Ein Gottesdienst ist hier gerade zu Ende. Die Gemeinde hat sich um den stattlichen und behäbigen Patriarchen von Konstantinopel gesammelt, der auf einem Armsessel in einem der Nebenräume der Kirche thront. Es wird Kaffee mit Kuchen und Kognak serviert. Man hält mich für ein Mitglied der Versammlung und bietet auch mir von den guten Dingen an, die nach dem langen Marsch auf elenden aufgeweichten Wegen bei stechender Sonne, erfrischend wirken. Es ist einer der großen Festtage der orthodoxen Kirche, die von den Griechen gefeiert werden. Sie haben sich sehr zahlreich an dieser abgelegenen Stelle eingefunden, wahrscheinlich auch als eine Art Protest gegen die aktuelle Patriarchatsfrage.

Ich befinde mich hier unter gut angezogenen, wohlernährten Werktags-
menschen, die ihre Gebete abhalten, doch ohne einen Funken von dem
heiligen Feuer zu besitzen, das in den tief religiösen Türken glüht.

Wie hat man doch in Europa diesem prächtigen Volk Unrecht getan!
Um sich die reichen Provinzen in Afrika und die an der Ostküste des Mittelmeeres aneignen zu können, haben die Großmächte die abenteuer-
lichsten Gerüchte über die barbarische Grausamkeit der Türken in
Umlauf gesetzt. Ich gehe wohl kaum zu weit in meiner Freundschaft für
die Türken, wenn ich sage, daß diese das friedliebendste und freund-
schaftlichste Volk sind. Läßt man sie in Ruhe und mischt man sich in
ihre religiösen Angelegenheiten nicht hinein, so tun sie keiner Katze
etwas zuleide. Nach europäischen Begriffen sind sie faul und zur Arbeit
untauglich, weil sie die Güter dieser Welt verachten und nach asiatischer
Art ein meditatives Leben führen, mit einer Genügsamkeit, die den Völkern des Westens unverständlich ist. Jeder gewinnbringende Erwerb ist
in den Händen von Griechen, Armeniern, Juden und anderen Levantinern, die sehr oft ihre Geldmacht auf empörende Weise mißbrauchen.
Zum Beispiel hat vor einigen Jahren eine Kompagnie von solchen »Fremden« eine Konzession für den Bau von Wasserleitungen in Stambul
gekauft. Vorher gab es nur türkische Brunnen und Quellen mit vereinzelten Leitungen zu den Moscheen. Auch einzelne Wasserpumpen
waren an öffentlichen Plätzen zu finden. Doch nachdem die neuen Wasserleitungen gebaut waren, die in einem Lande, wo unerträgliche Hitze
herrschen kann, von großer Bedeutung sind, sind allmählich fast alle
früheren Leitungen und Quellen durch Geheimagenten zerstört worden, um das Volk zu zwingen, das Wasser zu kaufen. Die Wut der armen
Bevölkerung Stambuls ist groß, führt jedoch zu nichts.

Das Leben, das die Levantiner nach dem schlechtesten Beispiel
europäischer Großstädte in ihrem Stadtteil führen, wirkt nicht nur auf
die Türken aufreizend. Auch der unvoreingenommene Besucher fühlt
sich abgestoßen. Jeder muß sich von dem arroganten und herausfor-
dernden Auftreten dieses Fremdenelements gegenüber dem türkischen
Bevölkerungsteil abgestoßen fühlen. Kein Wunder, daß die Leidenschaften ab und zu mit den Türken durchgehen und zu Gewalttaten geführt

haben, die in vielen Fällen sicher den Intrigen der raubgierigen Großmächte, die gern im Trüben fischen möchten, zuzuschreiben sind.

Aber zurück zur friedlichen Tekke. Nach dem Mittagsgebet findet im Zeremoniensaal eine lange Predigt statt, der Abschnitte aus dem Koran zugrunde liegen. Nachher beim Korangesang füllt sich der Saal mit Besuchern. Beim Beginn des Zikr-Gottesdienstes sind sicher mehr als 500 Männer im Raum anwesend. Frauen, die sich eingefunden haben, bleiben unsichtbar. Sie sitzen oben im Vorsaal, wodurch ich zu meinem Zimmer keinen Zutritt habe, oder hinter einem verdeckten Balkon, der seinen Eingang von der Wohnung des Scheichs her hat. Viele von den Besuchern sind von weither gekommen. Der ganze Kreis bildet eine Sammlung der herrlichsten asiatischen Typen in allen Farbnuancen, so daß diese Zeremonie, was den orientalischen Typus der Teilnehmer betrifft, ebensogut in Zentralasien stattfinden könnte, wenn nicht die vielen europäisierten Türken die Gedanken wieder nach Europa zurückführten. Draußen in den engen Gassen vor der Tekke halten elegante Privatautos und eine ganze Reihe von Wagen. Unter den Teilnehmern erblickt man hohe Militärpersonen und Beamte, studierte Leute und wohlhabende Bürger, die alle in wirklicher Brüderlichkeit neben in Lumpen gehüllten Bettlern sitzen oder knien. Alle diese Menschen finden nur dadurch Platz, daß jeder genau den kleinen Raum auf dem Smyrnateppich am Boden einnimmt, den er zum Sitzen mit gekreuzten Beinen benötigt.

Beim Erscheinen des alten Scheichs wird der nicht enden wollende Korangesang abgebrochen. Alle erheben sich und bleiben so lange stehen, bis der Leiter der Zeremonie seinen Platz vor der traditionellen Nische eingenommen hat. Er allein sitzt mit dem Rücken nach Mekka, sein Gesicht ist der Versammlung zugewandt. Zunächst wird noch eine Zeitlang psalmodiert, dann gibt der Scheich ein Zeichen, daß das Zikr beginnen kann. Sofort klingt, erst schwach und langsam, dann sich steigernd, das von Rhythmus getragene: »La ilahe ill'allah!« durch den Raum. Alle 500 Teilnehmer folgen mit Körperbewegungen und Kopfnicken im gleichen Takt. Bald fangen die ersten Halluzinierten an zu seufzen, zu weinen, zu lachen oder zu heulen. Das Wort »Allah« reißt sich los aus dem Chor der Stimmen. Es wird von dem weißbärtigen Männlein, das gestern während der stummen Abu-Bekr-Übung im Trancezustand war, ausgestoßen. Er wird heute noch stärker ergriffen. Er heult auf und wird von Zuckungen befallen, die ihn förmlich in die Höhe schleudern. Aber heute ist er nicht der einzige. Viele, ja die meisten sind in einem Zustand, wenn auch weniger auffallend, der nur als »außer sich« bezeichnet werden kann.

Nach 15 Minuten legt sich der Sturm der Ekstase. Ein ergriffener Koransänger aus der Versammlung trägt mit leichter melodischer Stimme Abschnitte aus dem Koran vor, deren beruhigende Wirkung sich den Halluzinierten mitteilt, so daß diese bald wieder normal sind.

In vollkommener Ruhe und Ordnung kann die zweite Anrufung: »Allah, Allah!« beginnen. Diese dauert etwa 10 Minuten, mit demselben Resultat wie vorher. Erst gegen sechs Uhr ist der lange Gottesdienst beendet, und die vielen Fremden verlassen die Tekke.

Vor dem anschließenden Abendgebet versammeln sich die Gäste, die zurückgeblieben sind, mit den Klosterbewohnern zu einer weiteren Andacht im großen Saal, wo der alte Scheich das Gebet persönlich leitet und an den nachfolgenden Zikr-Übungen teilnimmt. Das weißbärtige Männlein ist wieder im Trancezustand, findet aber bald die Fassung wieder.

Nach dem großen Gottesdienst am Nachmittag hat in dem Raum neben meinem Zimmer ein Empfang stattgefunden, bei dem Kaffee herumgereicht wurde. Die Abendmahlzeit wird von den übernachtenden Gästen im Vorsaal eingenommen. Die Speisen stehen auf einer großen runden Messingplatte, die auf einen Hocker gestellt wird. Um diesen nehmen die Teilnehmer in der üblichen Stellung Platz. Indem man überall so am Boden ißt, nachher auf einer Matratze am Boden schläft, diese dann zusammenrollt und im Wandschrank unterbringt, wird für eine türkische Wohnung fast jedes Mobiliar überflüssig. Es ist auf ein Minimum beschränkt. Ein paar niedrige Diwane oder hohe Matratzen den Wänden entlang und Teppiche am Boden machen das ganze Inventar aus.

Im Laufe des Tages habe ich mein Zimmer kaum benutzen können, da es von verschiedenen nahen Freunden der Tekke als Garderobe oder als Unterhaltungsraum benutzt wurde. Doch die Stimmung zwischen uns ist höchst kordial und brüderlich. Alle sehen in mir einen Adepten vom Westen, den der ehrwürdige Scheich im Begriff ist zu bekehren. Daher werde ich allenthalben mit der größten Liebenswürdigkeit behandelt.

Fünfter Tag in der Tekke
Weitere Zikrs und Besucher

Nach den anstrengenden religiösen Übungen des gestrigen Tages sollte man glauben, daß die Gemüter jetzt befriedigt wären; aber nein, um halb sechs Uhr morgens findet die gewöhnliche Morgenandacht statt, und zwar im großen Saal, aus Rücksicht auf die vielen Gäste, die übernachtet haben. Nicht das geringste Nachlassen an Eifer ist zu spüren. Dieselbe Hingabe im Gebet, dieselbe Begeisterung bei den Zikr-Übungen.

Das weißbärtige Männlein fließt über im Weinen und in der Trance. Dieser Ausdruck ist treffend, denn jeder einzelne von diesen Menschen, ja, ich glaube sagen zu können jeder ernsthafte Muslim ist wie ein geladener elektrischer Akkumulator oder wie ein Gefäß, bis zum Rande gefüllt von Devotion und Pietät. Und da die Seele des Orientalen nicht in dem Maße mit dem Körper vereinigt ist, nicht so tief in die Materie eingedrungen ist wie bei den westlichen Menschen, so braucht es viel weniger, um das Gefäß zum Überlaufen zu bringen, so daß sie sich loslöst und den Körper verläßt, während sie ihre Visionen und Erlebnisse auf einer höheren Ebene, oder, wenn man will, in der vierten Dimension genießt.

Wird es möglich sein, der untergehenden christlichen Kultur neu belebende Kräfte aus dem Orient zu holen? Kann in Europa ein neues Strombett gefunden werden, um die zwei entgegengesetzten Pole des Ostens und Westens zum friedlichen Ausgleich zu bringen, so daß ein neues furchtbares Blutvergießen bei der bevorstehenden Abrechnung vermieden wird? Zu diesen Fragen müssen sich die jetzt lebenden Menschen einstellen. Sollen die Güter der Kultur gerettet werden, so müssen sich Osten und Westen durch gegenseitiges Verständnis vereinigen. Für einen überzeugten Anhänger der Reinkarnation geschieht zwar dieser Ausgleich durch die Menschenseelen selbst, indem diejenigen, die jetzt eine solche Notwendigkeit einsehen und augenblicklich im Westen inkarniert sind, in ihrer nächsten Inkarnation unter den östlichen Menschen sich verkörpern und umgekehrt.

Noch an demselben Morgen erhalte ich den Beweis für die Richtigkeit der oben entwickelten Anschauung über das orientalische Seelenleben. Als ich einen Morgenspaziergang machen will, werde ich bei der Pförtnerstube am Eingang der Tekke von einer kleinen Gesellschaft eingeladen näherzutreten. Sie hat sich um den dunkeläugigen Repräsentanten mit dem fanatischen Gesicht versammelt. Mehrmals in diesen Tagen bin ich seinem unheimlichen Blick ausgesetzt gewesen. Aber jetzt schauen mich seine guten, hingebenden schwarzen Augen freundlich an, wahrscheinlich, weil der Scheich ihn über den wahren Zweck meiner Anwesenheit aufgeklärt hat. Außer dem gewöhnlichen Tekke-Personal und den zwei weißbärtigen Pilgern treffe ich hier einen türkischen Infanteriehauptmann und einen feinen älteren Herrn mit Brille, der wie ein Gelehrter aussieht, sowie einen lebhaften jungen Mann, der etwas Deutsch kann. Dieser führt mich in den Kreis ein. Der einzige kleine Diwan im Raum wird mir angewiesen. Die anderen sitzen auf Strohmatten am Boden. Zunächst nehme ich mit gekreuzten Beinen Platz, rücke mir den Fes richtig in die Stirn und achte darauf, daß die Quaste desselben genau die Mitte des Nackens berührt. Dann begrüßen wir einander, indem wir die Hand zur Erde und nachher zur Stirn führen, gleichsam als Symbol, daß wir erst die Stoffe der Erde greifen und diese durch unsere irdische Inkarnation individualisieren wollen. Schließlich führen wir die Hand mit der Handfläche zum Herzen, der Wohnung der Seele, wie um auf unsere gemeinsame göttliche Abstammung hinzudeuten. Der fanatische Vertreter des alten Scheichs spricht seine und der Versammlung Sympathien mir gegenüber aus, was ich warm, aber schweigend erwidere. Er ist im Begriff, seinen Tee zu trinken, und bietet mir als Zeichen seiner Freundschaft den zuckersüßen Rest aus seiner Tasse an; doch den lehne ich bescheiden ab, genau wie eine Prise aus seiner Schnupftabaksdose.

Nachdem wir uns eine Zeitlang stumm gegenübergesessen und die Herzen nach der Abu-Bekr-Methode haben sprechen lassen, sagt der lebhafte junge Mann: »Bitte ein wenig singen!« und stimmt mit seiner klaren Stimme einen Korangesang an, der bald die leicht zu bewegenden Menschen hinreißt. Die vorhergehende Übung hat sie noch empfänglicher gemacht. Der Weißbärtige ist selbstverständlich der erste. Die Tränen laufen ihm in Strömen über die Wangen. Er wird von Zuckungen ergriffen und preist Allah mit schrillen Tönen. Aber auch der martialisch aussehende Infanteriehauptmann in seiner feinen »english-made« Khakiuniform wird von Rührung ergriffen und weint wie ein Kind. Zwei von meinen Tekke-Brüdern tun dasselbe. Die anderen, die ihre innere Bewegung nicht in einer so sichtbaren Form zeigen, schwingen mit dem Körper zum Rhythmus des Gesanges, seufzen tief und sind stark ergriffen. Als der Gesang zu Ende ist, müssen sich die Gefühle Luft machen. Der Leiter dieser Andacht und der Infanterieoffizier fallen sich um den Hals und küssen einander. Mehrere der anderen Teilnehmer ebenfalls. Ich werde von dem Fremdartigen der Situation wieder hingerissen.

Mohammed hat im Koran den Genuß von Wein verboten. Dafür aber gab er das Zikr. Je mehr ich versuche, mich in diese merkwürdige Religionsübung hineinzuleben, um so klarer wird es mir, daß sie wie eine Berauschung wirkt. Die halluzinierten Menschen, die lachen, weinen und heulen, benehmen sie sich nicht wie Betrunkene? Und die Visionen und seligen Gefühle, die mit dem Zikr verbunden sind, entsprechen sie nicht im Äußeren dem, was wir von der Alkoholvergiftung kennen? Aber diese, wie sie sich im Westen bei unentwickelten Menschen in ihrer ganzen Roheit zeigt, ist eine Berauschung des Körpers, während das Zikr ein Berauschungsmittel der Seele genannt werden kann.

Es ist die Berauschung in Gott, die durch das ganze Leben der Natur geht. Dieselbe, die sich im Gesang der Vögel äußert, in Duft und Farbe der Blumen, in der Stärke und im stillen Jubel der Tiere, in Luft und Licht, in Himmel und Meer! Denke an die jubelnde Nachtigall! Ist sie nicht berauscht von Hingabe an das »Undefinierbare«, genau wie verliebte Menschenkinder?

Wenn der Auerhahn in den bezaubernden Frühlingsnächten der kargen Wälder des Nordens »spielt«, kann sich der Jäger während der Balzlaute dicht an den Vogel heranpirschen, da dieser in seinem Rausch alles um sich her vergißt.

Der üppig blühende Magnolienbaum unter diesen Himmelsstrichen, ein von vollen gelben, duftenden Rosen bedecktes Häuschen, wie man es hier oft sieht, wirkt nicht dies alles wie ein Ausdruck des Berauschtseins der Natur?

Der Bewußtseinszustand, der vom Zikr angestrebt wird, worin die Persönlichkeit erlischt und das Ich - der Gottesfunke in uns - mit seinem Ursprung zusammenschmilzt, kennt man in Europa kaum mehr. Im Orient dagegen liegt er fast an der Oberfläche!

Die Sufi-Philosophie, die diesen Seelenzustand verstanden hat, bedient sich mannigfaltiger Ausdrücke dafür. Einer der prägnantesten ist vielleicht dieser: »Ich kenne nicht Gott, denn in diesem Satz ist Subjekt und Objekt eins!«

Christus sagte, als man ihn fragte, wo man Gott anbeten solle, daß Ort und Form für das Gebet unwesentlich seien, denn: »Gott ist Geist, und die ihn anbeten, müssen ihn im Geist und in der Wahrheit anbeten!« Eine zeitgemäße Auslegung kann dieses Wort als eine Verurteilung des ganzen Kirchen- oder Schariâtswesens auffassen und als einen direkten Hinweis auf den Initiationsweg, der die Wahrheit über alles stellt und sich ihr auf geistigem Wege zu nähern sucht.

Wenn ich in meinem eigenen Leben Umschau halte und nachforsche, finde ich einzelne Erlebnisse, die eine Andeutung geben können von dem, was hier gemeint ist.

Die Erinnerung aus der Kinderzeit! Damals standen wir dem »Wesen der Dinge« wohl am nächsten. Sie befand sich im strahlenden Glanz, der über der Natur und allen ihren Geschöpfen ruhte. Das Rauschen im Walde, der lockende Gesang des Meeres, das Licht, das um alles Lebendige sich breitete; wann empfanden wir es tiefer als in der Kindheit?

Ein preisgekrönter moderner Verfasser benutzt den bildhaften Ausdruck, daß die Dinge für ihn in seinen jungen Jahren »offenstanden«, bis er von der verbotenen Frucht aß. Dann verhüllte sich das Wesen der Dinge vor ihm, während er vorwärtsstrebte entgegen dem verlorenen Paradies, um durch Erkenntnis zurück zum Baum des Lebens zu gelangen.

Einzelne Male im späteren Leben durfte ich diesen Zusammenhang mit dem All so stark fühlen, als hätte es mich aus meinem physischen Körper emporgehoben. Ganz deutlich erinnere ich mich solcher Erlebnisse.

Einmal befand ich mich in einem der abgelegenen Stromtäler des nördlichsten Norwegens in der Nähe des Schwarzgletschers und befuhr den Strom mit einem Fährmann, einem strahlenden Naturkind. Seine Jugend umgab ihn wie ein Glorienschein. Er und die ganze Natur um uns öffnete sich mir. Wir verstanden einander nicht, denn er sprach einen Dialekt, der noch unverständlicher war als die neue Reichssprache in Norwegen. Aber wir flossen in unseren Lebenselementen zusammen.

In der Regel sind solche Naturkinder scheu wie Tiere, die noch nicht durch die Anwesenheit von Menschen degeneriert sind. Ich habe sie unter Arabern an der Nordküste Afrikas getroffen und finde sie jetzt an der Grenze Asiens bei den Türken wieder. In den Städten Europas sind sie fast ausgerottet. Auf dem Lande an abgelegenen Stellen im hohen Norden kann man sie noch vereinzelt treffen. Andere Male erlebte ich dasselbe selige Gefühl des Zusammenschmelzens mit dem Universum. Da ist eine von den kleinen Blaumeisen, die ich im Winter vor meinem Fenster füttere, die immer besonders zutraulich ist. Eines Tages kommt sie wieder zu mir ins Zimmer. Ich streue mir Brotkrümel auf den Kopf, um ihre Dreistigkeit zu prüfen, und alsbald setzt sie sich furchtlos darauf und fängt an zu picken. Durch sie stieg das Nirvana-Gefühl in mir auf.

Auf einer Jagd in Schweden hatte ich einen jungen Elchbullen angeschossen und verfolgte seine Spur, bis ich ihn auf einer kleinen Wiese zwischen niedrigen Birken versteckt am Verenden fand. Der Blick aus den großen traurigen Augen des sterbenden Tieres kam vom großen All, »woher die Seele kam und kehret wieder«, und drang zu demjenigen in mir hinein, was aus derselben Heimat stammt. Von jenem Tage an blieb die Büchse an der Wand hängen.

Kinder haben, ehe sie durch unmögliche Erziehung »entgöttert« sind, dasselbe göttliche Licht über sich, das wie Orgeltöne wirken kann und den Gedanken auf die gemeinsame Heimat alles Lebendigen leitet.

Seinerzeit, als ich noch an Séancen mit Medien teilnahm, konnte ich von einem ähnlichen Gefühl ergriffen werden, wenn die Phänomene Meldungen von höheren und nicht wie meistens von niederen Welten enthüllten.

Ein ätherisches Rieseln durch den ganzen Körper, von den Haarwurzeln bis zu den Zehenspitzen, war mir ein unzweifelhaftes Kriterium der guten Phänomene.

Ich konnte auch da ein Gefühl haben, als stünden mir die Dinge offen. Indem ich allmählich diese Gefühle aus dem Unterbewußtsein ans Licht hob, habe ich meine Beobachtungsfähigkeit ihnen gegenüber gesteigert. Sie melden sich jetzt auch beim Lesen alles Echten, das heißt desjenigen, was Botschaften von höheren Welten bringt. Besonders beim Lesen im großen Buche der Natur.

Bei einem Spaziergang am frühen Morgen auf den Höhen des Marmarameeres unweit vom Kloster stieß ich heute auf eine große Schildkröte, die hier nicht zu den Seltenheiten gehört. Ich setzte mich ihr gegenüber und beobachtete das merkwürdige Wesen, wie es da vor mir in seine schützende Schale eingehüllt lag.

Die Schildkröten gehören bekanntlich zu den vornehmsten Erdenwesen, da sie ihre Stammtafel am weitesten in der Entwicklungsgeschichte unseres Planeten zurückführen können. Gleichzeitig mit den Riesengestalten der Saurier bevölkerten Schildkrötenarten die unüberschaulichen Sümpfe der Erde, lange bevor der Mensch in seine irdische Hülle niedergestiegen war.

Eine Gedankenassoziation bringt mich auf die modernen Kriegspanzer, die ebenso wie diese Schöpfung der Natur unverwundbar von der Umgebung ihren *Corps de genie* innerhalb ihrer Panzer verbergen. Während ich die Schildkröte betrachtete, steckte sie vorsichtig ihren Kopf und die starken Grabfüße heraus. Ich faßte sie bei einem dieser Gliedmaßen und wollte sie zu mir emporheben. Doch sie zog den Fuß mit solcher Kraft zurück, daß ich ihn auch mit Hinzunahme der anderen Hand nicht zu halten vermochte und das Tier fallen ließ. Dann war es ganz still, wie tot. Und doch lag hier ein Wesen vor mir verborgen, ein Organismus, ein rätselvolles Leben, wie auch ich eines bin.

Die heutige Wissenschaft hält das menschliche Selbst für ein Produkt des Gehirns, das im Kopf, von seiner Schale beschützt, eingeschlossen wirkt. Wenn man auch die materialistische Auffassung nicht anerkennt, muß man schon einräumen, daß das Gehirn das wichtigste der körperlichen Organe ist und daher am besten geschützt werden muß.

Es fällt wie ein Schleier vor meinem inneren Blick. Ich sehe das metamorphosierende Werk der schaffenden geistigen Künstler vor mir. Unter mannigfaltigen Formen, von denen die der Schildkröte eine der wenigen übriggebliebenen ist, haben sie es zuerst mit gepanzerten Häusern versucht, worin die Lebewesen, an deren Entwicklung gearbeitet wurde, sich gegen die Umgebung schützen konnten. Entweder schleppte das Tier seine Feste mit sich auf seinem Rücken und kroch bei Gefahr hinein, wie Schnecken und Schildkröten, oder es war ganz davon eingeschlossen, wie die Krokodile oder Saurier.

Gleichzeitig wurde mit einem äußeren schützenden »Drahtzaun« experimentiert, wie wir solches noch bei dem Igel und gewissen niedrigen Meerestieren sowie bei vielen Pflanzen finden können.

Auf den mannigfaltigsten Wegen tasteten sich die Schöpfermächte vorwärts, bis sie in den Lebewesen ein Werkzeug des Denkens ausgebildet hatten. Dieses wurde dann allmählich mit der festen Schädeldecke gesichert, und der Gedankentätigkeit blieb es überlassen, die übrigen leiblichen Organe selbst zu schützen. Erst nachdem eine widerstandsfähige Hülle um das Werkzeug des Denkens geformt war, stieg das Menschenwesen von den göttlichen Wohnungen hernieder und nahm seinen irdischen Körper in Besitz.

Seither baut er sich selbst weiter, indem er das geistige Wesen den Stoffen der Erde einzuprägen sucht, um sie dadurch, dem göttlichen Vorbild gleich, umzugestalten.

Aber der Weg ist lang. Heute noch ist der schaffende Mensch in seinen Bestrebungen nicht weiter gekommen als bis zu dem Punkt, an dem die schaffenden geistigen Künstler standen, als sie zur Zeit der Saurier mit der äußeren Widerstandskraft des Stoffes experimentierten.

Alles, was der Mensch hervorgebracht hat, ist eine Nachahmung der Natur. In unserer antichristlichen oder satanischen Zeit wird von der Technik sein Werk zur Ausrottung und zur Zerstörung benutzt, anstatt zum Aufbau und zur Neuschöpfung. Mit seinem Kriegsmaterial hat der Mensch die frühsten Wesen von Erde, Meer und Luft nachgeahmt.*

Lernt er nicht auch, dem vierten Element, dem Feuer, nachzustreben, das heißt dem Licht von den schaffenden geistigen Sonnenkräften, so werden die dunklen Erdenkräfte den schöpferischen Menschen erwürgen, ehe er sein Ziel erreicht hat: die volle innere Freiheit, die Freiheit des Geistes und die Vergeistigung der Materie – die Vergeistigung des Fleisches.

Der Logos wurde Fleisch, damit das Fleisch auch Logos werden kann. Dies ist Menschheitsaufgabe; wir können sie aus dem Weisheitsbuch der Natur nachlesen. Die Stufe der Schildkröte ist davon nur ein kleines Beispiel.

Später am Tage, als ich mit dem alten Scheich über die großartigen materiellen Fortschritte der europäisch-amerikanischen Kultur spreche, antwortet er mit einem Bibelzitat: »Hat nicht Jessa gesagt: ›Was nützt es dem Menschen, daß er die ganze Welt gewönne, aber nähme Schaden an seiner Seele?‹«

Bei seinem heutigen Besuch bringt er einen Scheich aus Bursa mit, den er als einen hochaufgeklärten Menschen, der auf dem Weg des Tariqâts weit vorwärtsgekommen ist, vorstellt. Dieser ist ein würdiger schwarzbärtiger Mann mit hübschem, offenem Gesicht, in einen feinen schwarzen Dschübe gekleidet. Sein Wesen hat etwas Zurückhaltendes. Die Bewegungen sind gemessen. Aus Ehrerbietung redet er in Gegenwart seines Scheichs nicht, sondern nickt nur ab und zu zustimmend von seiner Matratze her, auf der er in der bekannten Buddhastellung sitzt.

---

* *Und nun wurde das Atom gespalten, und was findet man? Energie und Licht!*

Der Scheich fragt zuerst nach meinem Eindruck vom gestrigen Gottesdienst. Ich antworte, daß er auf mich als Fremden sehr eigentümlich wirke. Aber ich sei nicht im Zweifel darüber, daß bei einer solchen gemeinsamen Aktion eine große psychische Wirkung erreicht werde. »Dieselbe Antwort bekam ich von einem anderen sehr aufgeklärten Ausländer«, sagt der alte Scheich, »er erklärte, man müsse dabei an eine Windmühle denken, die sich mit stets sich steigernden Kräften herumschwänge. Doch die Kraft, die diese Mühle triebe, wäre ihm unverständlich geblieben, bis er herausfand, daß sie ihr geistiges Zentrum im Herzen des Scheichs habe.«

Ich erwidere, daß ich glücklich sei, dieselbe Auffassung zu haben, und hoffe, daß allmählich geistige Kräfte eine ähnliche Mühle im Westen treiben würden, wo man sie sehr nötig brauche. Ich erkläre ihm, daß außer mir viele Europäer zu der Auffassung gekommen sind, daß wir uns festgefahren haben.

»Die Wissenschaft, auf deren Resultate wir so stolz sind, hat uns in Sackgassen geführt, ohne die Möglichkeit, wieder herauszukommen. Wie Maulwürfe graben wir uns immer tiefer in die »Erde« hinein, das heißt in die Materie, und haben ganz den Kontakt zu unserem geistigen Ursprung verloren. Doch woher kommt ursprünglich die ganze moderne Wissenschaft? Vom Osten.

Es waren die Mauren und Araber, die der Mittelmeerküste entlang eine neue Morgenröte von Osten nach Europa brachten, als diese in der Nacht des Obskurantismus und Klerikalismus am Vergehen war. Der Aristotelismus, das heißt die Grundlage zu dem klaren logischen Denken, das von Aristoteles selbst als Begleiter von seinem Schüler Alexander dem Großen auf dessen rätselhaftem Zug nach Osten gebracht und in den dortigen Mysterienstätten gepflanzt wurde, hatte sich in diesem fruchtbaren Boden kräftig entfaltet, während der Dekadenz der griechischen Mysterien, und war jetzt dazu gereift, seine neubelebenden Kräfte in die damalige kranke europäische Kultur einzugießen. Aus dem Kampf der Aristoteliker mit den Scholastikern wuchs die Renaissance langsam hervor als Bahnbrecher für die moderne Wissenschaft. Heute hat diese sich durch die Industrie vielfach in den Dienst der zerstörenden Mächte gestellt, teils direkt, indem sie Vernichtungsmaterial wie giftige Gase und dergleichen herstellt, teils indirekt durch Herstellung von Genußmitteln und Luxusgegenständen, die dem Menschen die zum Wahnsinn gesteigerten materiellen Bedürfnisse aufzwingen. Es ist an der Zeit, daß der neue Strom von den Quellen der alten Weisheit des Ostens im Westen verbreitet wird, um sich befreiend über die Welt zu ergießen.«

»Ja, ich bin mit dir einverstanden!« antwortet der Weise, »aber jeder, der die Welt reformieren will, muß mit sich selber anfangen. Du bist uns gesandt worden. Versuche nun, ob du bei uns das finden kannst, was du suchst. Gelingt dir das, so werden sicher mehrere nachfolgen, und wir können auch von hier aus unsere besten Leute nach Europa senden. Gerne reiste ich selber dahin in einer so wichtigen Angelegenheit, da ich aber wohl zu alt bin, werde ich meinen Sohn senden. Mit Büchern und Universitätsgelehrsamkeit ist uns nicht geholfen. Es ist die moralische Erziehung, die fehlt, und die kann nur im Inneren jedes einzelnen Menschen geschaffen werden. Es ist das Individuelle, was noch dazukommen muß. Du mußt den Anfang machen. Verlängere deinen Aufenthalt hier bei uns und überzeuge dich selbst von dem, wovon du andere überzeugen willst.«

»Ich war schon überzeugt, ehe ich hierherkam«, antworte ich, »und brauche nicht erst Muslim zu werden, um das Erhabene auch in eurer Religion zu sehen. Ich kann in dem Bilde bleiben, das neulich von dir im Garten unter dem Feigenbaum angewendet wurde. Es gibt eine äußere Schale um ›das innere Wesen‹ der Religionen. Die meisten sehen nur die Schale; doch jene, die bis zum Kern vordringen, werden bald erkennen, daß dieser derselbe in allen Religionen ist. Die Religionen sind – wie euer Prophet gesagt hat – jede für sich funkelnde Edelsteine in der Krone Gottes, aber keine von ihnen ist die Krone selber!« Er antwortet: »Das ist wahr! Aber diese Betrachtungen würden uns zu weit an die Peripherie führen; einstweilen müssen wir beim Elementaren bleiben. Du willst die Bedeutung der gestrigen Zeremonie wissen. Bleiben wir einstweilen dabei, und nehmen wir auch dies ganz elementar. Du glaubst ja an Gott und glaubst auch, daß Mohammed sein Prophet war?« Diese Frage tut er gewiß, um den fremden Scheich zu beruhigen, für den wir uns sicher schon zu weit vom alltäglichen Weg auf einsame freie Höhen gewagt haben. Ich beuge den Kopf. »Glaubst du, daß Gott überall und in allem anwesend ist?« – »Ja!« – »Dann erkenne auch, daß du immer in der Gegenwart Gottes bist und meditiere darüber. Du hast ein Opfer gebracht, indem du in unserem bescheidenen Tekke eingekehrt bist. Dehne dieses Opfer aus, vielleicht wirst du dann eine Überzeugung erhalten, die größer ist als die, welche du jetzt hast!«

In diesem Augenblick wird die Tekke von einem gewaltigen Donnerschlag erschüttert und der Regen kommt in Strömen vom Himmel herunter. Er zeigt aus dem Fenster und sagt:

»Im Koran steht geschrieben: ›Alles kommt von Gott, dein Leib, dein Kleid, dein Haus‹, alles verdankst du Gottes Schöpferwerk, auch den segnenden Regen, der jetzt über die Erde herunterströmt. Alles wird uns von Gott geschenkt, der alles wachsen und gedeihen läßt zur Freude und zum Nutzen der Menschen. Gefällt es Gott, so wird er dich hier bei uns das finden lassen, was du suchst. Falls du Gott erkennst und es ihm zeigst, so wird er dir das Wissen ins Herz senken, das nicht auf dem Wege der Intelligenz gelernt werden kann, das du vorher nicht kanntest.

Das Zikr dient dazu, uns zu erwecken, um Gott zu erkennen und ihm zu danken. Er führt dazu, daß im Stillen neue Kraft in dir emporwächst, ohne daß du es selbst merkst. Aber eines Tages wird es sich selbst zeigen, daß du etwas als Besitz erhalten hast, was dir von Gott geschenkt ist, ein Wissen, das nicht in Büchern gefunden wird. Meditiere darüber, so wird dein erster Schritt getan sein!«

Er macht Anstalten aufzustehen. Wir springen hinzu, um ihm zu helfen. Er dankt mit seinem freundlichen Lächeln und schleppt mühsam den schweren zusammengesunkenen Körper über den Vorsaal und die Treppe hinunter. Der schweigsame Scheich ist ihm dabei behilflich. Ich stehe ehrfürchtig oben am Geländer und sehe ihn mir gütig zunicken.

Nachher nimmt jener Scheich aus Bursa neben mir auf der Matratze Platz. Er spricht jetzt klar und deutlich, ganz anders, als ich es mir vorgestellt habe nach seinem hartnäckigen Schweigen vorher. »Ich begrüße dich als Bruder«, sagt er, »denn auch ich bin eines der Adoptivkinder des Meisters. Wir sind viele und kommen von weit her, um Kraft und Licht von ihm zu erhalten. Danke Gott, daß er dich hierher geschickt hat, denn einen besseren Lehrer im Islam findest du nicht!«

Ein Besuch wird ihm von unten gemeldet. Er zieht sich zurück und verspricht, mich später wieder aufzusuchen, um weiter mit mir zu reden.

Am Nachmittag kommt mein Freund, der Universitätsprofessor, auf Besuch. Der liebe alte Scheich begleitet ihn und sitzt wieder eine Weile in meinem Zimmer. Ich benutze diese Gelegenheit, um durch diesen Spezialisten vom Fach als Dolmetscher dem Scheich zu danken für die tiefe Lehre, die er mir am Vormittag gegeben hat, und bitte ihn nochmals, mir zu sagen, ob es richtig sei, das Zikr als eine Methode zu betrachten, die darauf ausgehe, die Seele zu exteriorisieren, das heißt sie vom Körper frei zu machen. Er antwortet: »Die Menschenseele kommt von göttlichen Höhen und sinkt durch dichtere und dichtere Materie bis in den Körper, wo sie wie ein Vogel im Käfig eingekerkert ist. Im Anfang fühlt sie sich oft unfrei und daher unglücklich; aber allmählich gewöhnt sie sich an ihren Kerker, was in der Regel damit endet, daß sie sich darin so sehr wohl fühlt, daß sie ihren Ursprung ganz vergißt. Zikr dient nun dazu, sie wieder die Erinnerung an die Heimat, das Sehnen nach ihr und den Weg nach Hause finden zu lernen.«

Die Eindrücke, die die Übungen auf mich gemacht haben, vergleicht er mit einer Art Medizin, die die ersten Male, wenn sie eingenommen wird, bitter ist, aber bald den unangenehmen Geschmack verliert und gute Wirkung hat. Zum Schluß sagt er, daß alles, was man so erreiche, von dem Grad des Verhältnisses abhänge, in dem man zu seinem Scheich stehe. Glaubt man, daß der Scheich helfen könne, so tut er es auch. Hält man ihn für unbedeutend, so bleibt die Hilfe aus.

»Ich bin kein Prophet«, fügt er hinzu, »Mohammed hatte von Gott die Kraft, Wunder zu tun, wenn man sie von ihm forderte, um glauben zu können. Aber es geschehen auch in unserer Zeit Wunder, wenn Gott will!«

Nachdem der alte Scheich gegangen ist, rät mir der Professor dringend, meinen Aufenthalt in der Tekke zu verlängern, und sagt: »Es ist ein großes Werk, das Sie vor Augen haben; es darf nicht mißlingen.

Bleiben Sie, bis Sie dieselbe Überzeugung wie ich gewonnen haben. Falls Sie wollen, kann der Meister Ihnen sicher das geben, was Sie wünschen.« Und jetzt erzählt dieser hochbegabte Mann, der vor der Revolution einen der höchsten Posten in der Ziviladministration seines Landes innehatte:

»Durch das Leben war ich zum Materialisten geworden. Ich verneinte die Existenz all dessen, was sich nicht mit den Sinnen erfassen ließ. Nun begegnete ich im vorigen Jahr einem Jugendfreund, den ich während vieler Jahre nicht gesehen hatte. Er war Scheich geworden, und die Rede kam bald auf religiöse Fragen. Er lud mich zu einem Besuch in seinem Hause ein. Im Laufe des Abends nahmen wir die vorher begonnene Diskussion wieder auf. Ich verteidigte meinen Standpunkt mit allen Waffen der modernen westlichen Philosophie und bestritt, daß die Phänomene, von denen hier im Osten jeder spricht, eine objektive Existenz haben. Ich behauptete, daß sie alle, wie auch Träume oder Visionen, nur von subjektivem Wert seien. Er vertrat den traditionellen orientalischen Standpunkt. Als die Zeit fortgeschritten war, sagte er: ›Schieben wir die Diskussion bis morgen auf, du bleibst heute Nacht hier!‹

Ich dankte ihm, willigte ein und schlief bald den Schlaf des Gerechten. Aber plötzlich wurde ich aufgeweckt und sah meinen Freund neben mir im Bett liegen. Ich war sehr erstaunt und fragte, was dieses bedeuten sollte. Er beschwichtigte mich durch Zeichen, ohne ein Wort zu sprechen, und hauchte mir in den Mund hinein. Und während ich in halbwachem Zustand dalag, sah ich über mir etwas wie eine Sonne und mitten darin das Gesicht meines Freundes, das mir zulächelte. Ich erwachte nun vollends und bat das merkwürdige Gesicht, sich noch weiter zu zeigen, denn es wirkte ganz wunderbar auf mich, doch es verschwand bald nachher, gleichsam sich auflösend, und bald darauf schlief ich wieder ein. Am anderen Morgen war ich geneigt, das Erlebnis den subjektiven Träumen oder Visionen, von denen wir am Abend gesprochen hatten, zuzuzählen. Das erste, was mein Freund sagte, als wir uns begrüßten, war, ob ich nach dem Erlebnis dieser Nacht noch immer derselben Meinung sei. Ich zuckte mit den Achseln.

Kurze Zeit nachher wurde ich in einer Regierungsangelegenheit nach Bukarest geschickt. Am Tag der Abreise traf ich auf der Straße meinen Freund, dem ich mitteilte, daß ich noch am Abend auf dem Schwarzen Meer und morgen in Bukarest sein würde, und äußerte die Bitte, nach meiner Rückkehr das Gespräch wiederaufnehmen zu dürfen.

In jener Nacht, als ich in meiner Kabine lag, kommt er zu mir herein und setzt sich auf die kleine Bank. Ich weiß, daß er nicht an Bord ist, und springe von meinem Lager auf. Ich falle vor ihm nieder und umfasse seine Knie, die sich wie die meinigen aus Fleisch und Blut anfühlten. Ich vergesse, wie es sonst meine Gewohnheit war, seine Hände zu küssen. Er spricht nicht, sondern besänftigt mich nur und haucht in meinen Mund, wie das letzte Mal schon. Ich muß dann wieder eingeschlafen sein.

Während meines Aufenthaltes in Bukarest mit Arbeit überhäuft, entschwand dieses Erlebnis nach und nach aus meinem Bewußtsein. Nach meiner Rückkehr treffe ich den Freund auf der Straße, eile auf ihn zu und küsse ihm die Hände. ›Dieses Mal hast du nicht vergessen, mir die Hände zu küssen, wie auf dem Schwarzen Meer!‹ sagt er. ›Jetzt denkst du vielleicht anders als an jenem ersten Abend, da wir uns begegneten. Oder glaubst du immer noch, daß die Phänomene nur subjektive Bedeutung haben?‹

Ich will gern zugeben, daß ich diesem Freund meine jetzige Lebensanschauung verdanke. Von jenem Tage an brach ich mit meinem ganzen früheren Leben und fing wieder an, Religion und Mystik zu studieren, was meine Jugendpassion gewesen war. Heute ist das Religionsstudium zu meiner Lebensaufgabe geworden.«

Bei einer späteren Gelegenheit führte mich dieser Professor mit seinem Freund, dem Scheich, zusammen. Es war ein großer, magerer Mann mit eingefallenen Backen und scharfen unangenehmen Augen. Große Willenskraft prägte sich in seinem Wesen aus, das mich, in gleicher Weise wie Küçük Osman, wenig ansprach. Auf meine Frage, ob er mir einen ähnlichen Beweis der De-doublierung wie unserem gemeinsamen Freund geben wolle, antwortete er, dazu sei ein weit intimerer Seelenkontakt nötig als zwischen uns. Im übrigen lege er keinen besonderen Wert auf diese Fähigkeit. »Jeder Okkultist kann solches erreichen!« sagte er. »Nur Fasten, Wachen und Konzentration müssen geübt werden. Eine hohe okkulte Entwicklung ist dazu nicht erforderlich.«

Sechster Tag in der Tekke
Der Übersetzer – Mein erster Führer in Stambul

Mein Freund, der Dolmetscher, kommt ganz früh heute, wird aber vom Scheich, der im kleinen Tekke-Garten sitzt, aufgehalten. In ihrem Gespräch äußert der Scheich, daß er von meinem ursprünglichen Plan wisse, in die Tekke von Küçük Osman einzutreten. Er freue sich über das Mißlingen, denn die dort herrschende Strenge wäre zuviel für mich gewesen. Er sei mit mir und meinem Vorhaben – den islamischen Tariqât zu studieren – sehr zufrieden und sei überzeugt, daß es mir gelingen werde, in die Geheimnisse einzudringen. Auch die Menschen, die mich besuchen, besonders den Professor, dessen Bücher er kennt, schätzt er hoch. Er bittet den Dolmetscher auch später, ihn recht oft zu besuchen und das von ihm zu empfangen, was er ihm geben kann.

Ehe mir der Scheich seinen täglichen Besuch macht, besprechen wir noch meine Auffassung von den Wirkungen der Zikr-Übungen. Ich sage: »Meine Seele verläßt nicht so leicht den Körper wie die der Orientalen. Sie sitzt ganz anders fest in ihrem Käfig. Ich habe bis jetzt weder Visionen noch übersinnliche Erlebnisse durch das Zikr erreicht. Das Seelenleben oder das Bewußtsein eines Europäers ist ganz anders als bei einem Orientalen. Deshalb werde ich von dieser Übung anders als ihr beeinflußt.«

Mein Dolmetscher hat europäische Bildung genossen, ohne jedoch seine orientalische Eigenart einzubüßen. Es liegt mir viel daran, zu wissen, ob er mich versteht, und zu meiner großen Freude täusche ich mich nicht, denn er zieht nun eine entsprechende Parallele zwischen seinem Bewußtseinszustand und demjenigen der primitiven Völker: »In meiner Kindheit kaufte mein Vater einmal einen Sklaven, was damals – vor 20 bis 30 Jahren – üblich war. Er war ein Sudanese, und seine psychischen

Eigenarten habe ich später bei allen Schwarzen, die ich getroffen habe, mehr oder weniger wiedergefunden. Ich meine: gewisse Farben und Dinge nicht ertragen zu können, wenn er ihnen plötzlich gegenübergestellt wurde. Zeigte man ihm ein rotgefärbtes Tuch oder ein Stück rohes Fleisch, das noch die Farbe des Blutes hatte, so verlor er das Bewußtsein, das heißt er fiel in die Trance, bekam dann übersinnliche Fähigkeiten und konnte zum Beispiel in diesem Zustand andere heilen. Man brachte oft kranke Kinder zu uns ins Haus und ließ ihn im Trance-Zustand die Hände auf sie legen, was in der Regel die Gesundung zur Folge hatte. Wir hatten auch eine Afrikanerin in unserem Dienst. Als sie einmal erkrankte, riet ein Hellsichtiger (das Volk gebraucht noch immer die hellsichtigen heiligen Männer lieber als Ärzte), sie solle drei Oka Brot kaufen (etwa vier Kilo), es zerkleinern und an einem bestimmten Ort in der Nachbarschaft den Hunden zu fressen geben. Anderen Kranken wird geraten, Korn zu kaufen, um die heiligen Tauben, die sich in Schwärmen bei den Moscheen aufhalten, zu füttern.« – Man glaubt im Islam nämlich, daß das Wesen der Krankheit einen okkulten Zusammenhang mit der Gruppenseele gewisser Tiere habe.

Dies alles geschah damals, als in Konstantinopel die Straßenreinigung noch durch die Hunde besorgt wurde. Man warf allen Abfall aus den Fenstern der Häuser hinaus, der sofort von den gierigen Kötern verschlungen wurde. Sie waren herrenlos. In jedem Viertel hauste ein Rudel, das einem selbstgewählten Führer gehorchte. Das einfache Volk hatte großes Vertrauen zu dieser Gilde von Straßenreinigern und schrieb dieser allerlei übernatürliche Eigenschaften zu. Das neue Regime räumte mit den Bestien gründlich auf. Sie wurden eingefangen, auf Leichterschiffe gebracht und nach einer einsamen Insel im Marmarameer geschafft, wo sie elend zugrunde gingen.

Wollen wir die Verschiedenheiten des menschlichen Bewußtseins studieren, so müssen wir beim Menschen und nicht bei den Tieren anfangen. Es ist meine Überzeugung, daß wir in den mannigfaltigen Rassen- und Völkerabstufungen auf der Erde ein Abbild finden können von der psychischen Metamorphose während der Menschheitsentwicklung.

Der Autor in der Tekke

Bei seinem heutigen Besuch bringt der Scheich einen der Koransänger mit. Es ist ein vornehmer älterer Herr in feinen orientalischen Kleidern, mit großem weißem Turban. Er nimmt bescheiden auf der Matratze dem Meister gegenüber Platz und schweigt, während dieser durch den Dolmetscher mit mir spricht. Heute überreicht er mir zuerst mit mädchenhafter Schüchternheit und einer Liebenswürdigkeit, die unwiderstehlich wirkt, einige Rosen. Dann spricht er von dem Besuch des Universitätsprofessors gestern und von dessen Werken und kommt so auch auf seine eigenen Bücher zu sprechen, die er sich durch den Dolmetscher von einem der Schränke herunterreichen läßt, wo die ganze Auflage derselben aufbewahrt ist. Er verspricht uns von jedem ein Exemplar als Geschenk. Das eine Buch besteht aus einer Sammlung von Briefen mit Anweisungen für seine Schüler über die Maßregeln, die auf dem Pfad der Einweihung zu befolgen sind; ein Buch, von dem ich mir viel Einblick in seine Geistesart verspreche. Das andere ist eine Art Koran-Kommentar mit 1000 Aussprüchen des Propheten und Erklärungen dazu. Ferner gibt es darin Gedichte in kurdischer, arabischer und türkischer Sprache.

Wir gehen dazu über, von der Möglichkeit zu sprechen, ob der Einweihungsweg, der hier benutzt wird, auch in Europa angewendet werden könne, was ich für unmöglich halte. »Es ist die innere Moral, die dort fehlt!« meint der Meister. »Vergleiche die Literatur Europas mit der unsrigen! Hier waren bis vor kurzem neun Zehntel derselben religiös-moralischer Natur. In Europa besteht das entgegengesetzte Verhältnis. Ja, ich glaube sogar, man kann behaupten, daß die Menschen dort von der Literatur eher unmoralisch beeinflußt werden. Man sagt sich: Warum soll ich dieses Buch nicht lesen, von dem alle sprechen, und das so interessant ist! Aber man bedenkt nicht, daß kleine Ursachen große Wirkungen haben!« – Er schaut zum Fenster hinaus, wo der Berg Alera drüben auf der asiatischen Seite seine Konturen gegen den tiefblauen Himmel zeichnet. »Rücke ein wenig näher zu mir«, sagt er, »und du siehst diesen prächtigen Berg in der Ferne. Versuche jetzt, deinen Kopf ein klein wenig nach links zu drehen. Jetzt siehst du ihn nicht mehr, weil ein Blatt des Feigenbaumes da draußen den Blick hemmt. So ist es mit jeder Gotteserkenntnis. Das Kleine, was uns im Leben erfüllt, verhüllt die Aussicht auf das Große!«

Dann sieht er in der klaren Luft das hier nicht seltene Bild eines Falken und einer Krähe, die sich bekämpfen. Sie suchen, einer über den anderen zu kommen, und arbeiten sich mit kräftigen Flügelschlägen senkrecht empor, um aus größerer Höhe auf den Gegner loshacken zu können. »Betrachte das Bild«, spricht der Weise, »beobachte die Anstrengung, die jeder dieser Vögel machen muß, um an Höhe zu gewinnen. Geradeaus oder herunter geht der Flug pfeilgeschwind, aber um aufwärts zu kommen, müssen sie alle ihre Kräfte gebrauchen. Genau so ist es bei den Menschen!«

Er bittet den schweigenden vornehmen Mann drüben, unserem Zwiegespräch einen würdigen geistigen Abschluß zu geben, indem er uns vorsingt. Und sofort strömt von seinen Lippen die eigentümliche mitreißende Koran-Rezitation durchs offene Fenster hinaus in den Sonnenschein, die Allmacht Gottes und sein wunderbares Werk in Natur und Mensch preisend. Die Töne sind im Anfang gedämpft und steigen dann empor wie auf unsichtbaren Himmelsleitern. Ab und zu mischen sich gutturale Laute mit in den Gesang, die für die Ohren eines Europäers unharmonisch klingen, aber eine besondere heilige Bedeutung haben müssen. Der ehrwürdige Greis begleitet diese Laute mit einem gelegentlichen tiefen Seufzer und einem leisen Flüstern des Wortes Allah.

Später am Tage wohne ich einer Audienz bei und werde Ali, dem Sohn des Scheichs, vorgestellt, der von seiner Tekke auf der asiatischen Seite herübergekommen ist. Ich befinde mich unter riesengroßen, langbärtigen würdigen Männern in langen dunklen Mänteln oder Pelzen mit großen verschiedenfarbigen Turbanen; ein glänzendes Motiv für einen Maler.

Nachher erhalte ich Besuch von einem jungen Freund, dem Sohn des Universitätsprofessors, der gestern hier war und durch den ich den Vater kennenlernte. Ein merkwürdiges Beispiel dafür, wie unsichtbare Mächte in die Menschenschicksale eingreifen. Es war während meines ersten Besuches in Konstantinopel. Ein eiskalter Märztag mit Schneesturm und tauendem Schnee auf den Straßen. Ich ging unzufrieden und deprimiert in den Gassen Stambuls umher. Was wollte ich in dieser Stadt, wo ich keinen Menschen kannte, aber zu der ich mich auf eine so merkwürdige Weise hingezogen fühlte? War wohl die geringste Aussicht dafür vorhanden, daß meine sonderbaren Pläne sich verwirklichten? Weshalb hier ganz einsam gehen und frieren, anstatt an einem Orte zu sein, wo es Freunde und warme Sonne gab? Das waren meine Gedanken, während ich am alten Hippodrom entlangging, wo großartige Monumente aus byzantinischer Glanzzeit stehen: die zwei berühmten Obelisken und die Kupferschlangen, die einst dem pythischen Orakel in Delphi dienten. Von dort aus wollte ich das archäologische Museum mit dem Sarkophag Alexanders des Großen besuchen. Doch ich fand den Weg nicht. Ein junger Türke kam mir entgegen. Ich fragte ihn auf Französisch nach dem Weg. Er antwortete aus Höflichkeit auf Englisch, da er mich für einen Engländer hielt. Bald stellte es sich heraus, daß er von den Fremdsprachen Deutsch am besten beherrschte, eine allgemeine Erscheinung bei den jungen Türken. Er hatte denselben Weg, und wir gingen zusammen. Es zeigte sich, daß er sich einige Jahre in Deutschland aufgehalten hatte und sich nach Europa zurücksehnte. »Hierzulande herrscht nun überall traurige Dekadenz; die Kultur steht auf niedriger Stufe!« meinte er. Sein offenes, herzliches Wesen gefiel mir. Ich lud ihn ein, mich im Hotel zu besuchen und dem »five o'clock«-Tanztee beizuwohnen, was er mit Freuden annahm. Beim Aufgang zum Museum schieden wir voneinander. Er besuchte mich später ein paarmal, und ich erzählte ihm bei einer solchen Gelegenheit, daß ich vergebens versucht hätte, mit gebildeten Türken, die sich für Parapsychologie interessierten, in Verbindung zu treten. Ich hielt es für sehr wichtig, daß Europäer, die sich dieser Wissenschaft widmeten, zu einer Zusammenarbeit mit dem Orient kämen. »Das ist vielleicht etwas, was meinen Vater interessieren würde«, sagte er. »Er ist zur Zeit in Ankara und bemüht sich um eine Universitätsprofessur. Früher war er als Generalgouverneur angestellt, aber Religion und Mystik waren immer seine liebste Beschäftigung. Ich werde Sie wissen lassen, wann er zurückkommt, so daß Sie ihn treffen können.«

Unterdessen erkundigte ich mich bei maßgebenden Persönlichkeiten, wer mir in dieser schwierigen Angelegenheit helfen könnte. Von allen wurde mir der soeben ernannte Professor für Religionsgeschichte am meisten empfohlen. Er war noch abwesend, wollte aber seine Vorlesungen bald aufnehmen. So wurde diese zufällige Begegnung mit dem jungen Mann auf der Straße für mich die Einleitung zu einer sehr wertvollen Freundschaft. Sein Vater ist jetzt die leitende Persönlichkeit in dem Komitee für Parapsychologie, das in der Türkei gebildet worden ist und das gewiß der Anfang zu einer Zusammenarbeit mit dem Osten werden wird, ohne die man im Westen niemals zum richtigen Verständnis der parapsychologischen Phänomene kommen wird.

Siebter Tag in der Tekke
Lebendige Nacht – Leben und Tod im Islam

Heute wird der Scheich von seinem französischsprechenden Arzt begleitet. Durch diesen läßt er mich wissen, daß er nachher auf die asiatische Seite des Bosporus hinüberfährt, um an einem religiösen Fest teilzunehmen. Er gedenkt, dort zu übernachten und morgen wieder zurück zu sein.

Die letzte Nacht hat der Greis in meiner unmittelbaren Nähe, nämlich in seinem Audienzzimmer neben meiner Kammer zugebracht. Sonst schläft niemand dort. In den vorhergehenden Nächten lag der Diener im Vorsaal vor meiner Tür. Jetzt ist er dort verschwunden.

In der Regel stehe ich während der Morgenandacht zwischen halb sechs und halb sieben Uhr auf. Da er dem Gebet beiwohnt und die Tür zu seinem Zimmer offen steht, blicke ich hinein, um zu sehen, wie er sich dort eingerichtet hat. Ich hatte mir vorgestellt, man würde sein Lager auf einem der hohen breiten und bequemen Diwane längs der Wände herrichten. Doch er hatte es vorgezogen, die kalte Nacht auf einer harten Matratze am Boden und nur mit einer dünnen Wolldecke versehen zu verbringen. Auch er muß also dem massenhaften Ungeziefer, das in der Nacht zum Vorschein kommt, zum Opfer gefallen sein. Das Tierleben in diesen Zimmern verdiente ein besonderes Kapitel.

113

Jede Nacht stöbern die Mäuse in allen Ecken herum. Überall knistert Papier und stört meinen Schlaf. Ab und zu machen am Tage auch große exotische Prachtkäfer in strahlenden blauen und grünen Farben eine Runde im Zimmer. Und jeden Abend erhalte ich Besuch von den kleinen Leuchtkäfern, diesen kaum einen Zentimeter langen, eingekapselten Insekten, die vom Ende des Hinterleibes ein starkes Licht ausstrahlen, das wahrscheinlich in Verbindung mit der Atmung regelmäßig an Stärke wechselt.

Den Weg durch das Fenster finden auch Katzen, deren Pfad über die Dächer des Viertels offenbar hier vorbeiführt. Die Hunde halten sich an die winkligen Straßen. Doch machen sie gewöhnlich nachts solchen Lärm, daß große Übung dazu gehört, um schlafen zu können. Bin ich trotz aller dieser Störungen endlich eingeschlummert, so kommt sicher der Nachtwächter unten vorbei, dieses Überbleibsel des alten Regimes, und klopft mit dem eisernen Ende seines Stockes so wuchtig auf die Steine, daß ich sofort erwache.

Ja, mein ehrwürdiger Meister hat recht, wenn er sagt, daß ich ein Opfer bringe, wenn ich hier wohne. Doch das größte Opfer besteht darin, daß ich mich am Hahn des Samowars waschen muß. Bei dem Schmutz, von dem ich im Zimmer umgeben bin, habe ich ein doppeltes Bedürfnis nach körperlicher Reinlichkeit. Ich muß mich damit begnügen, ab und zu ein heißes Bad in einem der vielen türkischen Bäder zu nehmen. Aber die meisten liegen in der Stadt, und ich will nicht gern aus meinem Eremitenleben heraus, mich in den Ameisenhaufen Stambul begeben. Nebenbei gesagt, Ameisen gibt es bei mir auch, und herrliche dicke Spinnen. Doch sie halten sich meistens innerhalb der Schränke auf, die ich nicht benutze. Daher sehe ich sie nur selten.

Ich muß mich fragen: Wozu dient nun eigentlich dieses Opfer? Ich hoffe, durch mein Beispiel dazu beitragen zu können, daß ein freundschaftliches, vielleicht sogar brüderliches Verhältnis in der Zukunft erstehen könne zwischen den Menschen der verschiedenen großen Religionen, die den »schmalen Weg« gehen. Für die große Masse äußerlichen Christentums und Islam, mit Priestern, Imams, Kirchen und Moscheen wird das alte Verhältnis bestehen bleiben. Sie werden sich gegenseitig als

Heiden betrachten, gegenseitig aufeinander herabblicken und sich gegenseitig zu bekehren suchen. Aber für jene, die durch die Schale bis zum Kern vorgedrungen sind, für jene, die wissen, daß der Kern in jeder Religion derselbe ist, so sicher als es feststeht, daß die Religionen nur verschiedene Aspekte derselben Wahrheit sind, für sie muß es eine Möglichkeit geben, zu gegenseitigem Verständnis und gegenseitiger Achtung zu kommen. Darauf beruht die Zukunft.

Könnten junge vorwärtsstrebende Europäer, anstatt ihre Zeit im alten Stil durch unfruchtbare Studien oder übertriebenen Sport zu verlieren, sich nicht entschließen, Arabisch oder eine der anderen östlichen Sprachen zu lernen, um nachher im Osten zu studieren? Falls sie aus freundschaftlich gesinnten Nationen kommen, werden sie sicher wie Freunde empfangen werden. Nur mit Freundschaft kann man im Osten etwas erreichen. Sie werden sich in jungen Jahren Verbindungen und Freunde schaffen, die ihnen später im Leben von großem Nutzen sein können.

Aus alter Erfahrung haben die Muslime ein gewisses Mißtrauen gegen die Untertanen der Großmächte. Sie wissen, daß, wenn diese erst einmal festen Fuß gefaßt haben, Teile ihres Landes als »Interessensphäre« ansehen werden, und dann ist es mit ihrer Selbständigkeit bald vorbei.

Die vielen internationalen Tribunale und Kommissionen, die als Früchte des Völkerbundes in der Türkei errichtet worden sind, werden von Vertretern der kleinen neutralen Staaten geleitet, die mit Vertrauen entgegengenommen werden, weil die Türken wissen, daß man von ihnen nichts zu befürchten hat. Solchen werden Konzessionen und Privilegien viel leichter erteilt als Vertretern der Großmächte.

Da ich heute den Besuch meines Scheichs nicht erwarte, gehe ich mit dem Dolmetscher spazieren und äußere den Verdacht, daß man beabsichtige, mich zum Islam zu bekehren, was für mich ein Beweis sei, daß man mein Vorhaben ganz und gar nicht verstanden habe. In diesem Zusammenhang frage ich ihn, welche Formalitäten mit einem Übertritt verbunden seien. - Ab und zu liest man ja in den Zeitungen, daß Christen sich zum Islam bekehrt haben. - Er antwortet: »Früher war die Bekehrung eines Ungläubigen, zum Beispiel eines Christen zum Islam, eine Begebenheit, die mit feierlichen Zeremonien verbunden war. Der Bekehrte wandte sich zuerst an einen Hodscha, der seine Glaubensüberzeugung prüfte. Dann wurde er zu einem Priester seiner bisherigen Glaubensgemeinschaft geschickt. 24 Stunden mußte er mit diesem, der durch alle Gewalt ihn von seinem Vorsatz abzubringen suchte, unter vier Augen verbringen. Gelang dies dem Priester nicht, so stellte nun die türkische Obrigkeit Untersuchungen über die Privatverhältnisse des Betreffenden an, um herauszufinden, ob sein Vorsatz materielle Gründe habe, das heißt ob Geldinteressen vorlägen oder erotische Zuneigung zu einem der Kinder des Islam. Konnte wirkliche Überzeugung festgestellt werden, so nahm man ihn als Gemeindemitglied bei einer Moschee an und trug seinen Namen in die Listen ein, während er gleichzeitig aus denen der anderen Glaubensgemeinschaft gestrichen wurde. War es ein Mann, so hatte er sich außerdem der Operation der Beschneidung zu unterziehen, die ziemlich schmerzhaft und gefährlich für Erwachsene sein kann. Da der Staat jetzt konfessionslos ist, findet ein Übertritt ohne jede Formalität statt.«

Ich frage, ob die Beschneidung eine geistliche Handlung sei, und in welchem Alter sie normalerweise stattfinde.

»Sie wird zwischen dem vierten und siebten Jahr vorgenommen und als eine Operation betrachtet, die ein Chirurg meistens in einer Klinik ausführt, allerdings im Beisein eines Geistlichen. Aber lange vor diesem weltlichen Akt findet eine geistliche Handlung mit dem Kinde statt.

Wenn die Kindesseele ihren ersten schwankenden Schritt auf dem Himmelskörper, der Erde, den sie jetzt bewohnen soll, macht und noch nicht recht wagt, auf eigenen Füßen zu stehen, das heißt sich als Sonderwesen - als Ich - von dem großen All loszulösen, wird das Kind zur Moschee gebracht. Hier werden seine ersten Schritte vom Stellvertreter Gottes geführt. Er spricht ein Gebet für das junge Menschenwesen und streut Gerstenkörner dahin, wo es zuerst hintreten soll. Dies hat eine tiefe Bedeutung. Im Gerstenkorn schlummern aufwärtsstrebende, geradlinige Kräfte, und etwas von diesen vertikalen Kräften, die von der Erde zur Sonne hinstreben, sollen sich dem furchtsamen Kinde mitteilen. Der Hodscha gießt seine eigenen okkulten Kräfte in diesen Akt hinein und läßt dann das Kind los, das jetzt seine ersten eigenen Schritte über das Rund der Erde macht.«

Der Dolmetscher macht hier eine Pause, um mir Gelegenheit zu geben, mich zu dem Gesagten zu äußern. Doch ich verhalte mich schweigend und denke darüber nach, wie man in Europa die Entwicklung des Kindes beschleunigt. Eine Mutter ist stolz, wenn ihr Kind die ersten Worte sprechen oder die ersten Schritte gehen kann, womöglich vor anderen Kindern. Im Orient ist es umgekehrt. Hier läßt man das Kind so lange wie möglich den Kontakt mit der geistigen Welt, aus der es hervorgegangen ist, beibehalten, ehe man es den Gewalten dieser Welt übergibt. Dadurch erhält es einen Grundstock von Widerstandskraft gegen das Irdische, die sich im späteren Leben leicht zur Devotion oder Gotteshingabe entwickeln kann.

Nun fährt der Dolmetscher fort: »Um die ersten Schritte nach dem Tode in der anderen Welt zu leiten, findet eine entsprechende Zeremonie statt. Sie wissen, daß bei uns der Leichnam in ein Leinentuch gewickelt wird. Der Sarg besteht aus unbemalten, roh zusammengenagelten Brettern. Auf den Schultern von vier Männern wird der Tote zu Grabe getragen. Hier nimmt man den Körper aus dem Sarg und bettet ihn in der Tiefe des Grabes unmittelbar in den Schoß der Mutter Erde. Und Erde wird auf den Toten geworfen. Denn was den physischen Körper betrifft, so gilt auch bei uns der Spruch: »Denn du bist Erde und sollst zu Erde werden!« Das ganze Gefolge verläßt nun das Grab, an dem der Hodscha allein zurückbleibt. Er betet, konzentriert sich auf den Verstorbenen, ruft ihn bei seinem Namen und spricht zu ihm: ›Jetzt wirst du vor deine zwei richtenden Engel gestellt, vor Myjakir und Nekir. Sie sind dir durch das Leben gefolgt und haben alles aufgezeichnet, was du Gutes und Schlechtes getan hast. Jetzt wird Rechenschaft von dir gefordert. Sei bereit zu antworten. Sage ihnen, was du in deinem jetzt abgeschlossenen Leben angestrebt hast. Sage ihnen, daß du ein gläubiger Anbeter Allahs warst und nach bestem Wissen versucht hast, die Vorschriften des heiligen Koran zu erfüllen. Bitte Gott um Barmherzigkeit für deine Übertretungen. Allah ist die Güte und Barmherzigkeit; er wird dich erhöhen!‹

117

Dreißig Tage nach der Beerdigung wird im Haus eine Zeremonie abgehalten, mit Gebet, Musik und Korangesang, an der außer den Angehörigen des Verstorbenen mehrere Moschee-Beamte teilnehmen. Diese Feier bezweckt, durch gemeinsames Gebet und gemeinsame Konzentration der Seele die Unterstützung und Kraft für ihren neuen Zustand zu geben, in dem sie sich jetzt befindet und worin ihre Schritte ebenso schwankend sind wie die des Kindes bei uns. Sie hat die Stütze nötig, die ihr nur hellsichtige Eingeweihte geben können.«

Dieselben Gedanken kennt man im Westen. Sir Oliver Lodge sagt irgendwo in seinen Schriften: »Ich fürchte den Tod nicht. Jedes Kind, das in diese Welt hineingeboren wird, sei es auch in der armseligsten Hütte, wird von liebenden und beschützenden Menschen empfangen. Deshalb bin ich davon überzeugt, daß jeder Mensch, der in das Jenseits hinübergeht, ebenfalls von geistigen Wesen empfangen wird, die ihn beschützen und verteidigen, bis er auf eigenen Füßen stehen kann!« Tod hier ist Geburt dort, wie Geburt hier dort Tod ist!

Schon am Abend kommt der Scheich mit seinem ganzen Gefolge von der Reise zurück und richtet sich wieder im Zimmer neben mir zum Schlafen ein. Wir sind dicht nebeneinander ganz allein in diesem Stockwerk. Nur wenige Schritte trennen ihn von Haus und Familie, und doch schläft er hier auf einfachem Lager am Boden, nur durch eine Wand von mir getrennt. Wahrscheinlich hat er eine bestimmte Absicht. Alle Okkultisten wissen, daß Menschen, die in denselben oder anstoßenden Räumen schlafen, im Schlaf einen seelischen Kontakt erreichen können, der sonst schwieriger möglich ist.

Achter Tag in der Tekke
Esoterik

Am Nachmittag werden der Dolmetscher und ich unten im Audienzzimmer empfangen, wo neben Tekke-Bewohnern auch der Sohn des Scheichs und ein fremder Hodscha anwesend sind. Beide sitzen mit gekreuzten Beinen dem alten Scheich gegenüber. Dieser hat kreuzbeinig seinen gewohnten Platz auf dem Diwan eingenommen. Neben ihm liegen eine feine Schnupftabaksdose und ein schwarzwollenes Taschentuch. Er war gerade im Begriff, eine Prise zu nehmen, als wir hereinkommen. Wir werden freundlich begrüßt und aufgefordert, neben dem Meister zu sitzen. Er beginnt das Gespräch, indem er mich fragt, ob ich etwas von den Freimaurern in Europa wisse. Man hat ihm gesagt, daß diese auch eine Art Tariqât, einen Einweihungsweg haben. Ich antworte ihm: Aus der umfangreichen Literatur über dieses Thema hätte ich den Eindruck gewonnen, daß das Freimaurerwesen ursprünglich eine Mysterienschule bildete, desgleichen einen Einweihungsweg mit Prüfungen und Übungen, den sie von den altägyptischen Mysterien übernommen hätten. »Nachdem diese von Ägypten vertrieben worden waren, hielten sie sich einige Jahrhunderte in Malta auf, wo neuere Ausgrabungen ägyptische Tempel und Einweihungsstätten ans Licht gebracht haben. Später nahmen die Ritter von Jerusalem, die nun Malteserritter genannt wurden, diese in sich auf, und aus dieser Verbindung haben sich die heutigen Freimaurer entwickelt. Aber heute besteht nur noch die äußere Form. In den Großstädten sollen sie bedeutende politische Macht haben. In den kleinen Ländern bilden sie eigentlich nur noch Wohltätigkeitsvereine.« Er sagt, daß es wie hier auch im Westen gute und böse Geheimgesellschaften geben soll. »Hier können wir immer die Guten von den Bösen unterscheiden, nach ihrem Verhalten zur Religion und zum Koran. Aber bei euch ist dieser Prüfstein nicht vorhanden. Wie verhaltet ihr euch zu dieser Frage?« Ich antworte: »Auf dem Wege des Herzens habe ich immer ein intuitives Gefühl dafür, ob die Menschen, mit denen ich zusammenkomme, dem guten oder bösen Element der Welt angehören. Dieser Prüfstein ist zuverlässig und genügt mir!«

Diese Antwort gefällt ihm sehr, da sie mein Urteil über seinen Orden mit einschließt. Fände ich denselben nicht gut, so hätte ich mich nicht so lange hier aufhalten können.

Er bringt mir einen Gruß von meinem Freund, dem Bey, den er gestern getroffen hat. Dieser habe ihm gesagt, daß ich gern an den Gebeten teilnehmen möchte. Dieses freue ihn sehr. Aber dann müßte ich bei allen fünf zugegen sein, auch beim ersten zwischen fünf und sechs Uhr morgens.

»Ich glaube«, sage ich, »der liebe Bey hat die Absicht, mich zu bekehren. Ich hatte ihm gegenüber den Wunsch ausgesprochen, an den Zikr-Übungen teilzunehmen. Das habe ich versucht, mit einem Resultat, das mich zur weiteren Teilnahme nicht ermutigt. Nach deinem eigenen Ausspruch ist das Zikr dazu bestimmt, die Seelen vom Körper zu lösen. Für die Völker des Orients ist diese Methode vorzüglich, da ihre Seelen locker sitzen. Für den Europäer eignet sie sich nicht, da er viel stärker an seinen Körper gebunden und tiefer in die Materie eingedrungen ist. Das Gesetz der Entwicklung – oder der Wille Gottes – bestimmt, daß alle Menschen gleich tief bis zum Grund in das Irdische eindringen sollen, wie es heute bei den europäischen Völkern der Fall ist, um, von irdischen Erfahrungen bereichert, sich wieder zur Vereinigung (Religion) mit Gott aufschwingen zu können. Infolgedessen sind die Übungen für die Völker des Westens nicht brauchbar, da sie auf ihrer jetzigen Stufe ein ganz irdisches Bewußtsein haben. Wenn die Völker des Orients ebenso tief in die Materie hineingedrungen sein werden, wie die des Westens es heute sind, werden die letzteren sich emporgehoben haben zu einer mehr persönlichen Bewußtseinsstufe, ebenso nahe dem Göttlichen jenseits des Schwerpunktes, wie heute die Orientalen diesseits, und bereichert von Erfahrungen, die sie ihrem tiefen Eindringen in die Materie verdanken. So ist das Gesetz vom Kreislauf des Geistes in der Materie, oder mit anderen Worten ausgedrückt: das menschliche Ich hat sich im Laufe der Zeiten zu seiner größten Vollkommenheit entwickelt und ist sich selbst im Fleische bewußt geworden, gerade dadurch, daß es bis in die Tiefen der Materie eingedrungen ist. Damit das Ich sich im Irdischen nicht verliere und davon ganz absorbiert werden solle, opferte sich der

Sonnengeist Christus und zeigte uns den Weg aufwärts, zur Wiedervereinigung mit Gott.

Mohammed, als letzter Prophet Gottes, erkannte dieses an und gab im Koran seine Moralgesetze und Vorschriften, damit die semitischen Völker durch Befolgung derselben allmählich zu demselben Ziel heranreifen können.«

Diese Anschauungen sind für meine Freunde nicht ohne weiteres annehmbar. Sie gehen immer von der Annahme aus, daß der Islam über allen anderen Religionen steht und niemals in einer anderen aufgehen wird. Denn der Prophet hat gesagt: »Bis zum Tage des Gerichts, solange die Erde besteht, werden die Menschen auf der Erde nach der Lehre des Islam leben.« Ich antworte, es sei nicht meine Absicht zu bekehren, sondern Klarheit in die prinzipiellen Fragen zu bringen, und schlage vor, das soeben von mir Gesagte im einzelnen näher zu besprechen.

Der alte Scheich hat Bedenken, sich in eine solche Diskussion einzulassen, und sagt, es nütze nichts, über religiöse Fragen logisch zu diskutieren, da sie Gefühlssache seien und es stets bleiben würden. Aber sein Sohn, der Scheich Ali, will sich gern näher darauf einlassen, läßt sich viele Folianten mit Koran-Kommentaren holen, und jetzt hebt eine Diskussion an, die mit einer urchristlichen Kirchenversammlung verglichen werden kann.

»Wir wollen uns zunächst über den Platz klar werden, den der Mensch unter den Geschöpfen des Universums einnimmt«, sagt der breitschultrige schwarzbärtige Mann. »In diesem Koran-Kommentar steht, daß Gott, nachdem er den Menschen geschaffen hatte, seinen Engeln in allen verschiedenen Hierarchien befahl, den Menschen zu preisen und anzubeten als das höchste Geschöpf Gottes. Alle mit Ausnahme von Iblis[*] folgten Gottes Gebot. Iblis wurde von Gott verstoßen und rächte sich, indem er den Menschen verführte, von dem Baum der Erkenntnis zu essen. Dadurch kam dieser von den Wegen ab, die ihm von Gott bestimmt waren. Seine Diener und Helfer in diesem Werk sind

---

[*] *Das heißt »Luzifer«.*

die »Dschinnen«, die Söhne von Dschan, der aus rauchgemischtem Feuer oder aus Dunklem geschaffen ist, ferner die Teufel, die Diener des Satans.

Die Engel sind von Gott - im Gegenteil zu den Dschinnen - aus rauchlosem Feuer oder vom Lichte geschaffen. Den Menschen hat Gott aus Erde erschaffen, dem Wesen nach zu seinem Ebenbild gebildet und ihm all seine Eigenschaften durch Einhauchen seines Geistes verliehen. Sieht der Mensch während seines Lebens dieses mit Verständnis ein, das heißt, widersteht er den Verführungen Iblis' und Satans, so steigt er höher und höher, der Wiedervereinigung mit Gott entgegen, kann sein Statthalter auf Erden werden und wird nach diesem Leben in die unmittelbare Nähe Gottes kommen. Gott hat den Menschen das lebendige, schaffende Wort geschenkt, durch das er über alle Engel emporsteigen kann, denn diese sind nur dazu geschaffen, die Diener und Angehörigen Gottes zu sein. Wenn die Christen Jesus ›das Wort Gottes‹ oder ›Logos‹ nennen, ist dieses nicht richtig. Jesus war ein großer Prophet und wurde von Mohammed auch als solcher anerkannt.«

Jetzt muß ich widersprechen und mache darauf aufmerksam, daß Mohammed im Koran Christus als die Seele Gottes bezeichnet hat. Und ich erwähne, daß der letzte große eingeweihte Lehrer des Westens, Rudolf Steiner, uns folgendes mitgeteilt habe: Jesus von Nazareth machte in seiner Heimat die Mysterienschule unter den Essäern durch, weilte dann als Meister unter den ägyptischen, persischen und indischen Eingeweihten und erreichte bei der Taufe im Jordan die höchste Stufe der Einweihung, indem er einen Teil des kosmischen Christusgeistes in seinen irdischen Körper aufnahm, was in der Bibel dadurch symbolisiert wird, daß eine weiße Taube vom Himmel sich auf ihn niederließ.

Hiervon wollen meine Freunde nichts wissen, aber sie gehen so weit mit, daß Jesus vom Christusgeist inspiriert wurde. Eine durch die ganze Menschheitsentwicklung aufwärtsstrebende Evolution wollen sie auch nicht anerkennen, da sie eine Ganzheit in der Menschheit und ihrer Geschichte nicht gelten lassen. Sie behaupten, wie immer auf den Koran gestützt, daß der Mensch nach dem Tode entweder bei Gott oder in der Hölle lebe, je nach dem Leben, das er hier auf Erden führte. Dort bleibe er bis zum Tage des Gerichts in »Verwahrung«, das heißt, er lebe als Geist auf derselben geistigen Stufe weiter, die er im Erdenleben innehatte, ohne die Möglichkeit, diese bis zum Tage des Gerichts ändern zu können.

»Wie wird es dann den armen Tieren ergehen?« frage ich und bekomme zur Antwort: »Ihre Seelen werden ebenfalls bis zum Tage des Gerichts aufbewahrt. Dann werden sie hervortreten und Zeugnis ablegen gegen die Menschen, die ihnen Böses angetan haben, so daß diese ihre wohlverdiente Strafe erhalten. Darauf werden alle Tiere von Gott vernichtet.«

»Ein trauriges Schicksal«, erwidere ich, »während der ganzen Evolution warten zu müssen, um sich zu rächen und dann vernichtet zu werden. Nein, mit meinem Wesen als Gottes Ebenbild ahne ich die Absicht des Höchsten. Eine kommende Evolutionsstufe oder die fünfte Inkarnation unserer Erde wird den Menschen zu der Bewußtseinsstufe emporheben, auf der die Engel jetzt stehen. Und gleichzeitig werden die Gruppenseelen der Tiere eine höhere Stufe erreichen.«

Da aber von alledem nichts im Koran steht, will man sich hierüber in keine Diskussion einlassen. Der Islam wird vom blinden Autoritätsglauben getragen. Um nicht durch eigenes freies Denken eine Verantwortung auf sich nehmen zu müssen, wird diese auf Mohammed und seinen Koran abgewälzt. Der große Prophet hat Rat für alles, er ist so herrlich menschlich. Man wird an Nietzsches »Menschliches, allzu Menschliches« erinnert. Alles Menschliche bei Mohammed, seine Ziele, seine Unternehmungen, sind mit Händen zu greifen. Alle Beziehungen in seinem Leben sind klar beleuchtet. Seine Familienverhältnisse sind derart, daß jeder Rechtgläubige sich mit ihnen verwandt fühlen kann. Man kennt genau seine Frauen und Kinder, seine Onkel und Vettern, ja selbst seine Freunde und Geschäftsteilnehmer. Es ist, als lebten sie alle noch unter uns, als könnte man sie jeden Augenblick auf der Straße treffen. In seinem Dasein gibt es nichts Unfaßbares. Alles, aber auch alles, ist so herrlich menschlich bei ihm. Wieviel schwieriger ist es für den Christen, seinen Gott zu verstehen, der auch in einem Menschen gelebt hat, aber trotzdem wahrer Gott war. Jede Anspielung auf die Dreifaltigkeit, jede tiefere christliche Mystik weisen die Muslime ab als über den menschlichen Verstand hinausgehend.

Die katholische Kirche hat in ihrer heiligen Jungfrau und in den vielen Heiligen ein menschliches Bindeglied mit der Gottheit, dem bei den Muslimen Mohammed und die späteren Heiligen des Islam entsprechen. Aber für die Christen, die die Vermittlung der Heiligen nicht anerkennen, ist eine gähnende Schlucht zwischen Mensch und Gott, solange er nicht den Gottesfunken, das heißt das Welten-Ich als »Christus in sich« gefunden hat. Ist dieser Funke erst gefunden, so kann er durch menschliche Kräfte zum Flammen gebracht werden. Die Diskussion endet damit, daß mir der Rat erteilt wird, fleißig am Gebet und an den Zikr-Übungen teilzunehmen. Dann würde das Verständnis, nach dem ich strebe, von selber in mir emporwachsen.

Es ist also wirklich ihre Absicht, mich zu bekehren. Sollte die Nachbarschaft des Scheichs während der Nacht damit in Verbindung stehen? Da ich meinen lieben Freund nicht vor den Kopf stoßen will, verspreche ich, am Morgen- und Abendgebet teilzunehmen, indem ich darum bitte, außerhalb des Kreises sitzen zu dürfen, da meine Beine es nicht aushalten können, jedesmal eine ganze Stunde lang als Sitzunterlage benutzt zu werden. Das wird mir eingeräumt, und man freut sich augenscheinlich auf meine baldige Bekehrung.

Ich begleite meinen Freund, den Dolmetscher, ein Stück des Weges, als er abends gehen will, um seine Meinung über das Gespräch zu hören. »Es nützt nichts«, sagt er, »zu einem Muslim von etwas zu sprechen, was nicht im Koran steht. Alles, was nicht in diesem heiligen Buch aufgezeichnet ist, betrachten wir als uns nicht angehend. Der Hodscha, der der Diskussion beiwohnte, hat folgenden Satz gesprochen: ›Ich weiß, die Wissenschaft behauptet, daß Kohle von den Wäldern der Urzeit herrührt; und daß dieses logisch klingt, muß ich zugeben. Aber trotzdem glaube ich es nicht, denn davon ist nichts in den von Gott inspirierten heiligen Büchern erwähnt, und der Prophet hat es auch nicht gesagt!‹ Ich übersetzte Ihnen diese Bemerkung nicht, weil ich wußte, daß Sie nichts damit anfangen könnten.«

Ich muß dem sonst so aufmerksamen und gerechten Mann Vorwürfe machen und ihm ans Herz legen, auch nicht die geringste Art von Zensur zu treiben, sondern loyal alles zu übersetzen, was in unseren Gesprächen vorkommt. »Solche Aussprüche«, sage ich, »sind im höchsten Grade wertvoll, weil sie dazu beitragen, ein Streiflicht über ein Bewußtseinsleben zu werfen, das dem europäischen ganz fern liegt und daher für den westlichen Menschen sehr schwer verständlich ist.«

Am Abend mache ich sowohl Zikr-Übungen wie Gebet mit.

Nachts ist an Ruhe nicht zu denken. Mein ehrwürdiger Nachbar aus den vorigen Nächten hat seinen Platz an seinen anatolischen Repräsentanten, den Hodscha mit den entwickelten okkulten Fähigkeiten, abgetreten. Dieser schläft nicht still und ruhig wie der Alte, sondern stört mich fortwährend durch Husten, Aufstoßen und Räuspern, sowie durch gewisse Laute aus dem kleinen Raum neben dem Samowar, wo es, wie der Bey sich ausdrückt, gilt, gut zielen zu können, um das Zentrum des Ablaufrohres zu treffen, durch welches die menschlichen Abfallprodukte in die unterirdischen Reiche geleitet werden.

Neunter Tag in der Tekke
Dschinnen – Träume – Beziehung zu den Toten – Reinkarnation

Ich nehme zum ersten Mal am Fünf-Uhr-Morgengebet teil. Mein Nachbar weckt zuerst die Bewohner der Tekke, die alle sieben auf dem Boden im unteren Audienzraum schlafen. Einer von ihnen geht sofort in den Garten und verkündet in Ermangelung des fehlenden Minaretts von dort aus durch Singen die Gebetsstunde, wie sonst die Muezzins es tun. Wir sind nur acht um den okkult stark entwickelten Hodscha, der von vielen als der Nachfolger des alten Scheichs angesehen wird. Nach dem Gebet, das in der gewohnten Art stattfindet, wird der stille Abu-Bekr-Zikr in zwei Abteilungen mit dazwischen eingeschobenen Korangesängen abgehalten.

Diese Übung muß von tiefem inneren Gehalt gewesen sein, nach der Wärme zu schließen, mit der sich die Teilnehmer nach ihrer Beendigung umarmen, und nach der großen Demut, mit der dem Hodscha die Hände geküßt werden.

Bei seinem Mittagsbesuch wird mein alter Freund und Meister von diesem Hodscha begleitet. Er trägt ein paar Rosen in der Hand und lächelt sehr freundlich, indem er sagt, wie er sich freue, daß ich am Abend- und Morgengebet teilgenommen hätte. Ich sollte nur damit fortfahren, dann würde die Einweihung von selbst kommen. Ich benutze seine gute Laune, um zu bitten, ihn mit den Tekke-Brüdern photographieren zu dürfen. »Das hätte ja am Freitag geschehen sollen«, sagt er, »aber ich habe vorgezogen, damit zu warten, um nicht die vielen Fanatiker, die anwesend waren, zu erregen. Im Koran steht, daß der Mensch sich nicht Bilder machen darf, die Schatten werfen.« Mir fallen unwillkürlich Peter Schlemihl* und andere Volkssagen ein, aus denen hervorgeht, daß Menschen, die nicht Schatten werfen, keine Seele haben. Nach dem Koran ist also das dreidimensionale Kunstwerk verboten. Daraus erklärt sich gewiß zum Teil die Verwüstung, die die muslimischen Eroberer an den byzantinischen Kunstwerken anrichteten.

»Aber«, fährt der Alte fort, »Photographien werfen ja keine Schatten und müssen also erlaubt sein. Doch hätte es zu weit geführt, wenn ich am Freitag die Unaufgeklärten unter den Besuchern darüber hätte belehren wollen. Deshalb unterließ ich es. Aber wenn du ein Bild von mir und meinen Kindern hier in der Tekke haben willst, darfst du es gern aufnehmen.« Er wird in den Audienzsaal gerufen, da vornehme Freunde ihm ihre Aufwartung machen wollen, und verläßt mich.

Der Hodscha bleibt allein zurück. Er hat vom Scheich ein Buch bekommen, worin anthroposophische Theorien erwähnt sind. Er fragt, ob ich die Aura sehen könne. Ich muß verneinen, füge aber hinzu, daß

---

* _Die Geschichte von dem armen jungen Mann, der seinen Schatten verkaufte und sich dafür ausgestoßen fand, trotz unermeßlichen Reichtums. Erzählt von Adalbert von Chamisso._

viele diese Fähigkeit haben. Weiter will er wissen, ob sie ebenso wie die Farben gesehen werden kann oder ob man sie nur mit dem inneren Blick wahrnimmt. (Es gibt nämlich im Arabischen zwei Wörter für Auge: Bazarr und Bazirett, das heißt äußeres und inneres Auge.) Ich antworte, daß in der Beschreibung von der Aura diese »Wahrnehmung« genannt wird. Sie hat nichts mit dem äußeren Gesicht zu tun und kann nur von denen gemacht werden, die »innere Augen« besitzen. Sie entspricht demselben Eindruck, welche die verschiedenen sichtbaren Farben in unserer Seele auslösen. Rot ruft in der Seele eine andere Stimmung hervor als Blau usw. Der Seher spricht über die verschiedenen Farben der Aura, indem er seinen Eindruck von den psychischen Ausstrahlungen eines Menschen mit den Eindrücken vergleicht, die die sichtbaren Farben in der Seele auslösen.

Der Hodscha erklärt jetzt, daß man auch im okkulten Wissen des Tariqâts von ähnlichen, nicht sichtbaren Farben rede, die den unsichtbaren Kraftzentren, die sich der Mensch auf dem Wege der Einweihung im eigenen Körper schaffe, entsprächen: »Diese Kraftzentren werden Fußspuren der Propheten genannt. Zu ihnen gehört Adams Fußspur oder das astrale Herz (Qalp). Es liegt dicht unter der linken Brustwarze des Menschen und ist von goldener Farbe. Unterhalb der rechten Brustwarze liegt die Seele (Rouch) oder Abrahams Fußspur, deren Farbe Rot ist. Das Heimliche (Zirr) oder Moses' Fußspur befindet sich links über der Brust und ist weiß. Das Verborgene (Hahfi) rechts darüber hat Schwarz als Farbe und wird Jesu Fußspur genannt. Und das Okkulte (Achfa), in der Mitte über den beiden letzteren, das grün ist, wird als die Fußspur Mohammeds bezeichnet. Das sind die fünf himmlischen Teile des Menschenwesens, die wir nicht kennen, die aber nach den Erklärungen Gottes an den Propheten Hizir so angegeben worden sind. Dieser hat Mohammed die mystische oder astrale Wissenschaft, die besonders im Naqshbandi-Orden geübt wird, offenbart.

Hizir soll zur Zeit Moses gelebt haben, der von ihm unterrichtet wurde. Später ist das okkulte Wissen an Abdul Halik Churvani übergegangen. Nach anderen Quellen dürfte es zweifelhaft sein, ob Hizir überhaupt auf der irdischen Ebene gelebt hat. Trotzdem soll er den ganzen

127

Sufismus des Islam inspiriert haben, das heißt sämtliche Derwisch- oder Tariqâts-Orden. Die übrigen fünf Elemente oder Sinne des Menschenwesens sind irdischer Art und geschaffen. Diese fünf Sinne bilden mit den genannten fünf übersinnlichen zusammen die zehn Elemente, aus denen das farblose Wesen, der Mensch, besteht. Das Ich hat ein Zentrum in der Stirn zwischen den Augenbrauen und ist grau.«

Nachmittags besuchte, mich der Bey, der sich mit dem alten Scheich und seinem Sohn in meinem Zimmer niederläßt. Nach dem gewohnten einleitenden Höflichkeitsaustausch lenke ich das Gespräch auf die gestrige Diskussion, die dem Bey erklärt wird. Ich füge hinzu, ich sei von dem Resultat wenig befriedigt gewesen. »Gott weiß«, sagt er, »wie Ihr Dolmetscher solche subtilen Fragen übersetzt hat! Sie müssen daran denken, daß das Verständnis der anderen von seiner Übersetzung abhing!« Ich erkläre ihm, daß wir vorher stets alles miteinander besprechen, so daß der Dolmetscher genau wisse, worum es sich handle. Man wird sich der Behauptung erinnern, die Völker des Westens seien tiefer als die Orientalen in die Materie eingedrungen und beherrschten deshalb in höherem Grad die Erde und ihre Kräfte. Es bestehe ein bedeutender Unterschied zwischen dem Bewußtsein des Ostens und Westens. Der Bey geht, wie es scheint, auf diese Ansicht ein. Er erklärt sie dem Scheich, der ihm geduldig zuhört. Nachdem er geendet hat, spricht der alte Weise: »Es läßt sich nicht bestreiten: Die Völker des Westens sind Herr der Erde und der Materie, im Gegensatz zu denen des Ostens. Aber als Gott dem Menschen befahl, sich die Erde zu unterwerfen, schwebte ihm mehr die geistige als die physische Kraft vor. Denn Gott ist selber Geist, und sind nicht im Osten die geistigen Kräfte stärker entwickelt als im Westen?«

Diese tiefsinnige Antwort veranlaßt mich, die anthroposophische Auffassung der Machtverteilung in den Menschenseelen zu skizzieren. Es ist leichter, mit diesen Menschen über solche Fragen zu sprechen, als mit den Wissenschaftlern des Westens, die Sklaven des toten Intelligenzdenkens sind. »Im Osten ist das Denken noch immer der Träger lebendiger Kräfte. Die dunkle erdgebundene Macht, die ihre Opfer tiefer und tiefer in die Materie hineindrängt, ist der Herr des Westens, Ahriman oder Satan genannt. Der andere große Menschheitsverführer Iblis oder Luzifer zwingt seine Anhänger vom Irdischen weg in Höhen hinauf, wo sie den Halt verlieren. In jedem Tariqât besteht die große Gefahr, daß Menschen, die den schmalen Weg wandern, leicht dem Menschlichen entrückt werden und in Sphären gelangen, worin die Seele ein traumhaftes, weltfremdes Dasein führt, wie dies oft in den orientalischen Einweihungsschulen der Fall ist. Das, worum es sich handelt, ist: zwischen den beiden verführenden Mächten das Gleichgewicht zu halten durch den Christusimpuls, der in jeder Menschenseele wohnt, seitdem der kosmische Christusgeist sich durch sein Opfer die Erde und ihre Bewohner als Wohnstätte auserkoren hat. In jeder Menschenseele kämpfen diese drei Mächte um die Herrschaft. Wir lassen uns durch Luzifer verführen, von dem Baum der Erkenntnis zu essen, wodurch uns die Intelligenz gegeben wurde und damit auch die Möglichkeit, auf dem Wege des Denkens zum Lebensbaum, zu Christus, emporzudringen - denn *Christus ist Luziferus verus*!, wie der Okkultismus sich ausdrückt. Das tote Intelligenzdenken gibt nur Erinnerungsbilder ohne Schatten. Indem wir zum Lebensbaum empordringen und seine Frucht in uns aufnehmen, bekommt das Denken Leben und Seele. Wir werden miterleben und selbst in dem leben, was wir denken. Sehen wir so einen Baum, ein Tier oder einen Menschen an, dann wird das Leben, werden die Kräfte, die sich in ihnen rühren, in uns selbst lebendig. Und wir kommen zum Verständnis, indem wir damit zusammenschmelzen. Die Dinge werden vor uns ›offenstehen‹, wir werden sie in unserer Seele als lebendige Bilder, als Bilder mit Schatten, miterleben. Es ist der Zweck jedes Tariqâts, jeder Einweihung, daß der Adept in sich die latenten Fähigkeiten entwickle, die von Gott in jedem Menschen niedergelegt sind, und dadurch seine wirkliche Aufgabe erfülle: Gottes Statthalter auf Erden zu werden. Nur indem wir das Licht und die Kräfte, mit denen die verführenden Mächte uns bereichert haben, durch Christus oder die Seele Gottes, wie der Prophet sagt, veredeln und läutern, können wir in richtiger Weise unsere Menschheitsaufgabe erfüllen und zu Gott zurückfinden.«

Die Diskussion führt jetzt hinüber auf den Unterschied, der im Koran zwischen den Machtgebieten Iblis' und des Satans gemacht wird. Man ist darüber einig, daß, während Satan keine Möglichkeit hat, erlöst zu werden, Iblis sich wieder Gott zuwenden könne.

Ich denke an die beiden symbolischen »Räuber«, die mit Christus zusammen auf dem Golgatha jeder Menschenseele gekreuzigt sind.

Die Diener Iblis' werden - wie schon sagt - Dschinnen genannt. Der Bey will dieses Wort als Synonym mit Platos Daimon erklären. Aber soviel ich verstehen kann, entspricht es eher dem Begriff Elementarwesen, das heißt Wesen, die noch nicht so weit gereift sind, daß sie sich in einem physischen Körper ausleben können.

Der Sohn des Scheichs, Ali, erzählt nun, daß er während einer Amtsreise nach dem Jemen dort einen Schmied traf, den er durch Händedruck begrüßte. Am folgenden Tag kam dieser zu ihm in die Tekke und beklagte sich darüber, daß seine Hand alle Kraft verloren habe und er nicht arbeiten könne. Sie wurde vom Arzt untersucht, doch er fand nichts Abnormales an ihr.

»Nachher fragte ich ihn aus und kam zu der Überzeugung, daß er Schwarze Magie benutzt hatte, um Dschinnen in seine Gewalt zu bekommen. Nach Anwendung hebräischer Beschwörungsformeln und vierzehntägigem Fasten in Zurückgezogenheit war er Herr über eine Schar von Dschinnen geworden, die ihm bei seiner Arbeit halfen. Ich zeigte ihm, daß er sich auf falschem Wege befand, und es gelang mir, ihn dem Tariqât zuzuführen, wo ich mich mit ihm in Herzenskontakt brachte. Nachts erlebte ich, daß verschiedenfarbige bissige Hunde miteinander kämpften, bis sie sich gegenseitig tot gebissen hatten. Nachher zeigten sich zwei Häuflein ganz kleiner schwarzer Männer, welche auch so lange miteinander kämpften, bis sie alle tot waren. Am nächsten Tag kam der Schmied in großer Erregung zu mir und rief: ›Gib mir meine Dschinnen wieder. Du hast sie mir genommen, ohne sie kann ich nichts anfangen. Du mußt sie mir zurückgeben!‹ - ›Betrachte deine kraftlose Hand‹, sagte ich, ›jetzt hat sie wieder ihre Kräfte erhalten. Versuche nur, und du wirst sehen, daß du sie jetzt ebensogut gebrauchen kannst wie vor deiner Besessenheit.‹ Und es zeigte sich, daß die Hand jetzt ihre Kräfte zurückbekommen hatte, ja sogar stärker war als vorher.«

Hier greift der Bey ein. »Sehen Sie doch«, sagt er zu mir, »über welch starke okkulte Kräfte diese Menschen verfügen! Der Alte, der eine fünfzigjährige Praxis als Lehrer und Leiter einer der bedeutendsten Brüderschaften hat, besitzt, wie Sie verstehen können, eine viel größere Gewalt als sein Sohn. Sie können alles, was Sie suchen, hier finden, aber Sie beschäftigen sich viel zu sehr mit Intelligenzarbeit. Wollen Sie Visionen oder Erlebnisse in höheren Welten erreichen, müssen Sie alles andere fallenlassen, sich nur meditativ in ihr eigenes Wesen versenken und stets das Bild Ihres Scheichs vor Augen haben, als sähen Sie seine Gestalt in einem Spiegel vor sich. Als eine Illustration zu dem, was ich meine, kann Ihnen die kleine Legende von Leila und Madschnun des bekannten Dichters Dschami dienen. Madschnun liebte Leila und versenkte sich in ihr Wesen, indem er immer ihr Bild vor seinen Augen trug. Dieses war so lieblich und erhaben, daß, als die wirkliche Leila ihn rief, er sie von sich wies, weil er nicht abgelenkt sein wollte in seinen erhabenen Gedanken über sie. So muß das Verhältnis des Adepten zu seinem Meister sein. Solange das Ihrige nicht diesen Grad erreicht hat, werden Sie keine übersinnlichen Erlebnisse haben. Denn nur in einem solchen Verhältnis kann der Scheich Ihnen seine Kräfte mitteilen. – Haben Sie denn hier gar nichts erlebt, auch nicht in Träumen?« fragt er.

»Doch, heute morgen hatte ich einen sehr merkwürdigen Traum!« antworte ich. »Ich sah mich selbst an einem großen Tisch, wo Sie neben mir saßen. Der alte Scheich präsidierte. Die anderen Gäste hatten sich schon erhoben. Auf der Tafel standen nur noch einige größere Flakons, mit einer goldenen Flüssigkeit gefüllt. Sie zeigten auf eines von diesen und sagten: ›Davon sollten Sie etwas nehmen!‹ – ›Was ist es?‹ fragte ich. ›Haschisch!‹ antworteten Sie. Aber ich wollte kein Betäubungsmittel nehmen und wies es ab.«

Jetzt sagt der Sohn des Scheichs, der ein großer Herzenskenner und Traumdeuter ist: »Ich merkte sofort, als ich Sie hier zum ersten Mal traf, daß Sie ein sorgenbeladenes Herz haben. Die Dinge dieser Welt ließen Ihnen keine Ruhe. Sie hatten keinen inneren Frieden. Als ich Sie einige Tage später wieder traf, war Ihr Herz leichter und Ihr Sinn heller.« Hierin muß ich ihm recht geben, denn es verhält sich wirklich so. »Sie beschäftigen sich viel zu sehr mit Gedankenarbeit«, fährt er fort. »Hören Sie doch damit auf, meditieren Sie über die Fragen, die Sie aufgegeben bekommen haben, und Sie werden bald verstehen, wie Ihr Traum gedeutet werden muß. Daß Sie als Europäer Betäubungsmittel abweisen, ist verständlich und lobenswert. Aber in Träumen muß alles anders verstanden werden als in der Wirklichkeit. Die goldene Flüssigkeit sind die inneren Sonnenstrahlen im Herzen. Zu diesen müssen Sie vordringen und durch ihre Hilfe die Sinne und das Gehirn betäuben, daß Sie nicht mehr vom äußeren Schein, sondern von der inneren Wirklichkeit erfüllt werden. Dazu trägt Gebet und Zikr bei. Seien Sie froh, daß Sie nur im Traum diese Betäubungsmittel von sich gewiesen haben. In der Wirklichkeit werden Sie dadurch vorwärtsschreiten.

Ich hatte auch heute morgen einen Traum. Ich saß in einer Versammlung von Gelehrten meinem Vater gegenüber, der aus einem großen Buch las. ›Gib mir das Buch!‹ bat ich ihn. Und als er es mir überreicht hatte, wußte ich, daß ich einen Schritt weiter in der Weisheit getan und mich meinem Vater genähert hatte.«

Nun berichtet auch der Bey seinen Morgentraum. Sonst erinnert er sich fast nie seiner Träume, aber der von heute hat einen großen Eindruck auf ihn gemacht. Er kam in ein Schlafzimmer, wo zwei Betten standen, jedes getrennt an einer Wand. In dem einen lag der Prophet, in dem anderen eine seiner Frauen. Der Prophet richtete sich im Bett empor und zeigte ihm sein scharfes braunes Gesicht mit dem schwarzen Bart, indem er ihm freundlich zunickte.

»Das ist ein bedeutungsvoller Traum!« ruft erregt der alte Scheich aus. »Den Propheten zu erblicken bedeutet, daß er unsere Taten billigt. Und ihn in seinem intimsten Familienleben zu sehen zeigt an, daß er dich als einen nahen Freund betrachtet.« Tief gerührt kniet der Bey vor dem Scheich und küßt seine Hände.

»Da wir gerade von Träumen sprechen«, sage ich, »sollten Sie auch den kennen, den ich nach meiner ersten Teilnahme an den Zikr-Übungen hatte.« Und ich berichte ihnen den schon früher erwähnten Traum, auf dessen Deutung sich auch jetzt keiner einläßt.

Um ein anderes Thema anzuschlagen, fragt mich der Bey: »Glauben Sie, daß okkult fortgeschrittene Menschen mit den Toten verkehren können?« »Ja«, sage ich.

»Dann werden Sie verstehen können, was der alte Scheich mir gestern erzählte, nachdem er drüben auf der asiatischen Seite das Grab eines verstorbenen Freundes und Schülers besucht und dort ein Gebet für ihn gesprochen hatte. Nach dem Gebet zeigte sich ihm die Frau des Verstorbenen, die im Grabe neben ihrem Gatten liegt, und bat: ›Kannst du mir nicht auch etwas geben?‹, worauf der Scheich auch ihr durch sein Gebet innere Stärke verlieh. Auch das Entgegengesetzte kann stattfinden. Die großen Heiligen, zum Beispiel jene, die in Eyüp beerdigt sind, zeigen sich oft denen, die sie dort aufsuchen, und geben den Lebenden von ihrer Kraft ab.«

»Ich bezweifle es nicht«, antworte ich, »aber um mit den Toten verkehren zu können, muß man eine höhere Stufe der Einweihung erreicht haben als die, auf der ich stehe. Mir würde solches vorläufig nur schaden.«

Wir kommen so dazu, über die sieben Stufen der Einweihung zu sprechen.

»Die vier ersten sind am schwersten zu erreichen«, sagt der alte Scheich, »denn während der Entwicklung in diesen vier Abschnitten mischen sich Satan und Iblis in die Erlebnisse des Adepten ein und suchen ihn irrezuleiten. Hat er nicht einen starken und erfahrenen Scheich, der ihn eher zurückhält als zu rasch fortschreiten läßt, so wird seine okkulte Entwicklung in eine verkehrte Bahn geleitet.

Der Repräsentant von Ostanatolien, der uns in diesen Tagen besucht hat, ist ein Mann, der sehr weit auf dem Wege der Einweihung vorgeschritten ist. Aber er besitzt noch nicht die Kraft, seine Schüler zurückzuhalten. Sie haben selbst gesehen, daß einer von diesen, der ihn begleitete, ein weißbärtiges Männlein, seinen physischen Körper während der Übungen nicht beherrschen konnte. Er wurde in eine Sphäre entrückt, die er zu betreten noch nicht reif genug ist, was an seinem Jammern und Heulen erkannt werden konnte. So etwas ist ein Fehler des Scheichs.«

Der Bey fügt hinzu und übersetzt dann: »Mit dem Scheich, den Sie gewählt haben, riskieren Sie so etwas nicht! Er ist eher zu vorsichtig und zurückhaltend.« Der alte Scheich erwidert: »Er hat recht, denn bei uns wirken wir nur durch das Herz. Man nennt uns die Herzensdiebe!« - »Das ist auch meine Erfahrung«, antworte ich, »aber statt des Herzens, das Sie einem nehmen, geben Sie ein klares Licht.« »Ja«, sagt er, »Licht aber kann nur durch Flammen entzündet werden. Leben ist erforderlich, damit Licht erstehen kann. Das ist der Unterschied in unserem Verhältnis zu den Lebenden und den Toten. Wir können den Toten nur helfen, auf der Stufe zu bleiben, die sie in ihrem irdischen Leben erreichten. Höher können wir sie nicht bringen. Sie bleiben in ihrem astral-ätherischen Dasein bis zum Tage des Gerichts, aber sie können durch das Werk, das sie dort üben, die Fehltritte ihres Lebens abbüßen und sich auf diese Weise Gott nähern.«

Ich antworte, daß ich ohne die Reinkarnation keinen Sinn im Dasein sehen könne. Nur dadurch lassen sich alle Rätsel erklären, und ich füge hinzu, daß diese Lehre zu allen Zeiten unter den höchsten Eingeweihten als die tiefe Wahrheit bekannt war, die den Menschen erst jetzt anvertraut werden durfte, weil sie vorher nicht reif waren, sie aufnehmen zu können, und fahre fort: »Eine von den wenigen Wahrheiten, die ich während meines vieljährigen Studiums des Spiritismus gefunden habe, ist die, welche sich stets durch die Medien in den sogenannten ›Mitteilungen von den Verstorbenen‹ wiederholt. Sie lautet: Im Jenseits gilt ein Gesetz, das den Geistern dort verbietet, unzweifelhafte Beweise ihrer Existenz nach dem Tode und eines fortgesetzten Daseins in neuen Inkarnationen zu geben. Jedesmal, wenn ein Spiritist bzw. ein Parapsychologe meint, eine unzweifelhafte, echte Kommunikation mit einem Geist nachgewiesen zu haben, wird es sich kurz nachher ergeben, daß dieselbe ebenfalls durch Behendigkeit betrügerischer Medien oder durch geschickte Taschenspieler erreicht werden kann. Daher ist es in unserer Zeit so hoffnungslos, sich mit diesem Thema zu beschäftigen, das jedoch vor allen anderen Studien die Zukunft für sich hat. Daher habe ich es aufgegeben und widme mich nun fruchtbarerer Arbeit.«

Die islamischen Gelehrten protestieren: Es sei im Koran nichts von Reinkarnation erwähnt, was eine abgehobene, durch die Inder übermittelte Lehre sei. Es bestehe zwar ein Tariqâtsorden, die Bektaschis, der die Seelenwanderung anerkenne, aber da sich nach ihrer Lehre die Menschenseelen abwechselnd in Tieren inkarnieren, könne man sich nicht mit solchen Lehren beschäftigen. »Uns«, sagt der alte Scheich, »hat keiner von den größten Heiligen jenseits des Grabes, mit denen wir hier in Verbindung kommen können, jemals mitgeteilt, daß die Reinkarnation Wahrheit sei. Wir müssen deshalb annehmen, daß diejenigen Orden oder Religionen, die die Reinkarnation anerkennen, sich auf Irrwegen befinden.« Er fragt nun, was ich über die Absichten des Tariqâts dächte. Ich antworte: »Es soll in einem Leben durch intensives seelisches Arbeiten das erreicht werden, was sonst erst die Frucht mehrerer Inkarnationen ist: die Erlösung, das heißt durch ›Tod vor dem Tode‹ schon in diesem Leben Bekanntschaft zu machen mit dem Dasein, das jenseits der Pforte des Todes gelebt wird. Oder die Bedeutung von Goethes ›Stirb und Werde‹* zu erfahren.«

Da das eben Gesagte eine Wiederholung vom Erdenleben in sich schließt, kann er es nicht anerkennen. Er sagt: »Die Menschen sind wie Blätter auf einem Baum, die sich stets erneuern und doch dem Betrachter immer als die früheren Blätter erscheinen. Es hieße an der Allmacht Gottes zweifeln, wenn man Gott nicht imstande glaubte, stets neue Seelen zu schaffen, die niedersteigen, in Menschenkörpern wohnen, um Gott dann ihre Lebenserfahrungen zurückzubringen. Indem der Mensch durch die Pforte des Todes geht, macht er eine Erfahrung, zu der die Engel nie gelangen können. Darin und durch seine freien Willenstaten übertrifft der Mensch die Wesen der unsichtbaren Reiche und kann ihr Gebieter werden.«

---

* *Und solang du das nicht hast,*
Dieses: Stirb und werde!
Bist du nur ein trüber Gast
Auf der dunklen Erde.

J. W. von Goethe, West-Östlicher Diwan

Später, als ich mit dem Bey allein bin, frage ich ihn, wie sich der »freie Wille« des Scheichs mit dem Fatalismus, der sonst eines der Kennzeichen des Islam sei, vereinigen lasse. »Hiervon wie von so vielem anderen hat man in Europa eine vollständig verkehrte Auffassung«, antwortet er. »Im Koran spricht Gott zum Menschen: Hilf mir und ich werde dir helfen. Oder: Handle und ich handle! Und wiederum: Gott hilft dem, der erwirbt! Das Wasser ist von Gott erschaffen, damit der Mensch es trinken kann. Aber der menschliche freie Wille bestimmt selbst, ob, wann und wo er trinken will. Daß das Wasser nicht getrunken würde, ist undenkbar. Innerhalb des Rahmens dieses Bildes befindet sich die menschliche Freiheit.«

Abends nehme ich wieder am Zikr teil. Die Übungen wirken jetzt anders als das vorige Mal. Indem ich die Augen schließe und mich dem Rhythmus hingebe, habe ich den bestimmten Eindruck, daß ich das Bewußtsein verlieren könnte, wenn ich wollte - aber ich wollte nicht.

Zehnter Tag in der Tekke
Musik - Ost und West - Bücher - Empfehlungsschreiben

Von seinem Sohn und ein paar Tekke-Brüdern begleitet, macht mir der Scheich seinen täglichen Besuch und leitet das Gespräch ein, indem er sich durch den Dolmetscher über mein Befinden nach den gestrigen Zikr-Übungen erkundigt. Er will auch wissen, ob diese auf mein Gefühlsleben eingewirkt haben. »Wenn du es auch selbst nicht gemerkt haben solltest, so kann ich dir sagen, daß in der Zeit deines Hierseins eine große Veränderung mit dir vorgegangen ist. Was ich vermag, will ich tun, damit dieselbe in der richtigen Weise weitergeführt werde. Die vielen hochentwickelten Okkultisten, die die Tekke während deines Aufenthaltes besuchten, haben ihre Kräfte und Gaben mit den meinen vereinigt und Gott angefleht, dir Kraft und Mut zu verleihen zu dem großen Werk, das du begonnen hast, Orient und Okzident in gegenseitiger Freundschaft und gegenseitigem Verständnis zu vereinigen.

Man kann das jetzige Verhältnis zwischen Osten und Westen mit einem der alltäglichen Vorgänge bei einem Pferdehandel vergleichen. Jede Partei behauptet, daß sie recht habe, während das Pferd selber, das hier die Wahrheit symbolisiert, schweigt und die Parteien streiten läßt!«

»Anstatt wie bisher stehen zu bleiben, nur um zu streiten und zu prozessieren«, antworte ich, »müssen wir das Pferd vor den Wagen spannen, damit wir beide vorwärts kommen können.« Er sagt lächelnd: »Du verstehst die orientalische Bildersprache, was für einen Europäer selten ist«, und er fährt in seinem Bilde fort: »Welche Belege benutzen nun die Parteien in diesem Prozeß? Wir zeigen auf den Koran, der vom Okzident nicht anerkannt wird, für uns aber alle Wahrheit enthält. Doch solange keiner vom Westen unsere Argumente unvoreingenommen prüfen will, sondern sie nur abweist, können wir nicht weiterkommen. Was uns fehlt, sind lebende Zeugen aus dem Westen, die sich selbst von dem Geist, der unter uns herrscht, überzeugt haben und ihn miterleben. Du bist der erste, der mit diesem Ziel vor Augen das Opfer gebracht hat, mit uns in unserer einfachen Weise zu leben. Du opfertest deinen Komfort dem Suchen nach Wahrheit. In einem Koranvers steht: ›Einer kann für Tausende gelten‹. Du mußt der Eine werden, der von hier in die Welt hinauszieht als unser Zeuge und dort die Tausende für eine kommende Verbrüderung zwischen Osten und Westen gewinnt. Ich ernenne dich zu meinem Kalifen für den Westen und fühle, daß sich dadurch der Traum erfüllt, den ich vor 57 Jahren hatte und den ich dir schon erzählt habe.«

Ich danke ihm gerührt und antworte, daß seine Zuversicht mir die Stütze gäbe, die mich für die große Aufgabe stärken könne. »Das Opfer des äußeren Komforts wird reichlich aufgewogen durch den inneren Komfort, den ich hier finde. Der Drang in mir ist stets darauf gerichtet gewesen, Frieden und innere Harmonie zu erreichen, selbst auf Kosten alles Äußeren. Und in dieser Bestrebung bin ich hier ein gutes Stück weitergekommen. Es ist mein Plan, mit einigen Gleichgesinnten auf dem hier Erreichten weiterzubauen, indem ich die islamischen Zentren zu besuchen gedenke, von wo aus ich auf Hilfe für ein solches Werk rechnen kann.« Ich bitte den alten Scheich, mir ein Empfehlungsschreiben an meine neuen Kollegen, seine Repräsentanten in anderen Ländern und Städte, mitzugeben, was er bereitwilligst verspricht.

»Voriges Jahr«, erzählt er, »schickte ich einen meiner Schüler, den, der am Freitag den Korangesang so schön intonierte, mit Brief und Gruß nach Bosnien. Er blieb lange Zeit dort und wirkte so erfolgreich, daß unser Orden jetzt mehrere tausend Brüder dort zählt. Ich freue mich, von dir zu hören, daß auch anderswo in Europa die Lehre des Islam blüht und gedeiht. In der Nähe von Paris gibt es eine Sufischule, die großen Zulauf von Fremden hat. Der Islam macht keine Propaganda, aber er ist doch die Religion, zu der sich die meisten Menschen bekehren.«

Ich wiederhole, daß es sich meiner Ansicht nach nicht darum handle, Menschen von einer Religion zu einer anderen zu bekehren, sondern zu lehren, daß die Religionen nur verschiedene Aspekte derselben Wahrheit sind. »Wir müssen so weit kommen, die Religion nur als Werkzeug der Wiedervereinigung mit Gott aufzufassen und sie nicht als das Wesentliche zu betrachten. Als Werkzeug lassen sich alle Religionen gleich gut benutzen, denn sie sind eben alle Mittel zum Zweck und nicht Selbstzweck. Gelangen wir mit ihrer Hilfe zu der wirklichen lebendigen Verbindung mit Gott, so werden wir einander bald verstehen lernen, denn dann wirkt Gott in uns und nicht mehr Satan. Gott vereinigt, Satan trennt. Die verschiedenen Religionsausübungen, wodurch die Menschen jetzt getrennt werden, sind eher das Werk des Satans als Gottes.«

Die anderen Besucher gehen hinaus, um über diese Fragen in Koran-Kommentaren nachzulesen. Als ich mit dem alten Scheich allein bin, bitte ich ihn um ein Herz-Zikr. Mit seinem freundlichen Lächeln dreht er sich zu mir, und wir sitzen längere Zeit stark konzentriert mit geschlossenen Augen einander gegenüber. Ab und zu haucht er über mich. Ich fühle einen großen Frieden sich über mein Wesen senken und bin von der Kraft und Schönheit dieser Zikr-Form überzeugt.

Als die anderen zurückgekommen sind, wiederhole ich die Bitte von neulich, den Scheich und die übrigen Tekke-Bewohner photographieren zu dürfen. Der Meister weiß, daß zwei seiner Adepten Bedenken dagegen hegen würden, da sie einen Gegensatz zu den Vorschriften des Korans darin erblicken. Er schickt diese zwei in die Stadt und ich gehe ans Werk.

Am Nachmittag mache ich mit dem Dolmetscher und einem jungen deutschen Künstler einen Besuch bei meinem früher erwähnten Freund, dem Scheich der Bedewi. Dieser äußerst kultivierte Mann, ein direkter Nachkomme des Propheten, der somit zu den vornehmsten Aristokraten des Islam gehört, empfängt uns in seinem Arbeitsraum, der ganz europäisch eingerichtet und mit Büchern angefüllt ist. Er sitzt mit gekreuzten Beinen auf einem breiten Diwan vor dem Eckfenster. Dieses hat eine herrliche Aussicht über die Gärten und Felder der Tekke nach den malerischen Ruinen der alten byzantinischen Stadtmauern.

Er freut sich, mich wiederzusehen, streichelt mir die Wangen und sagt durch den Dolmetscher, daß wir einen Kontakt von Herz zu Herz miteinander haben. »Jetzt sind wir auch wirklich Brüder«, antworte ich, »denn auch ich bin Derwisch geworden!« – »Das bist du nicht geworden, sondern das bist du immer gewesen!« erwidert er. Wie immer hat er viele Anekdoten von mehr oder weniger tiefer Bedeutung bereit. Wir beginnen das Gespräch damit, vom Ansehen des Islam im Ausland zu reden. »Diejenigen«, sagt er, »die der Sache des Islam am meisten schaden, sind die, die Propaganda dafür machen. So ist es heute, und so war es immer. Einmal vor langer Zeit reisten zwei Muslime in Syrien und kamen zu einem jüdischen Städtchen. Es war zur Zeit des Abendgebets, und der eine wollte es ausrufen wie ein Muezzin. Der andere riet ihm zuerst davon ab, ließ ihn aber dann gewähren. Nachdem sie gesungen und gebetet hatten, kam ein reicher Jude aus seinem Haus und lud sie an seinen reich gedeckten Tisch ein, wo er ihnen die leckersten Gerichte vorsetzte. Beim Abschied gab er ihnen reiche Geschenke mit auf den Weg. Verwundert fragten sie, warum sie mit soviel Güte überschüttet würden. Er antwortete: ›Ich habe eine Tochter. Sie ist mein teuerstes Kleinod, mein Augapfel, tugendhaft, begabt, und mit einer herrlichen Stimme ausgerüstet. Ihr Gesang gleicht dem der Engel. Sie liebte einen Moslem und wollte zu meiner großen Trauer die Lehre des Islam annehmen, um den Mann heiraten zu können. Heute nun hat sie zum ersten Mal gehört, wie die Muslime singen und ist von ihrem Entschluß abgekommen. Darum bin ich euch so dankbar.‹«

Ich frage ihn, welche Werke des arabischen Okkultismus er für die wertvollsten und am besten geeigneten halte, um den Leser mit der Esoterik des Islam vertraut zu machen. Er verweist mich auf etwa 500 Schriften von Muhaeddin-el-Arabi, wovon die meisten jedoch nur in Handschriften existieren. Von diesen hält er *Futuhad Al Mekki* (Die Offenbarung von Mekka) und *Fusus Al Hikam* für die wertvollsten. Es freut ihn, zu erfahren, daß ich schon das erstgenannte seltene, acht Foliobände starke Werk nach Europa gebracht habe, wo man auf meine Veranlassung mit der Übersetzung beschäftigt sei. *Fusus Al Hikam* sei das zweite, ganz kleine Werk El Arabis über seine hellsichtigen Beobachtungen auf anderen Ebenen. »Es ist in seiner Konzentriertheit so schwer zu verstehen, daß selbst unsereiner es nicht ohne Kommentar lesen kann. Sie müssen daher unbedingt solche Kommentare mit anschaffen.« Ich antworte, daß gerade dieses Werk von größtem Interesse sein werde. »Man wird Gelegenheit haben, seine okkulten Beobachtungen mit denen des berühmten schwedischen Sehers Swedenborg zu vergleichen, der in seinem Werk dieselben übersinnlichen Erfahrungen behandelt hat.« Weiter sagt mein Freund: »Ich habe soeben ein sehr interessantes Büchlein gelesen: *Fetje-ja* von Muhaeddin Ladik, das Mathematik und Astronomie behandelt. Die Farben werden darin mit den kosmischen Sternkonstellationen in Verbindung gebracht; sie wirken auf den Sinn der Menschenseele als Musik ein. Der Verfasser lebte zur Zeit Sultan Bayezids und sagt, daß in längst vergangenen Zeiten Farben und Musik als Heilmittel bei gewissen Geisteskrankheiten Verwendung fanden. Wird in Europa mit solchen Dingen experimentiert?«

Der deutsche Künstler ist Musiker. Sein intelligentes, offenes Gesicht hat meinem sensitiven Freund sofort gesagt, daß sein Träger ein vielseitig begabter Mensch sein müsse, und er bittet diesen um seine Meinung. Er antwortet: »In der neuen Wissenschaft, die von der freien anthroposophischen Hochschule in Dornach ausgeht, findet man Anweisungen zur Anwendung sowohl von Tönen als auch von Farben als Heilmittel für medizinische Zwecke, wovon die Ärzte sich viel versprechen.« »Ja«, sagt der Scheich, »es ist immer so gewesen. Der Westen holt sich Ideen von der alten inspirierten Weisheit des Ostens*, setzt sie ins Praktische um und gibt sie unseren modernen Imitatoren zurück. Denn leider haben wir jetzt auf allen Gebieten bei uns nur die Nachahmung. – Falls Sie als Musiker den Konzerten des Konservatoriums während des Ramadans im französischen Theater beigewohnt haben, so ist Ihnen sicher nicht entgangen, daß wir auch auf diesem Gebiet anfangen, den Westen zu kopieren, obwohl wir doch gerade hier Eigenes geben könnten. Auf mich wirkte jene Musik wie auf jenes junge Mädchen: Ich mußte davonlaufen!«

Der deutsche Künstler hat auch diese Konzerte gehört und bittet den Scheich, sich über orientalische Musik zu äußern:

»Man kann unsere Musik ›Intuitionsmusik‹ nennen,« sagt dieser. »Am deutlichsten spürt man das im Orchester. Dem einzelnen Musiker ist da erlaubt, Töne und ganze Passagen einzufügen, die sich ursprünglich nicht in dem Stück finden. Die Intuition der anderen Mitspielenden sagt ihnen sofort, wie sie dazu begleiten müssen. Das Zusammenspiel ist wie ein gemeinsames Herz der Musiker und vermittelt jedem das Verständnis, das er nötig hat, um den Absichten eines einzelnen zu folgen.«

Es ist wie beim Zikr, denke ich, wo von den Kräften der Teilnehmer eine Art Wesen, wie eine Gruppenseele, aufgebaut wird und sich wieder auf jeden einzelnen niedersenkt.

»Doch was die Kunst als solche betrifft« fuhr der Scheich fort, »sei es Musik oder Architektur, so halte ich dafür, daß nur Sätze vorhanden sind, die, oft mit großem Aufwand begonnen, sich aber bald in ein Nichts verlieren. Im Koran heißt es: ›Wenn der jüngste Tag anbricht, wird die Sonne nicht mehr von Osten kommen, sondern ihr Licht vom Westen über die Erde verbreiten.‹ Damit ist selbstverständlich das geisti-

---

* *Was in diesem Falle natürlich nicht zutrifft.*

141

ge Licht gemeint, das schon jetzt vom Westen ausgeht und im Osten zurückgestrahlt wird.«

Ich sehe mich zu einer Entgegnung veranlaßt: »Es wäre der Welt besser gedient, wenn man sich im Orient an das Alte halten wollte, anstatt zu imitieren. Denken Sie, welche Fülle von Reichtum in den alten arabischen Literaturen - der altindischen nicht zu gedenken - zu finden ist. Es müßte sich doch eine Strömung hier ins Leben rufen lassen, die diese alten überlieferten Weisheiten wieder als Studium aufnähme. Dieses würde dazu helfen, den echten Geist des Orients der Welt zu erhalten und diesen durch den Impuls des Westens zu vertiefen und zu veredeln.«

»Dazu fehlt es uns«, sagt der Scheich traurig, »an Universitäten, Lehrern und an Geld!«

Wir kommen nun auf den ökonomischen Druck zu sprechen, der auf jedermann hier lastet und der jede Initiative hemmt. Der Bey hat einen nahen Freund. Dieser ist zweimal Minister gewesen, einmal Großwesir und dreimal Gesandter im Ausland, dazu vier Jahre kommandierender General. Dieser erhält heute eine monatliche Pension von fünf und ein halb englischen Pfund. Dieser Mann fristet dasselbe traurige Schicksal wie viele andere seiner früheren Kollegen, die nur knapp zu essen haben, in baufälligen Häusern wohnen und sich nur dürftig kleiden können. Der Scheich ist vor kurzem in Ankara gewesen, um die ökonomischen Verhältnisse seiner Tekke mit der Regierung zu ordnen. Man hat dort soviel Gefallen an seiner Persönlichkeit gefunden, daß man ihn zum Deputierten ernennen wollte. - Die Parlamentsmitglieder werden hier wie in Rußland durch Empfehlung der Regierung gewählt. Die Abstimmung zeigt nur, in wie hohem oder niedrigem Grade das Volk den Geschmack der Regierung teilt. - Man nahm in Ankara die abschlägige Antwort des Scheichs sehr ungnädig auf, weil er erklärte, er könne den Dienst Allahs nicht vereinen mit einer Stellung im Dienst des modernen Parlamentarismus.

»Aber es ist schwer«, sagt er, »in unserer Zeit eine einbringende Stelle abzuschlagen, wenn man viele Kinder und ein paar Frauen zu versorgen hat.

Später ist es immer leicht, seine Dummheiten zu bereuen, wenn man sie erst begangen hat! Das erinnert mich an den Mann, der gehört hatte, wer sich als erster beim Morgengrauen in die Hagia Sofia begebe, dem erscheine dort der Prophet Hizir. Er machte sich wieder und wieder auf den Weg, doch stets kam ihm ein anderer zuvor. Mit diesem ließ er sich eines Morgens in ein Gespräch ein. Der fragte ihn, ob er verheiratet sei. - ›Ja!‹ - ›Wieviel Frauen?‹ - ›Eine!‹ - ›Dann kennst du die Welt noch nicht. Du mußt dir zwei Frauen halten, ehe du überhaupt mitreden kannst!‹ Da er gerade eine starke Neigung für eine andere Frau hatte, folgte er dem Rat und heiratete auch sie. - Und nun dauerte es gar nicht lange, so kam er am Morgen wirklich zuerst in der Sophien-Moschee an. Hier traf er den Freund, der ihm den guten Rat gegeben hatte. Als dieser hörte, daß er mit beiden Frauen in einem Haus wohnte, lachte er ihn aus und sagte: ›So tat auch ich eine Zeitlang, damals, wo ich stets hier als erster zu finden war. Mach es so, wie ich es jetzt eingerichtet habe. Eine meiner Frauen lebt am Beyazid-Platz, die zweite unten am anderen Ende der Stadt beim Bahnhof. Ich selber wohne auf halbem Wege, nahe dieser Moschee, und gehe schnell im Vorübergehen hinein, wenn ich auf dem Heimweg von einer meiner Frauen bin!‹«

Nach dieser Anspielung auf sein häusliches Glück glaube ich, den Scheich gewissermaßen trösten zu müssen, und lobe seinen Sohn. Obgleich der Junge nur etwa zehn Jahre alt ist, dreht er sich bei der Zeremonie des Wirbelns ebenso geschickt und ausdauernd wie die alten Derwische.

»Ja«, sagt der Scheich, »mit den Kindern ist es wie mit der Religion. Will man die Liebe eines Kindes gewinnen, so fängt man damit an, ihm Leckereien und Spielzeuge zu geben! Hat man erst seine Zuneigung gewonnen, so kann die Erziehung beginnen. Die äußere Form, die die Religion in den verschiedenen Tariqâten annimmt, ist wie Naschwerk, das man den Ausübenden anbietet, die dadurch die vielbegehrten Visionen und Entrückungen erreichen. Hat man sie erst so weit, so fängt die eigentliche Arbeit des Erziehens an. Und dazu muß, was Kinder betrifft, zugegeben werden, daß Frauen eine gute Stütze

143

sein können. Wäre es nicht der Kinder wegen, so täten gewiß viele Ehemänner wie einer meiner Freunde, ein reicher Pascha, der die älteste seiner beiden Frauen verstieß.

Nachher bereute er es jedoch. Und als eines Tages ein Bektaschi-Bruder vorbeikam, lud er ihn in sein Haus ein, bewirtete ihn und bat ihn dann um einen kleinen Gegendienst, nämlich den, sich mit seiner geschiedenen Frau zu verheiraten. Das Scheidungsgesetz schreibt vor, daß, um sich wieder mit seiner eigenen geschiedenen Frau verheiraten zu können, diese in der Zwischenzeit wieder verheiratet und geschieden sein muß. Der Derwisch, dessen Orden von Jugend auf ein asketisches Leben vorschreibt, kannte kaum den Unterschied zwischen Mann und Frau, wollte gern seinem liebenswürdigen Wirt helfen und fragte, wer von beiden Veranlassung zur Scheidung gegeben hätte. Als er erfuhr, daß die Frau es war, sagte er: ›So ist es wohl die Absicht Allahs, daß ich dich und nicht die sündhafte Frau heirate!‹«

Ehe wir Abschied nehmen, erzähle ich von meiner Absicht, eine Orientreise zu machen, um Verbindungen anzuknüpfen, die dazu dienen können, ein freundschaftliches Verhältnis zwischen Osten und Westen aufzubauen. Ich bitte den Scheich um einen Brief an seine Ordensbrüder, von denen Hunderttausende über die Reiche des Islam verteilt sind. Er gibt ihn mir bereitwillig, nachdem er ihn genau durchgedacht und aufgezeichnet hat.

Ein solcher arabischer Brief ist wie ein Kunstwerk, sowohl nach Form wie nach Inhalt. Er lautet:

»Im Namen des allweisen barmherzigen Gottes! Gepriesen sei Gott! Gott hat den Menschen Aufklärung gegeben über alles, was er weiß. Gepriesen und verehrt sei Mohammed als der beste und edelste aller Menschen, der zur Welt gekommen ist mit Wahrheit, Mut und der Fähigkeit, Gott zu loben. Gepriesen und verehrt seien alle Nachkommen des Propheten, seine Apostel und alle Menschen. Nach diesem Gebet bitte ich meine Brüder im Islam und im Tariqât, die diesen Brief zu sehen bekommen, seinen Besitzer zu empfangen und ihm zu helfen. Denn Gott sagt in seinem Buche: Derjenige, der Gottes Stimme hört, wird belohnt. Gott kennt die Wegweiser und die, die Menschen vorwärts führen. Verehrt seien alle, die der Wahrheit gehorchen. Geschrieben im Jahr 1343 im Monat des Yschewoll. Ich, der Unterzeichnete, demütige, arme, bescheidene Diener Gottes, als Scheich der Bedewi-Orden, zu dessen Tekke in Stambul. (Name)

Elfter Tag in der Tekke
Freitagsgebet – Besuch der drei Professoren –
Okkulte Evolution

Schon wieder ist der heilige Freitag da. Ich nehme am Frühgebet teil. An Stelle des gewöhnlichen Zikr werden heute Gebete hergesagt, und zwar haufenweise. Jeder Teilnehmer, der mit gekreuzten Beinen am Boden hockt, erhält zwei mal zehn weiße pyramidenförmige Steinchen. Zehn behält er in der rechten Hand, zehn legt er vor sich auf den Boden. Nach jedem vollendeten Gebet tut er einen Stein in die linke. Nach zehn Gebeten ist die rechte Hand leer, und von den Steinen am Boden wird einer abseits gelegt. Dann wandern wieder, den Gebeten entsprechend, die zehn Steine aus der linken Hand hinüber und ein zweiter Stein vom Haufen auf dem Boden wird zum ersten, der abseits liegt, getan. Das wiederholt sich im Ganzen zehnmal, also nachdem 100 Gebete gesprochen sind. So wird fortgefahren, bis jeder Teilnehmer 300 Gebete hergesagt hat. Wenn sie fertig sind, wendet sich der Hodscha, der präsidiert hat, eine Weile zu jedem der Teilnehmer hin, betet für ihn, indem er das Herz-Zikr ausübt und haucht ihn schließlich an. Damit ist die Morgenandacht zu Ende. Ich schlüpfe wieder unter mein Moskitonetz, das mich durch sorgfältiges Ausbreiten in den letzten Nächten vor unangenehmem Besuch bewahrt hat. Der Hodscha neben mir im Zimmer singt eine Zeitlang Koransprüche in der frühen Morgenstunde, ehe er sich wieder hinlegt.

Kaum habe ich meine primitive Morgentoilette vollendet, so wird um halb zehn Uhr Besuch gemeldet. Es sind drei Universitätsprofessoren: Der Dekan der juristischen Fakultät, der Professor für Mathematik und ein Gymnasialvorsteher – ein vorzüglicher Kenner altarabischer Literatur. Der Jurist, der von früher her mein Freund ist, hat mich schon einmal vergeblich in der Tekke aufgesucht und nun die frühe Morgenstunde genutzt, um mich sicher zu treffen. Der Mathematiker und zwei seiner Kollegen, Professoren für Psychologie und Religionsgeschichte, sind als Mitglieder des neugebildeten Komitees für parapsychologische Forschung gewählt worden, das von hier aus mit den anderen europäischen Komitees zusammenarbeiten will in der großen Aufklärungsarbeit, die von der Zukunft gefordert wird auf diesem wichtigsten Gebiet aller Wissenschaften. Ihre Bedeutung sieht man hier ein, weil man im Osten einen näheren Kontakt mit der unsichtbaren Welt hat, bzw. der vierten Dimension, wie der Mathematiker sie bezeichnet. Er sagt: »Ebenso wie die zweite Dimension ein Schatten- oder Spiegelbild der dritten ist, ohne mit derselben in andere Berührung zu kommen als ein Spiegelbild mit der entsprechenden Wirklichkeit, so ist die dritte Dimension, in der wir leben, ein Spiegelbild der vierten, die von uns nicht in einem höheren Grad erfaßt werden kann, als das zweidimensionale Spiegelbild unsere Welt erfaßt. Ließe es sich machen, so müßte der Schatten eines Gegenstandes der zweiten Dimension uns einen Begriff von der ersten geben.«

Die drei Herren beglückwünschen mich zu dem Opfer, das ich im Dienst der Wahrheit bringe, indem ich in einer primitiven Klosterzelle lebe und mir die Güter des Lebens versage. Ich antworte: »Wenn mein Opfer dazu führen kann, daß mehrere Parapsychologen es ebenso machen, bin ich befriedigt. Statt wie heute mit Medien zu experimentieren, die gewiß atavistische Fähigkeiten besitzen, sollten sie an sich selber Experimente vornehmen, um dadurch zur Wahrheitserkenntnis zu kommen. Es müssen die eigenen latenten seelischen Kräfte auf dem Wege entwickelt werden, der von der modernen Geisteswissenschaft vorgezeichnet wurde und der der einzige ist, der sich für den Menschen des Westens eignet, um dadurch in höheren Welten bewußt miterleben zu können.

Dann wird ein jeder für sich erfahren können, daß das Leben hier nur ein Ausschnitt des kontinuierlichen kosmischen Lebens ist, zu dem wir mit all den höheren, einstweilen okkulten oder verborgenen Fähigkeiten unseres Wesens gehören.

Die Derwische in den islamischen Tariqâten erreichen wie die Fakire und Yogis in Indien auf Wegen, die für die Völker des Ostens passen, den Kontakt mit dem Übersinnlichen, den man bis jetzt im Westen fast nur durch Medien erstrebt. Dazu könnte gerade die hiesige Universität auf der Schwelle zwischen Westen und Osten mehr beitragen als viele andere Institutionen. Jetzt ist sie eine Stätte, wo man vor allem seine Pflicht darin sieht, den Westen zu imitieren. Es sollte aber ihre Aufgabe sein, die alte orientalische Weisheit, auf der die moderne Wissenschaft des Westens ursprünglich gegründet ist, neu zu beleben und dazu beizutragen, der Menschheit, die überall danach dürstet, eine zeitentsprechende Intuitionswissenschaft zu geben. Das Muster dafür finden wir jetzt schon in Europa, wo binnen kurzem die erste freie Universität dieselbe inaugurieren will. Da sie aber auf den vollbewußten und selbsterkämpften Erlebnissen und Studien in höheren Welten eines einzelnen Übermenschen, eines Bahnbrechers, basiert, liegt sie so weit über der in Europa noch immer geltenden materialistischen Gesinnung, daß es noch lange dauern wird, ehe ihre Gleich- oder Höherberechtigung von der offiziellen Wissenschaft anerkannt werden wird. Wenn jedoch ähnliche Bestrebungen von Vorläufern hier im Orient ausgingen, wo das Miterleben in anderen Welten fast für jeden einzelnen Erfahrungssache ist, dann könnten sie mitbauen an der Brücke, die allein Osten und Westen im friedlichen Verständnis vereinigen kann. Sehen Sie ein, was eine solche Arbeit für die ganze Menschheit bedeutet, daß das geistige Sonnenlicht, das von Westen her ausgestrahlt werden soll - wie es im Koran heißt -, den harmonischen Abschluß unserer Erdperiode ankündigt.«

Der älteste von meinen Gästen erhebt sich gerührt und bittet um Erlaubnis, nach orientalischer Sitte meine Hände küssen zu dürfen, weil ich eine Wahrheit offenbart hätte, die ihnen vorher verborgen war. Die anderen folgen seinem Beispiel. Ich küsse auch meinerseits ihre Hände, und wir geben uns, ergriffen von gemeinsamer Hingabe an die große Aufgabe, brüderliche Küsse auf die Wangen.

Jetzt kommt der alte Scheich, von seinem Sohn Ali begleitet. Die drei Vertreter der Gelehrsamkeit der äußeren Welt verbeugen sich tief vor dem ehrwürdigen Repräsentanten der Weisheit der inneren Welt und küssen seine Hände. Wir nehmen alle auf den Matratzen Platz und begrüßen uns danach auf orientalische Art nochmals ausführlich mit der Hand auf dem Herzen. Als der Scheich erfährt, daß die drei Herren Universitätslehrer sind, bittet er jeden, ein Exemplar seiner Schriften anzunehmen. Ehe er uns wieder verläßt, liest er aus seinem Buch, das 1000 Aussprüche des Propheten enthält, eine Stelle vor. Diese handelt von dem toleranten Verhalten des Islam zu den anderen Religionen. Die drei zeigen große Ehrerbietung, und als ich ihnen nachher erzähle, daß der Scheich mich zu seinem Repräsentanten für den Westen ernannt habe, beglückwünschen sie mich mit aufrichtiger Freude, und einer sagt: »Sie sollten wissen, daß der Scheich von seinen meisten Schülern als ein Heiliger angesehen wird. Wie bekannt, hat der islamische Einweihungsweg sieben Stufen. Wir alle, die schon lange den Weg gewandert sind, sind noch kaum über die erste hinausgekommen. Aber die aufgeklärtesten Schüler des Scheichs behaupten, er habe schon die siebente Stufe erreicht und sei somit einer von Gottes Statthaltern auf Erden, ein Weli, ein heiliger Mann.

Es gibt von diesen drei Arten. Solche, die es sind, ohne es zu wissen. Solche, die es wissen, aber nicht davon sprechen. Und solche, die es wissen und es zeigen dürfen. Zu den letzteren rechnet man unseren ehrwürdigen Scheich. Eine noch höhere Stufe ist Cutuk, das heißt einer, der der geistige Leiter für eine ganze Geistesströmung ist, zum Beispiel für den ganzen Islam.

Es wird von Sultan Bayezid erzählt, daß er Gott gebeten habe, ihm seinen Cutuk auf Erden zu zeigen. Sein Gebet wurde erhört. Der Geist führte ihn zu einer einfachen Hufschmiede, deren Inhaber zu dieser Zeit Gottes höchster Vertreter auf Erden war. Es ging ein Strahlenglanz von ihm aus. Er wußte nichts von seiner Würde, aber er verstand aus den Fragen des Besuchers, daß sein höheres Ich Gnade vor Gottes Augen gefunden hätte. Als Ursache konnte er nur angeben, daß er stets eine tiefe Gotteshingabe genährt und alle Menschen in seinem Herzen geliebt hatte.

Er verrichtete seine Arbeit nackt und hatte Gott gebeten, ihn vor den Funken seiner Feueresse zu schützen. Die Bitte wurde erhört. Die Funken verbrannten ihn nie. So groß war seine Nächstenliebe, daß er sich erbot, einst in der Hölle verbrannt zu werden, um die Strafe seiner Mitmenschen auf sich zu nehmen.

Der Vorgänger des jetzigen Scheichs stand so hoch, daß auch er von vielen als ein Heiliger angesehen wurde. Es wird von ihm erzählt, daß er auf einer Reise einen Adepten traf und ihn fragte, welche Stufe der Einweihung er erreicht habe. »Die vierte!« antwortete dieser. Der Scheich beglückwünschte ihn und bezeigte ihm große Ehre. Unterwegs mußten sie einen reißenden Bergstrom überqueren. Das Fährboot konnte nur einen aufs Mal aufnehmen. Der Scheich wartete und ließ seinen Reisegefährten zuerst hinüber. Als dieser mitten in einer Stromschnelle war, wurde ihm angst und bange und er begann zu beten und Zikr-Übungen zu machen. Als sie sich am anderen Ufer trafen, fragte ihn der Scheich: ›Hast du denn unterwegs deine vierte Stufe vergessen?‹«

Da meine drei Freunde im Tariqât stehen, wie alle geistig interessierten Menschen hier, und da ich weiß, daß sie mir trauen, bitte ich sie, mir in einer anschaulichen Weise etwas von den Stufen der Einweihung nach ihren eigenen Erfahrungen zu erzählen. Sonst bewahrt der Moslem, ganz besonders Fremden gegenüber, derartiges als ein großes Geheimnis, so daß man das wenige, was man zu wissen bekommt, aus mehreren Zeugen herauspressen und dann zusammenflicken muß.

Die erste Stufe der Einweihung ist *Emmareh* und entspricht der Stufe, auf der der Mensch im Leben steht, solange er noch unter der Herrschaft des Tieres ist, aber in sich das Verlangen hegt, von dieser Herrschaft loszukommen. Die Farbe dieser Stufe ist blau.

Mit der zweiten, *Läwammeh* (deren Farbe rot ist), beginnt die Reue über Gedanken und Handlungen, die von einer höheren Erkenntnis als verwerflich bezeichnet werden müssen.

Bei der dritten Stufe, *Mylhemmeh*, macht sich der Einfluß des höheren Ichs bemerkbar. Die tierischen Triebe werden überwunden, die Macht des Herzens wird gefühlt, und die Einweihung setzt ein durch Willensimpulse, von einer höheren Welt gefördert. Die Farbe dieser Stufe ist gelb.

Mutmaihnnek heißt die vierte Stufe. Der Adept, jetzt vom Übergewicht des Geistigen über die Materie überzeugt, hat den Einfluß des Vergänglichen überwunden. Er ist furchtlos und im inneren Gleichgewicht. Die Farbe ist weiß.

Radjieh ist die fünfte Stufe. Hier wird die Brücke mit dem Irdischen abgebrochen, indem der Adept auf alles Irdische verzichtet. Er sieht in allem die Leitung Gottes und ist zufrieden mit dem, was ihm geschenkt wird. Sie wird deshalb auch »Die Zufriedenheit mit Gott« genannt. Ihre Farbe ist grün.

Nardieh ist die sechste Stufe. Der Adept ist jetzt so weit fortgeschritten, daß auch Gott mit ihm zufrieden ist. Diese Stufe ist schwarz.

Safieh endlich heißt die siebente, die Meisterstufe absoluter Reinheit. Alles Subjektive ist überwunden. Als freies Wesen ist der Adept jetzt mit Gott in seiner Absolutheit verbunden und kann sein irdisches Leben als Gottes Repräsentant oder Kalif fortführen. Dies ist somit der Ursprung des Wortes Kalif. Hier haben wir keine Farbe, sondern reines Licht. Der Adept lebt unter den anderen Menschen das Alltagsleben, von innen nur geheiligt, so daß ein Uneingeweihter ihn von einem gewöhnlichen Menschen nicht unterscheiden kann.

Ein Bild, das in diesem Zusammenhang oft verwendet wird, ist das der Pyramide, bei der alle Reihen von Steinen in den tieferen Lagen den niederen Einweihungsstufen entsprechen und als Stützen des letzten obersten Steines dienen, der sich dem großen himmlischen Scheich am nächsten befindet und zu dem er auch emporweist. Ein irdischer Scheich wählt seine Kalifen nur unter den Adepten, die wenigstens die vierte Stufe erreicht haben.

Nach den Methoden, die benutzt werden, unterscheidet man drei verschiedene Einweihungswege: *Tarik-Ikjahr*, *Tarik-Eberar* und *Tarik-Tschatar*.

Der erste schreibt die strenge Einhaltung sämtlicher religiösen Vorschriften im Koran vor sowie Gebet und Fasten. Der Weg ist lang, aber er führt sicher zum Ziel.

Der zweite erfordert Devotion, Studium und Arbeit am Charakter, Entwicklung des Gefühls sowie Fasten, in der Bedeutung, daß dem physischen Körper alles, was er begehrt, entzogen wird. Dieser Weg führt schneller zum Ziel als der erste, ist aber schwerer, weil ein sehr starker Wille gefordert wird.

Der dritte geht durch die Ekstase, durch Gebete und gewisse Meditationen sowie durch das Zikr. Die Seele verläßt den Körper und kann Visionen in den höheren Welten haben. Dieser Weg bildet die Grundlage für die meisten Derwischorden. Jeder Orden hat seine besonderen Vorschriften, Gebete und Zikr-Methoden. Der Adept erhält zum Beispiel als eine der ersten Übungen die Aufgabe, den Namen Allahs* demutsvoll 5000 Mal am Tag zu nennen. Fasten, Schweigen, Einsamkeit und Wachen führen ihn zum Ziel.

Während der Übungen kann es vorkommen, daß der Prophet oder einer seiner Nachfolger sich im Astralen zeigen und helfen. Aber im Anfang muß der Adept, bis er die vierte Stufe erreicht hat, furchtbare innere Kämpfe aushalten gegen Teufel und Dschinnen, die ihn vom Wege abdrängen wollen. Hier ist die Hilfe des Scheichs von großem Nutzen. Er kann seine Schüler von solchen Kämpfen verschonen, die nicht absolut erforderlich sind für ihre okkulte Entwicklung. In der Regel geben die Scheichs ihren Schülern zuerst solche Meditationsübungen auf, die genau vom Schüler befolgt werden müssen, indem sie sich gleichzeitig auf die Person des Meisters konzentrieren und somit einen Kontakt im Astralen schaffen, wodurch der Meister in den Stand gesetzt wird, zu helfen, wenn es nötig ist, und die Seele des Adepten auf ihrer Wanderung in der astralen Welt zu begleiten. Die Meditationen und Übungen, die der Meister seinen Schülern gibt, sind den individuellen Anlagen derselben angepaßt und haben in den verschiedenen Orden einen höchst verschiedenen Charakter. Für den Naqshbandi-Orden ist die Vertiefung in die Wunder der Natur und ihre Schönheit einer von den Wegen, der gewöhnlich als Einleitung zur Einweihung benutzt wird.

Die Farbenausstrahlungen, die mit der okkulten Entwicklung in Verbindung stehen, werden mit den Himmelskörpern in Beziehung gebracht. Somit ist die des Saturns schwarz, die der Sonne weiß, die des Mondes rot, Mars orange, Merkur violett, Jupiter grün und Venus gelb.

Die gelehrten Freunde verabschieden sich. Durch ihren Besuch haben sie mich in der Hoffnung bestärkt, daß es gelingen werde, zum Wohl der Menschheit die Reste der altorientalischen Weisheit zu konservieren und zu verhindern, daß sie in der oberflächlichen Imitationskultur, die

---

* *Allah ist ein altarabisches Wort für Gott, lange vor der Zeit Mohammeds.*

von Europa importiert wird, ganz verschwinden. Sie sitzt glücklicherweise noch zu tief in den Seelen und wird einmal dazu beitragen, das
europäische Geistesleben vom toten Materialismus zum lebendigen Spi-
ritualismus zu transformieren.

Es ist Mittagszeit. Nach dem Morgengebet wurde ein langer Gottesdienst abgehalten. Jetzt ist eine Schar im Zimmer unten zum Korangesang versammelt, während der Scheich neben meinem Zimmer den
zuströmenden Besuchern Audienz erteilt. Es gibt unter diesen Tariqâts-
brüdern, wie gesagt, Leute, die hohe Stellungen in der Ziviladministration sowie als Lehrer oder als Offiziere einnehmen. Aber meistens sind
es Geistliche und naive Leute aus den breitesten Schichten des Volkes.
Die Beziehung zu Tariqât und Tekke umfaßt somit alle Gesellschaftsschichten.

Um zwei Uhr wird das heilige Freitags-Gebet und Predigt im großen
Saal mit nachfolgendem Zikr und Korangesang abgehalten, was bis sechs
Uhr dauert. Das Abendgebet setzt um halb acht an.

Nachher versammelt sich ein kleiner Kreis von Gläubigen im Zimmer unter mir zu einer besonderen Zikr-Übung. Als Anlaß dient ihnen
der Freitag.

Am letzten Gebet nachts um elf Uhr nehme ich teil und sitze während
des Zikrs zwischen zwei greisen, würdigen und distinguierten Scheichs,
die zu meinem größten Erstaunen die Zikr-Bewegungen genau so lebhaft
und kräftig ausführen wie ganz junge Brüder. Sie haben bald die
gewünschte Wirkung. Halluzinationen stellen sich ein. Im Äußeren zeigt
es sich dadurch, daß die Beter wie gewöhnlich von Zuckungen ergriffen
werden und laut den Namen Allahs rufen.

Mehrere Besucher übernachten in der Tekke. Zwei teilen das Zimmer meines Nachbars. Mich läßt man allein.

Der heilige Freitag ist zu Ende. Aber nach dem letzten Gottesdienst
um zwölf Uhr nachts ist der Gotteshunger noch immer nicht gestillt.
Die sieben, die unter meinem Zimmer am Boden schlafen, verbringen
noch eine Stunde mit heiligem Gesang, und die drei würdigen Hodschas,
die nur durch eine dünne Bretterwand von mir getrennt sind, psalmodieren noch lange den Koran. Für den Gläubigen, der seinen Freitag in

Frauen auf dem Weg zur Tekke

*Scheich Essad Efendi auf dem Heimweg nach
einem Besuch bei seinem Sohn Ali in Üsküdar*

*Besucher in der Bedewi-Tekke. Der Übersetzer,
der Autor, der deutsche Künstler (v.l.n.r.)*

Der Friedhof zu Üsküdar

der Tekke verbringt, ist dieser Festtag etwas, dem ich nichts anderes an die Seite stellen kann als die Seligkeit der Sommerausflüge in den Kinderjahren mit ihren begeisterten Streifzügen durch Feld und Wald. Man schwelgte damals in unbewußter Gotteshingabe, in den Wundern der Natur, wie hier die Besucher in zwangloser Freiheit sich dem Genuß von Brüderschaft und Devotion hingeben.

Es wirkt auf einen Europäer, der durch den gottlosen Sumpf materialistischer Wissenschaft gewatet ist, wie eine Wiedergeburt, sich von dieser unmittelbaren primitiven Religiosität umgeben zu fühlen. Hier begegnen sich zwei entgegengesetzte Pole, die orientalische Primitivität naiver Devotion, dem Bewußtsein des Göttlichen in der Natur und im Menschen entsprungen, und der kirchen- und dogmenmüde, aber trotzdem religiöse und wahrheitsuchende Christ des Westens.

Zwölfter Tag in der Tekke
Hizir - Korangesang - Reinkarnation - Einweihung - Propheten

Mein hochbegabter Freund, der Dolmetscher, bringt mir den Auszug eines Koran-Kommentares, der den mystischen Propheten Hizir zum Gegenstand hat, über den ich um Auskunft gebeten habe. Dieser lautet wie folgt: Hizir - Khedre - Khidre, wird im Islam als Prophet (Nebi) und nicht als Ausgesandter (Resoul) angesehen, obgleich er in der Reihe der ausgesandten Propheten steht, sowohl bei den Israeliten als bei den Arabern. Er ist eine mystische Persönlichkeit, von der gesagt wird, daß sie die Quelle, woraus das Wasser des Lebens quillt, gefunden und daraus getrunken hat und so der Unsterblichkeit teilhaftig geworden sei. Man nimmt an, daß er identisch ist mit Pinchas, Eleazevs Sohn, der Arons Sohn war, und dessen Seele seither als Prophet Elias und als St. Georg inkarniert war. Außerdem wird hingewiesen auf das 18. Kapitel des Korans, Vers 59-82, sowie auf den Dialog des Moses mit Khidre, Vers 64, worin von Khidre gesagt wird: »Dort trafen sie einen unserer Diener, welchem wir unsere Gnade geschenkt und den wir über unsere

Weisheit aufgeklärt haben.« Das Wort Khidre ist gebildet aus dem Wort Jetre (grün). Er zeigte sich nämlich den Muslimen in einem grünen Mantel. Die Himmelfahrt Elias' ohne vorhergehenden Tod ist als ein Zeichen dieser höchsten Einweihungsstufe zu verstehen.

Am Vormittag werde ich eingeladen, dem Korangesang beizuwohnen. Der Gesang klingt wie immer schön und harmonisch und wirkt sehr stark auf die Zuhörer. Ali, der Sohn des Scheichs, der neben mir sitzt, ist in Tränen aufgelöst. Seine Bewegung steigert sich noch, als der Gesang den weichen gurgelnden Laut vernehmen läßt, der besonders heilig ist.

Es ist jetzt Nachmittag. Im kleinen Garten unter dem Feigenbaum sitzt der alte Scheich im Sonnenschein mit mir und dem Dolmetscher. Später kommt mein Nachbar, der okkulte Hodscha dazu. Zuerst spricht der Scheich seine Freude über den gestrigen Besuch der drei gelehrten Herren aus. Sie hätten noch nie vorher seiner Tekke diese Ehre erwiesen. Er hätte sie mir zu verdanken.

»Sie sagen ja gewiß, daß sie rechtgläubige Muslime sind, diese Herren von der Universität. Doch wenn ich das Wissen anschaue, das von dort ausgeht, muß ich es vergleichen mit unseren sudanesischen Glaubensgenossen, die sich, wie früher die Juden, mit den Namen der reichsten Edelsteine schmücken, Diamant, Rubin, Smaragd usw. Aber in der Regel ist vom Edlen nichts an ihnen als nur der Name.«

Ich frage, ob die Erklärung über die Farben, die ich von den Gästen bekommen habe, richtig sei. »Ja«, antwortet er, »die Farben sind schon richtig. Aber die Farben der Himmelskörper haben nichts zu tun mit den Farben, die vom okkult entwickelten Menschen ausstrahlen. Wir sind davon überzeugt, daß Kosmos, Erde und Mensch von denselben Kräften belebt werden und daß unsere Erde sich in manchem und vielem in derselben Weise verhält wie ein lebendes Wesen. Sehen Sie sich zum Beispiel das Gras an! Es wächst aus der Erde empor wie das Haar auf dem menschlichen Körper. Aber alle Menschenschicksale liegen in der Hand Allahs und können nicht in den Bahnen der Sterne oder ihrer Konstellationen gelesen werden.«

»Hat die Erde, ehe sie Erde wurde, in anderen, weniger dichten Formen existiert? Ist sie, um der Elementenreihe zu folgen, vorher ein Planet von Wasser, Luft oder Feuer gewesen, ehe sie der Erdplanet wurde, den wir jetzt bewohnen?« frage ich.

»Gott hat zuerst die Elemente geschaffen, und aus ihnen die Erde«, antwortet er.

»Aber im Koran steht: Gott hat das Wasser geschaffen, woraus alles andere entstanden ist!« – »Das ist so zu verstehen, daß ohne Wasser nichts auf der Erde gedeihen kann. Wie bekannt, entsteht sogar der Anfang des Menschen aus einem wasserartigen Tropfen, dem Sperma. Die Form aber für alles ist bei Gott.«

Diese Mischung von größter materialistischer und höchster spiritueller Auffassung zieht sich durch die ganze Religion des Islam. Sie ist praktisch zurechtgelegt, indem sie Rücksicht nimmt auf die gewöhnlichen Erfahrungen der Alltagsmenschen. Aber gleichzeitig birgt sie tiefe Weisheitsworte, in knappe Sätze gegossen.

Ich frage jetzt, wie man erklären könne, daß innerhalb derselben Glaubensgemeinschaft solche Kontraste vorkommen wie inhaltsleere Menschen, die sich mit Namen von Edelsteinen schmücken, und seine Heiligkeit der Scheich selbst, dessen Bescheidenheit und Demut im umgekehrten Verhältnis stehe zu seinem inneren Reichtum. »Wie kann ein solches Mißverhältnis in Menschenseelen ohne Annahme der Reinkarnation erklärt werden? Erst durch sie steigt ein Mensch durch viele Leben unter der Leitung Gottes von der Stufe des tierhaften Wilden bis zum hochbegnadeten Lehrer empor.«

»Nein«, sagt er, »das würde einen Eingriff in die Allmacht Gottes bedeuten. Gott schafft die Seelen und haucht ihnen einen Teil seiner Natur ein. Aber die Eigenschaften Gottes sind viele. Und je nach dem Verhältnis, in dem diese im einzelnen Menschen gemischt sind, entsteht ihre Verschiedenheit. Mit den Eigenschaften, die Gott in sie niedergelegt hat, schickt er sie zur Probe hernieder in die Reiche der Stoffe und der Formen. Wenn am Jüngsten Tag Gericht gehalten wird, werden die Seelen von Gott belohnt oder bestraft, je nachdem sie gute oder schlechte Eigenschaften entwickelt haben.«

»Das, was den Islam stark macht«, erwidere ich, »ist Logik und der gesunde Sinn, der durch seine Lehre geht. Aber in diesem Punkt ist er nicht logisch. Wie kann ein gerechter Gott den Menschen so verschiedenartiger Lebenswillkür aussetzen, wie wir sie überall um uns finden? Wie kann er nachher diejenigen belohnen, die ein gutes Leben geführt haben, weil sie unter guten Verhältnissen und mit guten Eigenschaften geboren wurden und gegen nichts zu kämpfen hatten? Und wie kann er solche strafen, die, durch ein Leben voll Sorgen und Entbehrungen zerbrochen, den Versuchungen zum Opfer fallen? Wo bleibt hier die Möglichkeit für eine individuelle Entwicklung? Nein, gesunde Logik muß die Reinkarnation des Ego durch die wechselnden Persönlichkeiten als einzige Erklärung anerkennen.«

»Kannst du in unseren heiligen Büchern die Reinkarnation als wahr erwähnt finden, so will ich sie gern annehmen. Kannst du das nicht, so ist sie eine falsche Lehre, und wir müssen uns davor in acht nehmen!«

»Falls es möglich werden soll, Islam und Christentum zu der universellen Brüderschaft zu vereinigen, wonach wir streben, so müssen beide von ihren Dogmen etwas aufgeben, um sich im gegenseitigen Verständnis begegnen zu können. Diesen beiden großen Religionen stehen große Reformationen bevor, die der veränderten Bewußtseinsstufe der Menschen seit ihrer Stiftung entsprechen. Werden diese durch gegenseitiges Entgegenkommen und Vorurteilsfreiheit, auf logischen und intuitiv erlebten Wahrheiten von den Eingeweihten, ausgeführt, so braucht man nicht zu befürchten, daß unsere Hoffnungen beschämt werden.

Aber um die Reinkarnation kommen wir nicht herum. Von den Indern haben wir sie ja überliefert als eine der allerältesten Wahrheiten der Menschheit.«

»Glaubst du, daß es die Seele ist, die nach dem Tode lebt?« fragt der Scheich.

»Um diese Frage zu beantworten, müssen wir zuerst darüber ins Klare kommen, was wir unter Seele verstehen. Für den Okkultisten besteht der Mensch aus mehreren unsichtbaren Prinzipien oder Körpern, die, selbst unsichtbar, den sichtbaren physischen Körper beleben, aufbauen, erhalten und fortpflanzen. Der physische Körper stirbt, und gewisse von den anderen Körpern lösen sich auch auf, bis sie die Vollkommenheit erreicht haben. Aber ein Teil des unvollkommenen Menschenwesens, das Ich bzw. der individuelle Kern, ist unsterblich und reinkarniert sich.«

»Glaubst du an Strafe und Belohnung nach dem Tode?« lautet die nächste Frage.

»Wir sind ja darin einig, daß ein Mensch nach dem Hinscheiden auf derselben Stufe weiterlebt, die er im Leben erreicht hat. Ist er von Trieben und Begehrlichkeiten erfüllt, die nur vom physischen Körper befriedigt werden können und die bekanntlich nach jeder Befriedigung wachsen, so hat er nach dem Tode keine Möglichkeit zu ihrer momentanen Befriedigung und leidet daher alle Qualen der Hölle in seinem Bewußtsein. Diejenigen, die während ihres Lebens im inneren Gleichgewicht gelebt haben, ihre tierischen Triebe und Begierden zähmend, sind auch nach dem Tode Herr darüber und erhalten ihre Belohnung: einen paradiesisch ausgeglichenen friedevollen Bewußtseinszustand. Dem Urteil mit Strafe und Belohnung wird während und nach jeder Inkarnation in Form von verschiedenen Bewußtseinszuständen nachgelebt, denn genau genommen bestehen im ganzen Universum nur die verschiedenen Bewußtseinszustände.«

»Aber du glaubst doch an den Tag des Jüngsten Gerichts und gibst zu, daß es Strafe und Belohnung nach beendeter Entwicklung gibt?«

»Nach Ende der Erdentwicklung, wenn das geistig Errungene in neue Daseinsformen überführt wird, findet eine Art Weltgericht statt, wo das Zurückgebliebene vom Normalentwickelten getrennt wird. Wie in der Schule müssen die Zurückgebliebenen nochmals lernen. Im übrigen glaube ich, daß jeder Mensch Gericht über sich selbst hält, sowohl im Leben als auch nach dem Tode. Aber ohne Reinkarnation ist kein Rätsel zu lösen.«

»Wenn du glaubst, daß alle Menschen mehrere Male inkarniert waren, mußt du das wohl auch von Jesus Christus glauben!« sagt der Hodscha, der sich uns soeben angeschlossen hat. »Nein«, antworte ich, »denn hier handelt es sich um einen vereinzelten Fall. Ich werde versuchen, euch zu erklären, wie wir dies im Tariqât des Westens auffassen.

Der Mensch Jesus war mehrmals inkarniert in den großen eingeweihten Menschheitsführern vergangener Zeiten. Als Jesus wurde er durch die jüdischen Tariqâte oder Mysterienschulen eingeweiht, die allerdings damals im Zustand großer Dekadenz waren. Später hat er die ägyptische, chaldäische und wahrscheinlich auch die indische Einweihung durchgemacht, ehe er reif war, den Christusgeist in sich aufzunehmen, was bei der Taufe geschah, wo Gottes Stimme sich hören ließ: ›Dieser mein Sohn, der hochgeliebte! Heute habe ich ihn erzeugt.‹ Daher sagt der Koran von Christus, daß er die Seele Gottes ist.«

»Wir erkennen Christus als irdisches Wesen nicht an, sondern nur den Propheten Jessa«, sagt der Hodscha. »So verhaltet ihr euch genau so wie das moderne Christentum in Europa«, erwidere ich. »Daß nicht schon längst eine *entente cordiale* zwischen dieser Art Christentum - oder vielmehr Jesuismus - und der exoterischen Seite des Islam besteht, kommt also nur daher, daß man von christlicher Seite Mohammed nicht als Prophet anerkennt und den Koran nicht mit den anderen von Gott inspirierten Büchern gleichstellt.«

»Das ist alles, was uns äußerlich scheidet«, sagt der alte Scheich.

»Wie kann die Reinkarnationslehre in Einklang gebracht werden mit der Auffassung, daß einige der Propheten wie zum Beispiel Hizir unsterblich sind? Ist diese Lehre nur ein Produkt intellektueller Logik oder ist sie irgendwo in euren heiligen Büchern erwähnt?« fragt der Hodscha.

»Bei der Frage der Inkarnation muß man unterscheiden zwischen dem fortgesetzten Leben des Ichs, dem Gottesfunken im Menschen, unterbrochen von den verschiedenen irdischen Inkarnationen, und den unsichtbaren Körpern, die den physischen Leib während des Erdenlebens aufbauen und erhalten. Die Leiber, die das Ich des Propheten umhüllen, sind durch vielfache irdische Leben durchgegangen und durch das Ich selbst, das diese bewohnte, so geläutert, daß sie unvergänglich sind, aber von verschiedenen Ichs allmählich bewohnt werden können. In der modernen westlichen Initiationswissenschaft, die die materialistische Periode ablösen wird, geht der Geistesforscher bei seinen okkulten Untersuchungen aus seinem physischen Körper heraus in die höheren Welten ein, macht dort seine Beobachtungen und Erfahrungen und schil-

dert diese, soweit solches möglich ist, da er sich der üblichen Ausdrucks-
form in Wörtern einer Sprache bedienen muß, die noch nie für derartige Beobachtungen verwendet worden sind. Hält man die Berichte von
solchen Eingeweihten mit dem zusammen, was uns durch die heiligen
Bücher verschiedener Religionen überliefert ist, so wird man Übereinstimmen finden. Diese neue Geisteswissenschaft ist jedoch wohl zu unterscheiden von der sogenannten Parapsychologie, wofür die drei gelehrten
Herren von gestern sich so stark interessierten und die auf rein materia-
listischem Boden ruht. Die Initiationswissenschaft hebt die eigene Seele
hinauf zu höheren Sphären, zu einer Bewußtheit, die über der alltäglichen
liegt, während der Kontakt, der durch Medien erreicht wird, dadurch entsteht, daß die Bewußtheit dieser Medien unter die Stufe herabgedrückt
wird, die sonst bei den westlichen Menschen normal ist.«

»All dies mag richtig sein, hat aber für uns gar kein Interesse«, bricht
der Hodscha das Gespräch ab. »Wir halten uns an die Vorschriften des
Schariâts und an die heiligen Bücher, die vom Propheten herrühren!«

Der alte Weise will versöhnen und sagt: »Alle diese Fragen stellst du
ja nur, damit du sie später selbst beantworten kannst, wenn man sie dir
als meinem Repräsentanten in Europa stellen wird!«

Ich bewundere sein feines diplomatisches Geschick, gebe ihm aus
Rücksicht auf den leicht erregbaren Hodscha recht und füge hinzu: »Es
wäre für die modernen parapsychologischen und okkulten Forscher gut,
sich eine Zeitlang wie ich in den islamischen Tekkes aufzuhalten und
dort Erfahrungen zu sammeln, falls sie es nicht vorziehen, den okkulten
Anweisungen zu folgen, die für den Menschen des Westens gegeben
sind. Nur durch eigene Erlebnisse kommen wir auf den richtigen Weg
und werden dann die Reinkarnation anerkennen müssen sowie die
anderen Wahrheiten, die uns im Laufe der Zeit von den großen Eingeweihten gegeben sind!«

Der Wind bläst eine unreife Feige herunter. Sie fällt zwischen den
Scheich und mich. Er benutzt das sofort zu einem Bild. »Betrachte die
vielen Früchte und anderen Wesen, die im großen Haushalt der Natur
verlorengehen. Nicht jeden Samen läßt Gott zur Frucht werden. Ebenso steht es mit den Menschen. Nicht alle erreichen die volle Reife. Viele

werden jung dem Leben entrissen oder sterben sogar vor der Geburt. Es dürfte schwierig sein, solche Fälle mit deiner Reinkarnation in Einklang zu bringen!«

»Ja, für eine oberflächliche Betrachtung sieht das so aus. Aber schon vor der irdischen Geburt, ja vor der Empfängnis sind die unsichtbaren Leiber um das Ich, das sich inkarnieren will, vereinigt. Und diese unsichtbare Geburt oder das Niedersteigen des Ichs von paradiesischen Höhen zur Nähe der physischen Welt ist eine Kraftanspannung, die in der nächsten Inkarnation sich als Erfahrung bewähren kann und gar nicht vergebens war. Ebenso ist es mit denen, die vor der Reife sterben. Vielleicht tragen sie das nächste Mal bessere Frucht, nachdem sie in so frühem Alter mit soviel unverbrauchten Kraftanlagen die Pforte des Todes passieren mußten. Nichts geht im großen Haushalt Gottes verloren, weder im irdischen noch im jenseitigen Leben. Nur der oberflächlichen Betrachtung erscheint es so!«

Der Alte fragt: »Ist es denn für Gott eine Pflicht, alle Menschen durch die Inkarnation zur Reife entwickeln zu lassen?«

»Nein, Gott kennt keine vom Menschen erfaßbaren Pflichten. Aber er hat den Menschen nach seinem Bild erschaffen und ihm all seine Eigenschaften gegeben. Daher muß dieser so lange entwickelt, veredelt und gereinigt werden, bis das Böse, das von Iblis und Satan in ihn gepflanzt wurde, überwunden ist und er mit Gott wiedervereinigt werden kann in Reinheit und Reife.«

»Falls alle Menschen Gott in sich haben«, sagt der Hodscha, »müssen sie auch einmal wie Gott werden: du wie Jesus Christus und wir wie Mohammed.«

»Ja, das gerade ist die hohe Stufe, die wir durch die vielen Inkarnationen erreichen sollen.«

»Aber«, fährt der gewissenhafte Hodscha fort, »in einem solchen Fall braucht jede Entwicklungsperiode neue Propheten.«

Er will mich dazu bringen, einräumen zu müssen, daß auch die Zukunft ihre Propheten nötig habe und daß Mohammed somit nicht der letzte war, um mich dann als Ketzer zu brandmarken. Aber ich bin auf der Hut und lasse den alten Scheich zuerst noch fragen:

»Falls keine Propheten mehr kommen, obwohl sich die Menschheit zu immer größerem Verständnis entwickelt, woraus wird dann dieses höhere Verständnis seine Nahrung ziehen? Weshalb hat Gott dann eine ganze Reihe von Propheten aus allen Völkern hervorgehen lassen? Und weshalb hat er Adam nicht gleich die ganze Wahrheit offenbart?«

Jetzt bin ich in der Klemme, aber ich rette mich, indem ich behaupte, daß die Reihe der ausgesandten Propheten mit Mohammed abgeschlossen wurde. »Jetzt und in der Zukunft werden wir auf Welis angewiesen sein, das heißt auf heilige selbsteingeweihte Ratgeber, Bahnbrecher der Entwicklung, bis die ganze Menschheit die Einweihung durchgemacht haben wird und also keine Wegweiser mehr braucht.«

Aber der Alte gibt sich nicht verloren. »Falls die Inkarnationslehre richtig ist, müssen wir im kommenden Leben stets neue Propheten haben, um uns zu leiten. Welis bringen nichts Neues, sie leben nur nach den besten Mustern des schon Bekannten. Wäre dein Glaube richtig, so dürfte Gott Adam das ganze Wissen mitgeteilt und sich die Propheten gespart haben!«

»Um uns besser zu verstehen, vergleichen wir einmal die Menschen mit Kindern in einer Schule. Gott gibt uns Unterricht durch unsere Lehrer, die Propheten, bis wir auf eigenen Füßen stehen können. Aber wenn wir die letzte Klasse der Schule durchlaufen haben, gibt es andere, die in die erste Klasse eintreten und wieder die Lehren der Propheten aufnehmen, die erhalten werden müssen, bis alle mit der Schule fertig sind. Auf unseren Fall angewendet, bilden die einzelnen Schulklassen die Reihen von Erdenleben, die wir durchlaufen und währenddessen so viel von Gott in uns aufnehmen, daß schließlich jeder einen inneren Kompaß hat, nach dem er ohne neue Propheten steuern kann.«

Doch der Alte ist zäh. »Willst du logisch sein, so mußt du zugeben, daß die Menschen neuer Zeiten neue Propheten haben müssen.«

»Ich behaupte aber und bestehe auf meiner Behauptung, daß, wenn genügend viele Menschen die Stufe erreicht haben, zu der hin sie nach ihrem eigenen inneren Kompaß steuern können, sie die anderen werden leiten können, die noch nicht so weit sind.«

Die Partie ist, wie man beim Schachspiel sich ausdrückt, *remis*. Der Alte sagt zum Schluß, alle Weisheit, die sich nicht aus den heiligen Büchern ergebe, sei verwerflich. Aber er habe Vertrauen in mich. Als sein Repräsentant müsse ich nun selber die Diskussion mit den Fremden aufnehmen, die in den Islam eingeführt zu werden wünschten.

Der Hodscha bricht auf, zufrieden mit diesem Abschluß.

Der Scheich sagt noch: »Sende mir von Europa noch mehr Menschen, wie du einer bist, die bei uns Wahrheit suchen wollen, um sie mit der zu vereinigen, die sie selbst schon erreicht haben. Kommen sie mit deiner Empfehlung, so sollen sie uns stets willkommen sein. Können wir sie nicht in meiner Tekke unterbringen, so werde ich dafür sorgen, daß sie anderswo Herberge finden.«

Ich danke ihm gerührt für sein Vertrauen und für seine Güte, Freundschaft und Liebe, die er mir während meines Aufenthaltes, der bald zu Ende geht, gezeigt hat. Es tut ihm leid, daß ich nicht länger bleiben kann, aber er will nicht versuchen, mich zurückzuhalten. »Du kannst zu mir kommen wie zu einem Vater, wenn du willst. Ich werde mich immer freuen, dich zu sehen, und will dir helfen, soviel ich kann.«

»Das war heute ein interessantes Gespräch«, fügt er hinzu. »Für mich ist es eine große Freude gewesen, durch deine Lebensanschauung und deine Aufopferung zu erfahren, daß es auch im Westen Menschen gibt, die an anderes als an das Geldverdienen denken. Aber du mußt zugeben, daß ich dich heute an die Wand gedrückt habe. Deine Reinkarnationslehre ist ein Eingriff in die Allmacht Gottes. Willst du logisch sein, so mußt du zugeben, daß, wenn sich alles so verhielte, wie du sagst, Gott Adam sofort das Wissen hätte offenbaren können, das die Menschen nötig haben. Und die Propheten wären dann überflüssig gewesen.« »Ja, es kann so scheinen«, sage ich, »aber im Islam habt ihr ja noch Heilige nach dem Propheten, wie Bayezid, Yah-Ya und Sünbül Efendi, die Wunder tun konnten und sich noch heute ihren Anhängern zeigen. Du selbst, ehrwürdiger Scheich, bist nach dem, was ich gehört habe, so weit gelangt, daß du dich gleichzeitig auf mehreren Stellen zeigen kannst, was ja ein Kennzeichen der höchsten Entwicklung sein soll.«

»Solches«, sagt er, »kann nur geschehen, wenn es Gott gefällt!«

»Ja«, antworte ich, »über Gottes Allmacht sind wir ja einig.« Damit scheiden wir.

Am Abend mache ich wie gewöhnlich das Zikr und auch das Gebet mit. Es ist das alttestamentliche Gebet, das überall im Islam gebraucht wird. Nach der Übersetzung meines Dolmetschers lautet es:

> *Im Namen Gottes, des Barmherzigen und Vergebenden!*
> *Gelobt sei Allah, Herrscher über die drei Welten,*
> *der Barmherzige und Vergebende.*
> *Herr des Tages des Gerichts,*
> *dich allein beten wir an und bitten um Hilfe.*
> *Leite uns auf den rechten Weg, auf den du die geleitest, die du liebst.*
> *Nicht den Weg, den die gehen, die verachtet werden müssen*
> *oder dazu kommen, Verachtung zu verdienen.*
> *Amen, oh Herr über Engel, Dschinnen und Menschen!*[*]

Dreizehnter Tag in der Tekke
Koran - Ekstase - Islamische Orden - Phänomene - Teilnahme an den Gebeten

Ich werde, ehe der Dolmetscher kommt, aufgefordert, den Korangesang am Morgen mit anzuhören, der die gewohnte ergreifende Wirkung auf die Zuhörer ausübt. Der Scheich teilt zum Schluß durch ein tiefes Anhauchen der Versammlung feierlich Gottes Geist mit.

Durch einen früheren Lehrer der Marineakademie, der sich in ein anatolisches Dorf zurückgezogen hat, um sich als Derwisch auf den Tod und das kommende Leben vorzubereiten, fragt mich der Scheich, ob ich an diesem Gesang Wohlgefallen finde. Der neue Gast kennt

---

[*] *Mit Ausnahme des letzten Satzes handelt es sich hierbei um die erste Sure des Korans, die Al Fâtiha. (D. Hg.)*

einige Brocken Englisch und behauptet, diese Sprache ohne Schwierigkeit lesen zu können. Er habe englische Bücher über Mechanik und Nautik übersetzt. Aber er gibt meine Antworten nur mit Ja und Nein wieder, so daß ich kein großes Zutrauen zu seinen Sprachkenntnissen habe.

Er ist aber ein freundlicher älterer Mann, der, als große Seltenheit sei es erwähnt, am Kinn rasiert ist. Sonst tragen alle Derwische und heiligen Männer möglichst lange Bärte. Er hat blaue Augen und ein mildes, herzgewinnendes Wesen. Letzteres teilt er mit allen Brüdern, die ich in der Tekke getroffen habe. In der Zeit meines Aufenthaltes habe ich nie ein lautes Wort, geschweige denn Zanken gehört, was bei diesem leicht erregten Volk sonst zur Tagesordnung gehört. Die Ehrfurcht für den alten Leiter, die die Ursache ist, steckt so tief in allen seinen Schülern, daß sie bei seiner Anwesenheit auf den Zehenspitzen gehen und mit gedämpfter Stimme sprechen. Innerhalb der Räume der Tekke gehen selbstverständlich alle in Strümpfen, genau wie in den Moscheen.

Auf seine Frage antworte ich dem Scheich, daß der Korangesang mich packe, obgleich ich den Worten nicht folgen könne. Ich erkläre es aus der suggestiven Wirkung, die von der tiefen Andacht der Zuhörer ausgeht. Dazu kommen die okkulten Kräfte, die sich während Jahrhunderten durch das Lesen derselben Worte stets in derselben Weise über dieser Zeremonie gesammelt haben. Da diese Antwort in der Übersetzung nur mit einem *Evet* (ja) wiedergegeben wird, befriedigt sie den Meister nicht besonders. Er fragt, wo mein Freund, der Dolmetscher, heute bleibe.

Das Koranlesen bzw. -singen geschieht auswendig. Jeder Derwischadept muß in seinem Orden damit anfangen, das heilige Buch auswendig zu lernen. Das geschieht rein mechanisch, erfüllt sein Gehirn, so daß kein Platz für überflüssiges intelligentes Denken bleibt. Auch im islamischen Schariât ist diese erste Stufe die Bedingung, um als Hafis (das arabische Wort für jene, die den Koran auswendig können) bei einer Moschee angestellt zu werden. Der Adept macht in dieser Periode einen recht einfältigen Eindruck, denn das Gehirn ist mit dem ganzen Koran, der in einer enggedruckten Übersetzung etwa 400 Quartseiten füllt, vollgepfropft. Möglicherweise wird diese Bedingung gestellt, um einen nicht

Zwei leitende Scheichs aus Stambul, siehe Seite 31 f.

zu schroffen Übergang zu bilden von der Gelehrsamkeit und Intelligenz dieser Welt zur wirklichen intuitiven Weisheit.

Der Koran enthält, wie bekannt, die ganze äußere Weisheit der Welt, die ein Mensch nötig hat, um allmählich zum inneren Verständnis derselben zu gelangen. Wird sie in der richtigen Weise erfaßt und von innen belebt, so gibt sie dem Suchenden die Fingerzeige, die er für die erste Stufe der Einweihung nötig hat.

Der Hafis singt die rhythmischen Strophen in derselben Weise wie die Inder die Veden singen oder wie die Priester die Messe. Neben ihm sitzt ein älterer Bruder mit dem Koran in der Hand und paßt auf, daß er kein Wort ausläßt oder verfälscht. Macht er auch nur den kleinsten Fehler, so wird er sofort unterbrochen und muß ihn richtigstellen. Aber in einer so gelehrten Gesellschaft, wie dieser hier ist es überflüssig, daß jemand kontrolliert, denn ein jeder kennt seinen Koran auswendig. Auch unser Sänger erbringt den Beweis. Während einer ganzen Stunde macht er nur ein paar unbedeutende Fehler, über die man mit einem kurzen Murren hinweggeht, ohne ihn wiederholen zu lassen.

Der Dolmetscher kommt wie gewöhnlich kurz vor dem Essen und erhält seine Ration aus der guten Küche. Den Hafis, der es uns bringt, bitten wir, einen Augenblick zu bleiben, da ich gern ein paar Fragen an ihn richten will. Der herzensfromme naive Mönch setzt sich auf meine Matratze. Ich frage ihn, was er erlebe, wenn er bei den Hebungen in Zuckungen gerät und unter Rufen und Weinen entrückt wird. Er gehört zu den Sensitivsten und geht fast jeden Abend in eine leichte Trance über. Er antwortet, er könne den Zustand nicht beschreiben. »Es ist, als befiele mich ein Fieber.« Ich frage, ob er etwas Schönes sieht oder angenehme Gedanken dabei hat? Er verneint es. Ob er wisse, was er in diesem Zustand tue, und erklären könne, weshalb er das tut. Er kann hierüber nichts Bestimmtes sagen. »Es durchfährt mich wie Feuer. Das sind die Kräfte des Scheichs, die mich ergreifen. Je weiter ich mich von der Tekke entferne, um so stärker wirken sie. Einmal war ich in seinem Auftrag in Izmir. Doch ich mußte bald wieder zurückkehren. Seine Kräfte wirkten aus der Ferne so stark auf mich ein, daß ich sie nicht ertragen konnte.«

Auf meine wiederholten Fragen, ob dieser Zustand von angenehmen Gefühlen begleitet sei, sagt er: »Angenehm kann man sie nicht nennen; doch unbehaglich sind sie auch nicht. Es ist, als werde man von stärkeren Kräften in Besitz genommen, die wie Feuer durch den Körper zucken und diesen bewegen, ohne den Willen um Erlaubnis zu fragen. Man wird wie emporgetragen in die Höhe.«

Ich bin ihm für diese naiven Aufklärungen sehr dankbar, da es sonst fast unmöglich ist, Adepten, die nur die primären okkulten Erlebnisse gemacht haben, zum Reden zu bringen. Ich frage, ob ich ihn vor meiner Abreise mit etwas erfreuen könne. »Mit einem Bild des Scheichs«, sagt er. »Das habe ich dir schon versprochen. Hast du keinen anderen Wunsch?« – Er überlegte dann fällt ihm ein, daß ein kleines Paket Schnupftabak ihn glücklich machen würde. Ich verspreche ihm dieses und streichle ihm wie einem Kinde, das er ist, die Wangen. Er legt seine Hand auf das Herz und sendet mir einen liebevollen, hingebenden Blick.

Ich muß an unsere heimatlichen Proletarier denken, an Klassenkampf und alle europäischen Gesellschaftsübel. Unter den Kindern des Islam gibt es keinen Klassenstreit, sondern Brüderschaft.

Als ich etwas später am Tor der Tekke die Schuhe wechsle, um in den Garten zu gehen, sagt mein Freund, der Hafis, durch Zeichen, ich hätte doch nicht die Absicht auszugehen. Der Scheich käme bald. Ich zeige auf den Garten, auf die Sonne und auf mich selbst. Ich will mich nur draußen an der Sonne wärmen. Doch hier fürchtet man, wie in den Tropen, die direkte Sonnenbestrahlung. Er legt mit einem bedeutungsvollen Blick seine Hand auf das Herz, zeigt auf meines und macht eine anbetende Bewegung zur Sonne hin. Er hat meine Absicht so aufgefaßt: Ich will die kleine Sonne, die in meinem Herzen angezündet ist, durch die lebengebenden Kräfte der großen himmlischen Sonne stärken. Wir nicken einander zu, denn wir haben uns verstanden.

Kaum habe ich mich mit dem Dolmetscher in den Garten begeben, so erscheint der alte Scheich und läßt sich bei uns auf einem der kleinen Hocker nieder.

169

Es ist für einen Europäer kaum faßbar, was dieser alte, schwergliedrige Mann aushalten kann. Stundenlang sitzt er auf seinen gekreuzten Beinen beim Gebet, er empfängt in derselben Stellung, und jetzt hockt er hier auf diesem unbequemen Stühlchen, das für ihn eine viel zu kleine Sitzfläche darbietet. Ich werde stets lahm, wenn ich kreuzbeinig am Boden hocken muß, zum Beispiel bei den Zikr-Übungen, wechsle dann häufig die Stellung und mogele ein wenig, indem ich einfach die Beine seitlich ausstrecke und mich auf die Hand stütze. Doch Übung macht den Meister. Von früher Kindheit an nimmt der Orientale diese Sitzstellung ein, so daß Sehnen und Muskeln entsprechend gestreckt werden. Später bereitet sie ihnen ebensowenig Mühe wie uns das Sitzen auf bequemen Stühlen.

Ich bitte um Auskunft über die Verbreitung des Ordens, dessen Kalif zu sein ich nach der gestrigen Ernennung die Ehre habe. Der Scheich lächelt und sagt, er habe noch 40 Repräsentanten außer mir, die über Kleinasien, Bulgarien, Bosnien und Albanien verteilt seien. Sein Orden gehöre nicht zu den verbreitetsten und zähle doch sicher mehr als 100 000 Mitglieder.

Beim Niederschreiben dieses Gesprächs finde ich meine Notizen von einem französischen Werk, das von den orientalischen Bruderschaften handelt. Es heißt: *Les Confréries religieuses muselmanes*, von Octave Depont und Xavier Cappolarie, Algier 1897. Die Verfasser haben Algerien bereist und nach eingehendem Studium in diesem, einem der kleinsten Länder des Islam, folgende Statistik über die dortigen Mönchsorden aufgestellt:

Kadri	25 000	Cheik'hia	10 200
Bu A'lia	3 600	Taibia	22 200
Ben Nahal	6 500	Derquaua	10 000
Rahmania	15 6000	Kerzazia	2 000
Tidjania	25 300	Ziania	3 000
Kadeli	14 000	Senoussi	950

Die meistverbreiteten hier im näheren Orient, wo es keine Statistik darüber gibt, sind: Rufai, der allein in Konstantinopel 40 Tekkes besitzt, Naqshbandi mit seinen vielen Abzweigungen, Mevlevi, gewöhnlich »die

Tanzenden Derwische« genannt, ferner Melami, Ekberi, Chanseli, Dusuki, Sumboli, Djevedi, Halvedi, Sadi, Bedevi, Kadri, Bektaschi, Zenari, Gyldschami, Djeradi, Uschaki, Harledi, Ekmalie und Nachtschi. In Nordafrika sind – Algerien nicht mitgerechnet – die verbreitetsten: Rufai, Bedevi, Sa'adi oder Djebani, Djichti, Badani, Bei'oumi, Sulami, Sahard'uari, A'issaoui, Bu'ali und Am'mari. Aber außer diesen Orden findet man in Arabien, Persien und Nordindien eine Mannigfaltigkeit, deren Namen ich nicht habe auftreiben können. Jeder Orden hat verschiedene Zweige mit besonderen Namen. Kadeli zum Beispiel hat 14 große Orden unter sich, Kheluati 8 und Naqshbandi 5, mit zahlreichen Unterabteilungen.

Ein reisender Derwisch, den ich hier traf, war zu Fuß durch Asien gewandert, um mit den islamischen Tariqâten Verbindungen anzuknüpfen. Er sagte mir, dort sei das Ordenswesen noch viel mehr verbreitet als hier. In China zum Beispiel sei jeder erwachsene Mann Mitglied einer Geheimgesellschaft; dort seien die Orden aber mehr politischer als religiöser Natur. Während seines vieljährigen Aufenthaltes in Zentralasien hat dieser Derwisch erfahren, daß das persische Werk *Bidel* das am höchsten geschätzte Buch ist. Es wird noch der *Mesnewi* vorgezogen, die besonders bei den Persern für das beste Literaturwerk gehalten wird.

Der große revolutionäre Orden, die Bahaisten, der nicht mehr zum Islam gerechnet wird und in Nordamerika allein fünf Millionen Anhänger zählt, führt seinen Namen nach dem Stifter Baha Allah, Sohn des Abdul Baha Abass, und stammt aus Persien, von wo der Stifter vertrieben wurde. Er wirkte später in Bagdad, Adrianopel und Haifa, wo sich heute der Hauptsitz des Ordens befindet. Er stellt einen Versuch dar, Christen, Juden und Muslime zu verschmelzen. Die Bahaisten wollen eine gemeinsame Sprache einführen und das Militär abgeschafft wissen. Ein Jahr hat bei ihnen 19 Monate zu je 19 Tagen und zum Schluß fünf Tage allgemeiner Feste. Für die Muslime schreiben sie zweimal wöchentlich Fußwaschungen vor statt der fünf täglichen. Sie fordern auch die Abschaffung des gemeinsamen Gebets. Jeder kann beten, wann und wo er will. Empfohlen wird die Pilgerfahrt zum Berg Carmel bei Akka, wo der Prophet Baha ruht.

Doch zurück zum kleinen Tekke-Garten, wo ich mit dem alten Scheich unter dem Feigenbaum sitze. Er erzählt von seinem Leben. Vor vielen Jahren verließ er seine Heimat Irak und kam nach Konstantinopel, wo er schnell bekannt wurde und so großen Zulauf hatte, daß Abdulhamid es für besser hielt, ihn wieder in die Heimat abzuschieben. Hier wirkte er bis zu den letzten Regierungsjahren dieses Sultans. Ein paar Jahre vor seiner Absetzung kam er nach Konstantinopel zurück und wirkt seither hier in großem Segen. »Du erinnerst dich«, sagt er, »daß kurz vor der Abdankung Abdulhamids im Jahre 1909 eine Militärrevolte hier in der Stadt ausbrach, die von Truppen aus Saloniki niedergekämpft wurde. Am Tage des Einzugs dieser Truppen, dem eine regelrechte Schlacht vorangegangen war, kam einer von unseren Brüdern in die Tekke, gerade als die Zikr-Übungen beginnen sollten. Ich fragte ihn, ob viel Blut geflossen sei. Er sagte, es habe nur etwa 20 Tote gegeben. Während der Übungen ging einer der Brüder in Trance* und sagte: ›Ich sehe weit über 1000 Tote in den Straßen. Und ich sehe, wie Abdulhamid mit einem einfachen Fes auf dem Kopf aus seinem Palast geführt wird!‹

Wie bekannt, gibt hier die Kopfbedeckung die Stellung eines Mannes an. Uns klang dies alles unglaublich. Der Sultan hatte damals schon 33 Jahre regiert und allen möglichen Gefahren und Verschwörungen getrotzt. Er würde auch diesen Sturm überdauern, dachten wir. Aber der Adept hatte richtig geschaut, was ein Medjsub, das heißt einer, der die erste Stufe der Hellsichtigkeit erreicht hat, in diesem Zustand immer tut.«

Ich bitte den Meister, etwas Genaueres über diese Stufe zu berichten. »Davon sprechen wir nicht gern«, sagt er. »Der Anfänger wartet fast immer auf Visionen und Wunder. Aber diese sind in der richtigen okkulten Entwicklung ganz unwesentlich. Es kommt auf die moralische Erziehung und ihre Resultate im Herzen an. Ein Anfänger, der Visionen hat

---

* *Der Übersetzer benutzte dieses Wort, das überhaupt nicht die Bedeutung des türkischen Wortes besitzt; aber er bestand darauf, daß es weder im Französischen noch in einer anderen europäischen Sprache ein Wort gäbe, das besser die Bedeutung des vom Scheich benutzten Wortes jesebé wiedergibt.*

und Wunder verrichten kann, wird gewöhnlich als ein großer Eingeweihter angesehen, doch jeder kann diese Stufe durch Fasten, Gebet und
Einsamkeit erreichen. Später, wenn er viel weiter in seiner Entwicklung
gekommen ist, vielleicht die Stufe erreicht hat, wo er Führer der 40 Reiter wird, halten ihn viele sogar für gottlos. Denn jetzt kann er dem Äußeren nach ein gewöhnliches Leben führen, und nur seine Adepten ahnen,
welche Macht er in Wirklichkeit besitzt und mit Gottes Erlaubnis anwenden kann.«

Ich frage, was mit den 40 Reitern gemeint sei. Er antwortet: »Mein
Vorgänger in diesem Orden erlebte, als er gerade im Astralen zum Leiter
der Vierzig gewählt worden war, daß einer seiner Adepten in der Trance
40 Reiter sich entgegenkommen sah. Ihr Führer begrüßte ihn. Der Adept
fragte: ›Wer bist du?‹ – ›Dein Bruder‹, war die Antwort. – Mein Vorgänger
fragte später diesen Adepten: ›Hast du mich in deinem Gesicht denn nicht
wiedererkannt?‹ Jetzt erst verstand dieser seine Vision.

Die 40 Reiter sind die okkulte Kraft, die den Leitenden Hilfe bringt
und Gottes Gerechtigkeit unter den Menschen aufrecht erhält. Es gibt
drei, sieben und vierzig Reiter!«

Ich bitte ihn, mir noch ähnliche Beispiele vom Eingriff der astralen
Kräfte zu geben, wovon der Universitätsprofessor neulich zu berichten
wußte und worüber er unterrichtet war. »Das ist ja gar nichts«, antwortet er. »Solches geschieht täglich. Nur sprechen wir nicht davon. Solche
Dinge sind von untergeordneter Bedeutung. Das Wesentliche ist die
moralische Umwandlung des Charakters.«

Ich antworte: »Wenn meine Bestrebungen in Europa von Erfolg
gekrönt sein sollen, so muß ich solche Tatsachen kennen. Wäre es nicht
möglich, mir einen deiner Schüler zu schicken, der Wunder oder astrale Phänomene ausführen kann? Diese würden mehr als alles andere
dazu beitragen, dort die Meinung über deine Religion zu ändern.«

Jetzt habe ich ihn im richtigen Geleise. Er erzählt, daß der Hodscha, der gestern an unseren Gesprächen teilgenommen hat, hochentwickelte okkulte Fähigkeiten besitze. Sein Name sei Scheich Suleï-
man Efendi, Kalif des Scheichs für die südöstlichen Provinzen am
Schwarzen Meer.

173

»Einer seiner Schüler in Trabzon war neulich ernstlich erkrankt und bat ihn um Hilfe. Suleiman setzte sich in okkulte Verbindung mit mir. Wir beide besuchten gleichzeitig im Astralen den Kranken und gaben ihm mit Gottes Hilfe Kräfte, um seine Krankheit zu überwinden. Einige Zeit nachher reiste Suleiman nach Trabzon, um den Kranken zu besuchen. Dieser sagte ihm, er hätte gehofft, ihn schon früher zu sehen, und bemerkte: ›Wenn der ehrwürdige Oberscheich von Konstantinopel um meinetwillen die lange Reise unternehmen konnte, so hättest du als mein Meister, der in größerer Nähe wohnt, mir wohl auch in der Krisis beistehen können!‹ – ›War der alte Scheich allein?‹ fragte ihn Suleiman. – ›Nein, er hatte einen Begleiter bei sich, aber dieser hielt sich stets bescheiden hinter seinem Meister, so daß ich das Gesicht nicht sah.‹ – ›Dieser Begleiter war ich!‹ sagte Suleiman und beruhigte damit seinen Schüler, der jetzt von der Wahrheit überzeugt war, daß wir beide ihn besucht hatten. Er war noch nicht so weit, um zu verstehen, daß solche Besuche auf der Astralebene gemacht werden können, um sich von dort aus für ihn ins Physische zu manifestieren.

Ein anderer Schüler Suleimans befand sich einmal auf dem Schwarzen Meer in großer Gefahr. Der Dampfer, auf dem er fuhr, bekam in einem Sturm ein ernstliches Leck und einen Maschinenschaden, so daß das Steuer nicht mehr arbeitete. Der Sturm raste weiter, und da der Kapitän sein Schiff für verloren hielt, beorderte er alle Mann an Deck, um Vorbereitungen zum Verlassen des Schiffes zu treffen. In diesem Augenblick bat Suleimans Schüler seinen Meister um Hilfe. Dieser zeigte sich ihm und sagte, er sollte sich auf den Oberscheich konzentrieren. Dies tat der Bruder und bekam die Gewißheit, daß die Gefahr überstanden sei. Zugleich wurde ihm befohlen, es dem Kapitän mitzuteilen. Dieser glaubte zuerst nicht daran. Aber gleich darauf wurde ihm gemeldet, daß die Maschine wieder in Ordnung sei. Die Pumpen arbeiteten, das Steuer gehorchte, und das Leck konnte gestopft werden.«

»Wie lassen sich solche Phänomene erklären?« frage ich.

»Nach eurer Wissenschaft lassen sie sich gar nicht erklären. Alles liegt in Gottes Hand. Will er uns von seinen Kräften geben, so können wir als seine Werkzeuge benutzt werden. Im anderen Fall können wir nichts erreichen. Gott baut auf und vernichtet. Natur und Mensch sind in den äußeren Formen einem beständigen Entstehen und Vergehen unterworfen. Aber hinter den unsichtbaren Entstehungs- und Vernichtungskräften, die in uns und in der Natur wirken, liegt die ewige Gotteskraft, die weder die Gesetze der Materie noch Zeit oder Raum kennt. Das alles ist Menschenerfindung. Durchdringen wir den Schleier, in den die sichtbare Welt uns einhüllt, und gibt uns Gott seine Kraft dazu, so können wir die irdischen Scheinkräfte durch die wirkliche, kosmische, ursprüngliche Allkraft, die von Gott ausströmt, beherrschen.«

»Ist denn der, der sich bei solchen Phänomenen zeigt, wirklich anwesend?«

»Gerade so wirklich, wie du und ich hier anwesend sind!«

»Aber bestehen sie auch, wo sie sich zeigen, aus Fleisch und Blut wie wir?«

»Was sind wir anderes als Manifestationen des Geistes, der in uns wohnt! Kann Gott sich in uns zeigen durch den Körper, wodurch er sich in unserer Seele umhüllt, so kann er auch diesen Körper anderswo aufbauen und ihm denselben Funken seines Wesens als Inhalt geben. Aber bedenke wohl: Ohne Gottes Hilfe gelingt solches nie!«

»Kann ein Eingeweihter also wirklich vollbewußt an mehreren Stellen zur selben Zeit anwesend sein?«

»Wir haben drei Phasen in unserer okkulten Entwicklung: *Keschiff*, die Offenbarung der unsichtbaren Welt, *Marifett*, die Einweihung selbst, und *Vilajet*, die Erfüllung mit der Heiligkeit Gottes.

Wenn der Eingeweihte diese Stufe erreicht hat, kann er von Gott die Kraft erhalten, sich mehrere Körper auf verschiedenen Stellen aufzubauen und von demselben Geist aus in ihnen zu wirken.

Außer seinem physischen Körper besteht der Mensch, wie du weißt, aus einem Ätherleib, *Djismi essiri*, der aus den Kräften der ätherischen Ebene zusammengesetzt ist. Dieser formt und erhält den physischen Leib. Ferner hat er einen Astralleib, *Djismi ma'anevi*, der stets während des Schlafes frische Kräfte aus der astralen Welt holt und diese durch den Ätherleib dem physischen Körper mitteilt. Es ist das Ich, der Gottesfunke in uns, der diese Kräfte von den höheren Ebenen zusammenhält und es für jedes Einzelwesen möglich macht, sich als den Menschen zu gestalten, den er auf der physischen Ebene darstellt.

Aber du verstehst auch, daß, falls dieses Ich sich von einem Funken zu einem Feuer entwickelt, die Möglichkeiten für sein Wirkungsfeld in demselben Verhältnis wachsen. Eine solche Steigerung der Kräfte der Individualität wird nur durch Gott erreicht und ist bedingt durch ein Leben in demütiger Gottesfurcht, Reinheit und innerer Konzentration.«

Jetzt fährt ein Auto vor der Tekke vor. Der Bey kommt auf Besuch. Wir ziehen von unserem Platz unter dem Feigenbaum nach einer schattigeren Ecke des Gartens um, da der Gast die Sonne nicht verträgt. Hier setzen wir das Gespräch fort.

Es wird türkischer Kaffee in den üblichen Miniaturtassen serviert.

Der Bey hat Bekanntschaft mit dem Meister unseres gemeinsamen Freundes, des Universitätsprofessors, gemacht. Von diesem weiß er folgendes zu berichten: Jener Meister war früher Leiter eines Tekke draußen am Bosporus, wo man im Winter das Zikr im Freien um ein großes Feuer abhielt. Eines Abends war einer der Teilnehmer in der Trance in dieses Feuer hineingesprungen und hatte sich längere Zeit in den Flammen aufgehalten, ohne im geringsten Schaden zu leiden. Nicht einmal seine Kleider waren versengt worden.

Der alte Scheich verhält sich stets abweisend bei der Erwähnung solcher Phänomene. Wieder äußere ich Zweifel darüber und sage, daß man in Europa solche Berichte nicht glaubt, selbst wenn vertrauenswürdige Zeugen vorhanden seien. Sogar den Photographien von Fakirkünsten traue man nicht. Man sage: Die Berichtenden seien Gegenstand einer Suggestion gewesen und die Platten vorher präpariert.

Da läßt sich der Scheich endlich bewegen, auch ein Beispiel zu bringen. In seiner Tekke im Irak, wo man ebenfalls das Zikr um ein großes Feuer abhielt, sprang einmal einer seiner sensitivsten Schüler gleich nach Beginn der Übung, vom Geist ergriffen, mitten in das Feuer hinein, wo er sich bis zu Ende, etwa 15 Minuten lang aufhielt. Keiner kümmerte sich um ihn. Jeder war so tief in sich konzentriert, daß nichts, was währenddessen vorging, ihn beeinflussen konnte.

»Als die Übung zu Ende war, holte ich den Schüler aus dem Feuer. Es fehlte ihm nicht das Geringste, als er wieder zu sich kam, und nicht ein Faden an seinen Kleidern war verbrannt. Ich fragte ihn, ob er sich erinnern könne, weshalb er ins Feuer gesprungen sei. Er sagte, die innere Glut habe ihn so verbrannt, daß das große Feuer ihm wie ein kühlendes Blumenbeet vorgekommen sei. Er sprang in die Gluten, um das innere Feuer durch das äußere abzukühlen!«

Ich frage den Bey, der die europäische Mentalität ebensogut kennt wie die orientalische, wie man die Menschen des Westens dazu bringen könne, an die Wahrheit solcher Berichte zu glauben.

»Einstweilen ist das kaum möglich«, antwortet er. »Solange man nicht glaubt, daß die Seele das formende, erhaltende und herrschende Prinzip im Menschenwesen ist, wird man nichts verstehen. Man ist ja in Europa noch so weit zurück, daß man nur das anerkennt, was gemessen und gewogen werden kann. Ein berühmter Professor der Chirurgie, mit dem ich einmal über die Menschenseele sprach, sagte: ›Ich habe jetzt viele hundert Menschen operiert und ebensoviel Leichen seziert. Es gibt keinen Teil vom menschlichen Körper, zu dem ich nicht vorgedrungen wäre. Aber in keinem der menschlichen Organe habe ich jemals eine Seele gefunden. Es gibt einfach keinen Platz dafür, denn der wunderbare Mechanismus des Körpers ist so genau zusammengefügt, daß jedes einzelne Organ mit dem anderen in Verbindung steht, wie bei den Zahnrädern an einer Maschine.‹ - Solange man sich blind und taub macht gegen das, was die Maschine zusammengesetzt hat und in Ordnung hält, wird man selbstverständlich nichts verstehen!«

»Wie erklären Sie aber selber diese Phänomene?« frage ich.

»Ich brauche keine Erklärung, denn die Allmacht Gottes ist mir Erklärung genug. Doch Sie sind ja selbst so weit gekommen, um zu verstehen, daß es der Ätherkörper ist, der unserem unsichtbaren Leib Leben gibt und sich von einem höheren Plan in das Physische niedersenkt. Verläßt dieser den Menschenkörper, so stirbt er. Das, was uns das Bewußtsein gibt, ist das andere seelische Prinzip: der Astralkörper. Verläßt dieser uns zeitweilig, wie während des Schlafens, so geht uns das Tagesbewußtsein verloren. Verläßt er uns so, daß er den Kontakt mit uns nicht ganz aufgibt, so sind wir in Trance. In diesem Zustand, wo sich das Ich mit dem Astralkörper vereinigt und ganz außerhalb des physischen Körpers ist, hat es die Macht, diesen durch seine Herrschaft über die Kräfte der astralen Welt zu beschützen.

Wir kennen alle das Schlafwandlerphänomen. Ein Mensch geht im Schlaf über Hausdächer und balanciert Dachrinnen entlang, und zwar mit weit größerer Sicherheit als im Wachen. Die wenigsten kennen, wie Sie, die Materialisationsphänomene. Der exteriorisierte Astralleib und das Ich eines Mediums formen aus den astralen Kräften oder Stoffen der Teilnehmer eine Gestalt, die dadurch, daß sie sich in diese nebelhaften physischen Ausdünstungen einkleidet, sichtbar werden kann. Solches okkulte Ausziehen ihrer Kräfte aus den Teilnehmern wirkt auf diese sehr erschlaffend, weil es eben Lebenskräfte sind. Daher soll man meiner Ansicht nach diese Experimente vermeiden.

Wollen Sie eine greifbare Erklärung der Feuerphänomene haben, so können Sie sich denken, daß der exteriorisierte Astralleib und das Ich wie mit einer Hülle von Astralkraft den Körper im Feuer umgeben und ihn, wie auch die Kleider um ihn, gegen ihren Diener, das Feuer, beschützen. Auf dem Theater hat man den eisernen Vorhang, der bei Feuergefahr das Publikum von der Bühne trennt. Ein solcher okkulter eiserner Vorhang umgibt das unbewußte Medium während solcher Ereignisse.

Es ist ebenfalls die Herrschaft über diese Kräfte der astralen Welt, im bewußten Zustand, die es dem eingeweihten Meister möglich macht, sich einen physischen Körper an anderen Orten aufzubauen.«

Jetzt wird uns ein kaltes Glas Wasser mit Fruchtsaft gereicht, was bei der Wärme sehr erfrischend wirkt.

Der Bey fährt fort: »Der einzige Europäer, der bisher etwas vom Orient verstanden hat, war Schopenhauer, der den Sufismus studierte. Er schreibt unter anderem kritisch über das Buch eines »stubengelehrten« Europäers, das den Sufismus behandelt, und bemerkt sarkastisch, der Verfasser bewege sich unter den subtilen Materien, die er behandle, wie der Eunuch im Harem. Beide hätten kein selbstgewonnenes Verständnis von den Schätzen, die sie zu betreuen haben.«

Ich möchte gern noch andere Beispiele von Phänomenen kennenlernen und frage, ob der kleine (küçük) Osman, jener Meister, in dessen Tekke ich zuerst eintreten wollte, auch Wunder tun könne.

Der alte Scheich schneidet eine Grimasse. Er ist dieser Kinderstubengeschichten, die für ihn gar kein Interesse haben, müde. Wieder lasse ich ihm durch den Bey sagen, wie wichtig es sei, daß man in Europa zum Verständnis der Phänomene komme, die der neuesten Wissenschaft, der sogenannten Parapsychologie, zugrunde liegen. Sie gehören mit zur Mentalität der Orientalen und diese seien für uns nicht zu verstehen, wenn wir uns nicht über ihre Phänomene klar würden.

Der Scheich sagt, man könne solche Berichte bis ins Unendliche fortsetzen. Doch er sehe nicht ein, wozu, da man ebensogut die Allmacht Gottes aus dem geringsten Blatt oder Gewürm oder besser an sich selber erkennen könne. Aber falls es meiner Arbeit nützlich sei, so wäre er bereit, von Wundern zu berichten, die in großer Zahl in seiner Anwesenheit geschehen seien. Gott habe zum Beispiel durch sein Gebet schwerkranke Menschen geheilt.

»Vor kurzer Zeit brachte man einen Gelähmten zur Tekke. Die Ärzte hatten ihn für unheilbar erklärt. Er wurde zu unserem Zikr hereingetragen. Wir konzentrierten uns alle, um ihm durch unser Gebet zu helfen. Als die Andacht beendet war, gebot ich dem Mann aufzustehen. Und siehe da, er konnte ohne Hilfe aufstehen und ging auch ohne Hilfe nach Hause.«

Der Bey erzählt nun folgendes: »Ein Schüler von Küçük Osman wurde während des Krieges zum Militär eingezogen. Als er sich von seinem Meister verabschiedete, klagte er darüber, daß er nur die dünne Uniform, in der er ging und stand, besäße. An den Dardanellen sei es um diese Jahreszeit sehr kalt. Der kleine Mann zeigte auf ein Lammfell, das am Boden lag, und sagte: ›Das kannst du ja mitnehmen, das ist warm!‹ Der Soldat nahm es und ging davon.

In den kalten Nächten schlief er auf dem Lammfell, und es war ihm oft so warm, daß er in Schweiß gebadet erwachte, während seine Kameraden in ihren warmen Mänteln und Schlafsäcken bitterlich froren. Eines Abends, als er die Wache an einer Sanddüne gegen das Meer hin hatte, kam der Meister zu ihm und sagte: ›Ich gehe jetzt hinaus, um die Feinde fortzujagen. Gott will nicht, daß sie uns länger plagen. Du kannst jetzt dem Kommando telephonieren, daß ich hinausgegangen bin und daß binnen kurzem die feindlichen Schiffe abziehen werden.‹

Der Soldat tat wie geheißen und sah seinen Meister auf das Meer hinaus den Schiffen entgegengehen, wo er schließlich im Dunkeln verschwand.

Bei dem Kommando lachte man ihn aus, fragte, ob er verrückt oder betrunken sei und versprach ihm für den nächsten Tag eine Bestrafung. Aber bei Tagesanbruch war das Meer wie reingefegt, die Schiffe der Alliierten lagen zum ersten Mal nach vielen Monaten nicht mehr an ihren gewohnten Ankerplätzen.

Bei Çanakkale sind 200 000 alliierte, meistens englische und australische Soldaten begraben, 45 stolze Schiffe liegen am Meeresgrund.

Die übermenschlichen feindlichen Anstrengungen wären mit Erfolg gekrönt worden, wenn die Schiffe nicht gerade in jener Nacht abgedampft wären, sondern noch einige Tage ausgehalten hätten. Denn die türkische Munition war aufgebraucht. Nur fünf Granaten hatte man noch übrig und keine Möglichkeit, die Depots neu aufzufüllen.

Es gibt auch viele Beispiele in unserer Kriegsgeschichte, wo der oberste Heerführer augenscheinlich kaum wußte, was an der Front vorging. Nicht selten gab er gerade ein Fest in seinem Zelt, während draußen entscheidende Schläge geführt wurden. Aber seine astralen Kräfte waren in den Reihen der Kämpfenden und leiteten Offiziere und Soldaten.«

Es wird eine große Platte mit frischen grünen Salatköpfen hereingebracht, die nirgends auf der Welt wohlschmeckender sind als hier. Roh, mit etwas Salz dazu, munden sie vortrefflich.

Wir besprechen die Möglichkeit, einen Repräsentanten von hier zum nächsten europäischen Kongreß für Parapsychologie zu entsenden. Der alte Scheich wird gefragt, was er dazu denke. »Falls ich selber imstande wäre zu kommen, so opferte ich gern meine Kräfte für eine solche Aufgabe, die den Beifall Gottes hat. Aber ich werde nicht mehr lange hierbleiben. Die Kräfte meines Körpers würden für eine solche Reise nicht ausreichen. Mein Sohn Ali aber könnte kommen. Doch erst mußt du uns einen Auszug senden von dem, worum es sich handelt. Es gilt festzustellen, in welchen Punkten wir schon einig sind, was uns noch trennt und wo jeder seine eigenen Wege gehen muß.

Es genügt nicht, Bücher zu übersetzen und sie uns zuzusenden. Dich kennen wir, und dich verstehen wir. Du mußt uns rechtzeitig Auszüge über die strittigen Fragen senden, so daß wir sie genau studieren und unseren Vortrag auf dieser Grundlage aufbauen können.«

Ich sage, daß ich vorhabe, arabische Gelehrte, die europäische Sprachen beherrschen, zur Zusammenarbeit mit europäischen Fachmännern einzuladen, die ihrerseits Arabisch und Persisch verstehen. Gemeinsam sollten dann der Koran, das Tariqât, die Phänomene und das esoterische Christentum studiert werden. Mit diesem gemeinsamen Studium als Grundlage ließe sich dann ein Vorschlag zur künftigen Einigung ausarbeiten. Denn ohne eine religiöse Übereinstimmung sei das Zusammenarbeiten auf anderen Gebieten nicht möglich.

»Es ist meine Hoffnung«, sage ich, »daß die Initiationswissenschaft, die allmählich die westliche Wissenschaft inspirieren wird, mit den uralten Einweihungsschulen des Orients zusammenarbeiten kann, so daß mit der Zeit auf dieser Grundlage eine universelle Brüderschaft ersteht, die Menschen aller Rassen, Religionen und Nationen zu dem gemeinsamen Ziel, zur Erkenntnis der Wahrheit führt.«

Draußen, von den Minaretten her, rufen die Muezzins die Rechtgläubigen zum Gebet. Der Scheich und der Bey erheben sich, um im Zeremoniensaal zu beten, und fragen, ob ich nicht teilnehmen wolle. Ich antworte, daß meine Seele noch nicht die glückliche Devotion wie die ihrigen besitze. Eine Teilnahme meinerseits würde nicht ganz echt sein. Ich zöge daher vor, zu warten, bis ich auch diese Form von Gottesdienst mitmachen könne. Sie nicken beifällig und gehen ins Heiligtum hinein, vom Dolmetscher begleitet.

Während ich allein in dem kleinen Garten zurückbleibe, erfüllt mich eine sonderbare, weiche Stimmung. Ist es der tiefblaue Himmel über mir mit seinen Störchen, Fischreihern, Falken und Schwalben, sind es die schlanken Minarette, von woher eben der Gesang kam, ist es das Murmeln des Gebets, welches durch die offenen Fenster zu mir herausdringt, sind es die Glocken einer vorbeiziehenden Ziegenherde oder der

Duft der Blumen, der herrlichen gelben Schlingrosen und des Gold-
lacks, oder ist es die Wehmut beim Verlassen dieser Stätte? Ich weiß es
nicht! Aber dem inneren Blick wird in einem Augenblick klar, was uns
moderne Menschen von Europa wegtreibt, hin zu einfacheren Völkern.
Es ist die unbewußte Erkenntnis, daß wir mit unserer Kultur auf Abwe-
gen sind. Unsere Seele sehnt sich weg von dem toten, höllisch lärmen-
den, mechanisierten Leben nach Ruhe und Frieden bei den einfachen
Völkern, die noch nicht von dem alles verschlingenden, kulturaufsau-
genden Wirbelstrom fortgerissen sind.

Weshalb sehnen sich meine Landsleute, die lange unter den Eski-
mos in Grönland gelebt haben, immer wieder zurück nach diesem einsamen, einfachen Leben? Es erscheint ihnen weit schöner und mensch-
licher als das, was in den Großstädten Europas gelebt wird. Weshalb
sprechen Engländer, die lange in Indien oder in anderen fernen Koloni-
en gelebt haben, von diesem Leben mit solcher Sehnsucht und Freude?
Weshalb bekehren sich moderne Menschen zum Katholizismus oder
Islam und verstecken sich fern von der Welt in Klöstern? Weshalb lieben
wir das Naturleben mit Jagd und Skisport in einsamen Gegenden oder
das Segeln auf dem weiten göttlichen Meer?

Ist es nicht darum, weil das Beste in uns gegen das unnatürliche
Leben um uns protestiert, das vom modernen Menschen in unseren ent-
setzlichen Großstädten gelebt wird?

Nach dem Gebet kommen meine Freunde zurück. Der Bey strahlt von
innerem Licht und sagt, indem er sich bei mir niederläßt: »Sie ahnen
nicht, was für Kraft das gibt, am Gebet unseres Meisters teilzunehmen.
Es ist, als würde man von überirdischer Freude durchrieselt!«

Wir setzten das Gespräch von vorhin fort.

»Die Gefahr bei einem solchen Plan der Zusammenarbeit ist, daß
die westlichen Menschen noch nicht reif sind, um mit den Bildekräf-
ten bewußt in Kontakt zu kommen, und diese zum Bösen verwenden
können«, sage ich. »Betrachtet man die Tendenz, die sich schon jetzt
besonders in Amerika zeigt, das wenige, was wir bisher von den okkulten Kräften kennen, praktisch auszunützen, so muß man sich ängsti-

182

gen. An kaufmännischen Lehranstalten der Vereinigten Staaten lernen die Schüler, Suggestion und Hypnose zu verwenden, um dadurch zum Beispiel allerhand minderwertige Waren loszuwerden. Dieses kennen wir im kleinen in den Geschäften Europas ja auch, aber in Amerika, wo alles stets größere Dimensionen annimmt, hat man es zum System erhoben.«

»Falls die Moral nicht gleichzeitig mit der okkulten Entwicklung auf eine höhere Stufe gehoben wird, muß diese mehr schaden als nützen«, sagt der alte Scheich. »Wie du weißt, haben wir bei uns viele Orden, die die Schwarze Magie benutzen, sich auf okkultem Wege von Dschinnen und Kutdams bedienen lassen und so großen Schaden anrichten.«

»Wir haben für den Westen in der anthroposophischen Geisteswissenschaft den Wegweiser auf okkultem Gebiet, der die Menschen heil durch die Gefahren der Einweihung bringen kann«, antworte ich. »Unsere Zeit dürstet nach diesem Wissen als dem einzigen Heil, das die drohende Vernichtung der okkulten Werte retten kann. Aber in den letzten drei bis vier Jahrhunderten hat die moderne Naturwissenschaft uns von der Verbindung früherer Zeiten mit der geistigen Welt getrennt und übt einen solchen Einfluß auf das Denken aus, daß nur sehr wenige sich von ihren erdgebundenen Fesseln loszureißen wagen, um sich wieder zu den geistigen Erkenntnishöhen aufzuschwingen. Für diese Mutigen wird es von Bedeutung sein, zu erfahren, daß der anthroposophische Einweihungsweg, der sich in genauer Übereinstimmung mit der heutigen Entwicklungsstufe des Westens befindet, Wegen entspricht, die seit Jahrtausenden für die Völker des Orients benutzt werden.

Macht man sich im Westen durch die wissenschaftlichen Methoden der Parapsychologie zuerst einmal klar, daß ihre Phänomene Realitäten sind, die sich nicht von der materialistischen Wissenschaft wegerklären lassen, und macht man sich daraufhin vertraut mit dem okkulten Wissen, das im Tariqât des Ostens durch ihre Eingeweihten den Suchenden mitgeteilt wird, so braucht man keine größere innere Überzeugung, um den Weg als den rechten zu erkennen, der uns von der Anthroposophie angegeben worden ist.«

183

»Wir kennen diese Lehre nicht genug, um uns darüber äußern zu können. Aber wir hoffen, durch das Band, das von dir geknüpft ist, künftig zum gegenseitigen fruchtbringenden Verständnis zu kommen«, sagt der Scheich.

Die Zeit ist so weit vorgerückt, daß der Bey Abschied nimmt. Der alte Scheich zieht sich auch zurück, und ich begleite meinen Freund, den Dolmetscher, auf seinem Heimweg durch die Ruinenviertel nach Beyazid.

Es ist ein lauwarmer Frühlingsabend mit dem herrlichsten Licht des Sonnenuntergangs. Nirgendwo habe ich so schönes Licht mit wechselndem Farbenspiel gesehen wie an diesem Ort. Es liegt wie ausgegossen über dem Marmarameer, den Prinzeninseln und den klaren Silhouetten der Bergzüge Anatoliens.

Es ist der letzte Abend, den ich in der Tekke verbringe.

Um meinen braven Klosterbrüdern eine Freude zu machen, nehme ich zum ersten Mal am Abendgebet teil und mache alle Übungen mit.

Die guten Leute sind jetzt fest davon überzeugt, daß ich bekehrt bin, und schreiben das den Kräften ihres Scheichs zu, die so groß sind, daß er sogar einen Ungläubigen »Giour« auf den rechten Weg geführt hat. Sie senden mir beim Zikr Bruderblicke zu, die ich aufrichtig erwidere, denn im Innersten fühle ich mich diesen gottergebenen, liebevollen und hilfsbereiten Orientalen näher verwandt als vielen modernen gehässigen Menschenkarikaturen des Westens.

Ehe ich mich zur Ruhe begebe, sitze ich noch eine Weile in der dunklen Zelle und blicke auf den prachtvollen Sternenhimmel. Bilder von meinem Aufenthalt hier wandern in der Erinnerung vorbei. Ich sehe den ehrwürdigen Scheich ganz lebendig vor mir. Er nickt beifällig. Ich sehe seinen Sohn Ali, wie immer in der Gegenwart seines Vaters demütig auf dem Boden neben der Matratze kniend.

Ich erblicke meinen hochentwickelten Nachbarn, den Hodscha, in seiner würdevollen Gestalt und all die charaktervollen Kalifen und gottergebenen Männer, die ich hier kennengelernt habe.

Ich erlebe die Zikr-Übungen im kleinen Kreis der Tekke-Bewohner und die Übungen am heiligen Freitag im Kreis von Hunderten von Teilnehmern.

Ich blicke in die Seelen dieser guten Menschen und fühle mich so zu Hause bei ihnen, als ob ich in einem früheren Dasein unter solchen Menschen im Kloster gelebt hätte.

Die Reinkarnation wollen sie noch nicht anerkennen. Wenn sie aber dieselbe nach dem Tode erfahren, werden sie schon ihr nächstes Erdenleben aus einer höheren Erkenntnis heraus so wählen, daß sie sich dort inkarnieren, wo sie am meisten lernen können, und dann werden sie wohl auch an die Reinkarnation glauben.

Wie wird es der Menschheitsentwicklung helfen, wenn sich solche Seelen im Westen inkarnieren, während solche vom Westen im Orient eine Schule der Demut und des Frommseins durchmachen!

Mich ergreift eine feierliche Stimmung in Bewunderung für den allweisen Weltenlenker, und ich danke ihm für den Reichtum an Erfahrung und Einsicht, die mir durch diesen Aufenthalt geschenkt wurden.

Vierzehnter Tag in der Tekke
Fragen - Abschied - Der Brief des Scheichs

Bei Sonnenaufgang schreibe ich meine Notizen des interessanten gestrigen Gesprächs nieder.

Mein Frühstück wird mir heute von einem zwölfjährigen Mulattenmädchen aus dem Hausstand des Scheichs gebracht, was ein sicheres Zeichen des Vertrauens ist, das man mir erweist. Sonst habe ich während der Tage in der Tekke kein weibliches Wesen innerhalb seiner Mauern gesehen. Sie verbergen sich sorgsam vor den Fremden. Doch eines Tages, als ich von einem Spaziergang nach Hause kam und das Tor trotz mehrmaligen Klopfens verschlossen blieb, ging ich durch die Hauspforte des Scheichs, wo ich ein Mädchen traf, dem ich durch Zeichen erklärlich machte, daß das Tekke-Tor verschlossen sei. Es war dieselbe Mulattin. Sie lächelte verstehend und führte mich durch den Hausgang ins Kloster.

Jetzt schnattert sie etwas, was ich nicht verstehen kann, und zeigt auf die Bücher über dem Schrank, als ob sie von dort etwas haben möchte. Ich sage, daß ich kein Türkisch verstehe, was ihr Schnattern noch beschleunigt. Aus dem Strom ihrer Worte höre ich nur »Photographie« heraus, was gewiß international ist.

»Aha, sie will photographiert werden!« denke ich. Darum hat sie sich so feingemacht mit einem roten Haarband und Lackschuhen. Ich erkläre ihr nun durch Pantomimen, so gut ich vermag, daß der Apparat in Stambul sei, ich könne also ihren Wunsch nicht erfüllen, womit sie sich zufriedengibt und fortgeht.

Der Dolmetscher kommt schon um acht Uhr, um beim Abschied anwesend zu sein. Der Scheich soll, wie jeden Montag, zur Tekke seines Sohnes fahren, um den Gottesdienst zu leiten, und fährt schon um zehn Uhr fort, daher der frühzeitige Abschied. Der Dolmetscher teilt mir mit, daß er meinen Auftrag ausgeführt hätte, nämlich auf eine taktvolle Weise zu fragen, ob ich aus Dankbarkeit für meinen Aufenthalt eine kleine Summe für das Kloster stiften oder einen Geldbetrag zur Verteilung an die Armen des Scheichs hierlassen dürfe. Doch davon hat der Leiter nichts wissen wollen. Alles, was mit Geld zu tun hat, weist er ab. Es würde ja wie im Hotel sein, hat er hinzugefügt, als der Dolmetscher versuchte, ihn zu überreden. Dieser rät mir daher, dem Scheich ein Paket von extrafeinem Schnupftabak zu überreichen, das einzige, was er annehmen würde, und jedem Hafis ein gutes Trinkgeld zu geben. Sie seien alle arm, und der Scheich werde sicher nichts dagegen haben.

»Es ist bedauerlich«, sage ich, »daß wir erst gestern mit dem Scheich auf einen solchen Fuß gekommen sind, daß ich ihm konkrete Fragen stellen durfte. Leider wird wohl heute keine Zeit mehr zu einem Gespräch sein, sonst hätte ich ihm dieselben Fragen gestellt wie dem Universitätsprofessor, die er behauptet, nur durch ein Buch beantworten zu können, das er jetzt auch schreiben will.«

Für alle Fälle notiert sich der Dolmetscher diese Fragen, um sie möglicherweise anzubringen.

Sie lauten folgendermaßen (manche Antworten sind in Klammern hinzugefügt, so, wie sie mir nach meinen späteren Erfahrungen dort klar geworden sind):

1. Ich erbitte eine Definition des orientalischen Wortes für Initiation in dessen orientalischer Bedeutung.

2. Ist der Einweihungsweg oder das Tariqât, was die geistigen Übungen anbetrifft, das heißt Meditation, Konzentration, Gebet, Fasten, Zikr usw. in den verschiedenen Orden einigermaßen gleich und vom Stifter vorgeschrieben mit der Berechtigung für den Scheich, daß er sie den Umständen anpassen kann? (Ja.)

3. Werden die leitenden Scheichs der Orden als Eingeweihte in derselben Bedeutung des Wortes angesehen wie der Stifter des Ordens? (Ja, jedoch mit Abstufungen.)

4. Kann die Kontinuität in den esoterischen Orden des Islam (die Tariqâte, die Sufi- oder Derwischorden) historisch bis zum Propheten oder noch weiter zurückgeführt werden? (Sicher bis zum Propheten, vielleicht noch weiter zurück.)

5. Existieren Berichte über das Leben und die Lehren der Eingeweihten seit dem Propheten? Und über die Stifter der Orden, die als Heilige angesehen werden? (Ja.)

6. Erzählen diese Beschreibungen von dem, was sie als Eingeweihte sahen oder erfuhren, nämlich über das Leben in den unsichtbaren Welten, auf der ätherischen Ebene oder der Welt der Engel, auf der astralen Ebene oder der Welt der Dschinnen? Und entspricht dieses nach der Aussage der Eingeweihten dem Leben nach dem Tode, so wie es ein jeder erfahren wird? Mit anderen Worten: Ist die Einweihung der Tod vor dem Tode? (Ja.)

7. Sind verschiedene Hierarchien in der Welt der Engel anerkannt? Asrael, Michael und Gabriel werden im Koran als Erzengel erwähnt, also als höhere Wesen als die Engel. Kennt die islamische Esoterik noch höhere Engelhierarchien als die Erzengel? (Ja! siehe das Werk *Marifett Nahmé* von Ibrahim Edhem.)

8. Ist das Wort *Allah* die arabische Benennung für denselben Gott, der im Laufe der Menschheitsentwicklung von den Juden Jehovah, von den

Persern Ormuzd, von den Ägyptern Osiris, von den Indern Brahma und schließlich von den Christen Christus genannt wurde oder wird?

9. Wird der leitende Engel des einzelnen als zum Menschenwesen gehörend betrachtet? Kann ein satanischer Engel Leiter eines Menschen werden anstatt anderer Engel? Oder hat der Mensch zwei leitende Engel, einen guten und einen bösen?

10. Entsprechen die sechs Tage der Schöpfung Äonen, das heißt außerordentlich langen Perioden? Und hat unsere Erde drei Entwicklungsstadien durchgemacht, bevor sie Erde wurde – den anderen Elementen Wasser, Luft und Feuer entsprechend?

11. Werden solche eventuellen früheren Erdinkarnationen Mond-, Sonnen- und Saturninkarnation genannt wie im Okkultismus des Westens?

12. Anerkennt man, daß das Menschenbewußtsein sich mit der Entwicklung verändert? Daß es früher dumpfer war als jetzt und in der Zukunft klarer werden wird?

13. Und nun alle diese Fragen in eine zusammengefaßt: Wird es möglich sein, den modernen christlichen Esoterik mit dem Tariqât des Islam zu vereinigen, so daß künftig Wahrheitssucher vom Osten in den geisteswissenschaftlichen Schulen des Westens und Schüler von dort in den Tariqâten des Ostens aufgenommen werden können?

Wir haben diese Fragen kaum formuliert, als schon die ersten Brüder kommen, um Abschied zu nehmen.

Es sind drei von den Kalifen des alten Scheichs, Hodschas oder Scheichs, in verschiedenen Städten Anatoliens als Repräsentanten des Oberleiters wohnend. Ich erhalte ihre Namen und Adressen, gebe ihnen meine Karte, und wir versprechen einander, durch den Dolmetscher zu korrespondieren.

Der Kalif mit dem fanatischen Gesicht heißt Djevad und ist aus einem kleinen Ort bei Izmir. Der Scheich hat mir gesagt, er sei eine hochentwickelte Seele und habe ihm in Izmir große Dienste während der schwierigen Verhältnisse dort geleistet.

Der andere Kalif, der stets sehr zurückhaltend war, hat ein israelitisches Gesicht mit milden, guten Augen und ist aus Cäsarea. Beide laden mich ein, ihre Städte zu besuchen, und erwähnen, daß jedes Jahr viele Europäer jene Stätten aufsuchen, um die vielen antiken Monumente zu studieren und weitere Ausgrabungen zu machen. Der dritte Kalif ist Hadschi, das heißt ein Pilger, der Mekka besucht hat, und heißt Zia. Ich äußere die Absicht, diese Führer zu besuchen. Aber sie verstehen mich leider ganz falsch, indem sie glauben, ich hätte die Absicht, den Islam in Europa einzuführen.

Wir haben einen Herzenskontakt miteinander erreicht, und darauf kann mehr gebaut werden als auf ein gewöhnliches intellektuelles Verständnis.

Jetzt kommt der Scheich, begleitet von meinem hochentwickelten Nachbarn, Hodscha Scheich Suleiman Efendi. Wir begrüßen einander herzlich, und alle nehmen auf meinen Matratzen Platz, die jetzt voll besetzt sind.

Der alte Scheich nimmt Bezug auf unser gestriges Gespräch und sagt, daß sich sowohl Christen als auch Inder und Muslime auf das alte Testament und seine Propheten stützen. Besonders auf Moses, mit dem Gott gesprochen habe.

»Der Unterschied ist nur, daß ihr das religiöse Verständnis von Jessa ableitet, der die Seele Gottes trug. Wir dagegen von Mohammed, der Gottes Wohlwollen und Liebe besaß. Wir anerkennen in Jessa den Propheten, der der Ausdruck von Gottes Seele war, aber ihr habt bis jetzt Mohammed überhaupt nicht als Propheten anerkennen wollen.

Über Moses und Ibrahim (Abraham), die ›Gottes Freunde‹ waren, sind wir ja einig.

Ihr müßt die esoterische Bedeutung für die Zukunftsentwicklung daraus verstehen, daß der erste Prophet, Adam, weder einen irdischen Vater noch eine irdische Mutter hatte, daß die erste Frau keine irdische Mutter besaß und der neue Adam, Jessa, keinen irdischen Vater.

An dir haben wir gesehen, daß es im Westen Menschen gibt, die uns verstehen und respektieren und die wir unserer Freundschaft würdig fühlen. Darum wollen wir dir gern bei der Erfüllung der großen Ziele helfen, nach denen du strebst.

Du kannst uns aus Europa Leute schicken, die es ebenso ernst meinen wie du; sie sollen uns so willkommen sein wie unsere eigenen Brüder. Sie können bei uns bleiben und in Frieden studieren, wie du es getan hast. Bringen sie Brief und Gruß von dir, so soll unsere Tür ihnen stets offenstehen.

Ich betrachte deinen Besuch bei uns als etwas von dem Bedeutungsvollsten meines Lebens, als die Erfüllung des Traumes, den ich vor 57 Jahren hatte.

Daß so viele von meinen hochentwickelten Helfern mich während deiner Anwesenheit hier besucht haben, dich kennenlernten und in ihre Herzen aufnahmen, kann ich nur als Gottes Billigung zu deinem Vorhaben ansehen. Laß mich dir sagen, daß nicht nur ich, sondern all meine Brüder ohne Ausnahme Freundschaft und Liebe für dich empfinden, daß wir dich und deine Arbeit in unsere Gebete aufnehmen und dir in jeder Weise beistehen werden.

Ich habe hier niedergeschrieben, worum du mich gebeten hast, und hoffe, daß das Schreiben dir von Nutzen sein kann. Es ist auf Türkisch geschrieben, aber mein Sohn Ali kann es dir ins Arabische oder Persische übersetzen. Halte nun auch dein Versprechen und sende uns bald ein klares Verzeichnis über die Punkte, in denen wir übereinstimmen, und über die, in welchen wir noch voneinander abweichen, so daß wir bald von hier aus eine fruchtbringende Zusammenarbeit mit dem Tariqât des Westens anfangen können.«

Ich danke dem alten Scheich gerührt für seine herzlichen Worte und sage, in erster Linie sei es meinem Freund, dem verständnisvollen Dolmetscher, zu verdanken, daß wir uns so ausgezeichnet verstanden hätten. Er sei so ergriffen von dem, was er hier erlebte, daß er bitte, als einer der Schüler des Scheichs im Tariqât aufgenommen zu werden.

Aber vom ersten Tage an sei es die Sprache des Herzens gewesen, die uns alle verbunden hätte.

Ich danke ihm für die großzügige Gastfreundschaft, welche mit Recht seit uralter Zeit gepriesen werde als eine der ersten Eigenschaften der Söhne des Islam.

»Falls uns Gott seinen Beistand geben will, werden wir von Westen und Osten durch gemeinsame Kräfte das Ziel erreichen, nach dem wir streben: die Erkenntnis der Wahrheit. Ohne Gottes Hilfe vermag ein Mensch nichts!«

Er antwortet, diese Worte seien ihm ein neuer Beweis für die edle Natur meines Vorhabens. Er danke Gott, daß er gerade mich zu ihm geschickt habe. »Wenn du auch jetzt von uns scheidest und dann weit weggehst, so mußt du daran denken, daß ich dich überall hin begleite. Brauchst du meine Hilfe, so gebe ich sie dir gern. Du sollst, wenn dir Gefahren drohen, konzentriert an mich denken, und ich werde bei dir sein und dir Stütze geben, falls mir Gott das erlaubt.« Er richtet mir einen Gruß von seinem Sohn aus, der bedauert, nicht anwesend sein zu können, der mich aber auffordere, noch heute sein Gast zu sein.

Ich teile ihm mit, daß ich für heute leider schon eine andere Abmachung getroffen hätte, aber hoffe, am nächsten Montag der Einladung meines lieben Freundes Ali nachkommen zu können. »Du magst ihn gern!« sagt der Alte lächelnd. »Ja, er ist ein guter und edler Mensch und hat dich auch sehr gern, so daß es ihn sicher freuen wird, dich nächsten Montag bei sich zu sehen!«

Jetzt zieht er sich zurück, nachdem er mir das Schreiben überreicht hat. Die drei zuerst gekommenen Scheichs verabschieden sich ebenfalls. Wir umarmen einander und küssen uns gegenseitig auf die Wangen, indem wir fühlen, daß unsichtbare Schicksalsfäden uns für eine große Aufgabe verbinden, die nicht die gewöhnlichen Hindernisse von Religion, Sprache und Nation anerkennt, ja nicht einmal das Trennende von Raum und Zeit. Wir fühlen, daß wir uns in Gedanken treffen können, wann und wo wir wollen.

Der Hodscha ist allein zurückgeblieben. Er will mir nur sagen, daß dieser Aufenthalt mir gutgetan habe.

»Du hast Freunde hier gefunden«, sagt er, »auch ich bin dein aufrichtiger Freund, auf den du dich verlassen kannst. Erlaube mir, dir einen Rat zu geben, ehe wir scheiden: Übe fleißig die Konzentration. Ihr Europäer seid viel zu flüchtig, darum habt ihr keine Macht über die astralen Kräfte. Du hast in unseren Konzentrationsübungen, zum Beispiel im Zikr, starke Kräfte gefühlt. Du hast schon die Stufe erklommen, auf der du durch Konzentration viel für deine täglichen Aufgaben erreichen kannst.

Tue das, und du wirst vorwärtskommen. Aber es darf nichts Gezwungenes oder Krampfhaftes sein, sondern ein stilles Weggleiten von allem Irdischen um uns, hin zur Welt der Seele. Das ist uns etwas Leichtes und kann von uns ohne besondere Willensanspannung geschehen. Für die Männer des Westens ist es schwieriger. Aber mit Gottes Hilfe kannst du es auch erreichen.«

Er bittet mich um regelmäßige Mitteilungen durch den Dolmetscher über die Fortschritte der Arbeit und hofft, daß ich auch ihn auf einer Reise besuchen werde. Er wohne in Trabzon am Schwarzen Meer.

Jetzt wird er gerufen, da der Wagen des Scheichs vorfährt. Wir küssen uns die Hände, und ich begleite ihn bis zum Wagen, um noch einen Händedruck vom alten Meister zu bekommen. Dann fahren sie ab, und ich bleibe mit dem Dolmetscher allein zurück.

Die Hafisse tragen mein Gepäck herunter. Sie erhalten ihren Geldschein in die Hände gedrückt, wobei der Geber ihnen gleichzeitig die Hände küßt, was sie sofort erwidern. Nach europäischen Begriffen ist es undenkbar, daß man einen Untergebenen auf diese Art ehrt, doch hier gehört es zum guten Ton.

Auf einem meiner Spaziergänge mit dem Bey begegneten wir zum Beispiel eines Tages einem Mann, der sich tief vor ihm verneigte. Der Bey trat auf ihn zu, reichte ihm die Hand, die der andere glückstrahlend ergriff. Der Bey hielt jetzt seine Hand fest und führte diese zu seinen Lippen, obwohl der Mann in seiner Bescheidenheit mit Gewalt abzuwehren versuchte. »Es war der Diener eines guten Freundes von mir«, sagte er, »ein ausgezeichneter Mensch, der sich im höchsten Grade aufopfernd gezeigt hat.«

Jetzt kommt mein Wagen. Das Gepäck wird aufgeladen, und wir fahren ab, von den Zurückbleibenden auf das herzlichste gegrüßt.

Nachdem sich das Gefährt in Bewegung gesetzt hat, werden wir von einem merkwürdigen Zug gekreuzt. Aufgeputzte Männer, zu zweien und dreien nebeneinander, tragen eine Menge verschiedener Gegenstände: ein Grammophon, eine Nähmaschine, eine Lampe, eine Blumenvase, einen Kronleuchter. Alles ist mit weißem Tüllstoff zugedeckt. Ihnen folgt ein Wagen mit anderen aufgeputzten Männern auf dem

Bock; Möbel, Betten, Matratzen liegen darauf, mit denselben weißen Tüllstoffen bedeckt.

»Was in aller Welt hat das zu bedeuten?« frage ich den Dolmetscher.

»Das ist die Mitgift der Braut, die da im feierlichen Zug nach dem neuen Heim gebracht wird.« Ich betrachte dies als gutes Omen, und da mich eine Gedankenassoziation auf die Familienverhältnisse des alten Meisters bringt, frage ich den Dolmetscher, ob er etwas darüber wisse. »Das kleine Mulattenmädchen, das Sie heute morgen besuchte, ist seine Tochter. Sie wollte sich eine Photographie ihres Vaters erbitten«, sagt er.

Ein anderes niedliches Wesen von fünf bis sechs Jahren habe ich öfters mit einer Katze vor meinem Fenster spielen sehen. Es sitzt jetzt da und betrachtet den Zug.

»Diese ist die jüngste Tochter des Scheichs. Ali, das älteste Kind, ist ein Mann von 50 Jahren. Der Vater ist über 80. Seine Mulattentochter ist mit einer Afrikanerin gezeugt, die Kleine dort stammt von einer weißen Frau«, erklärt der Dolmetscher. »Diese arabischen Scheichs hatten stets, bis vor kurzem, vier Frauen um sich, wie es der Koran erlaubt, obgleich es vom neuen Zivilgesetz verboten ist. Starb eine oder wurde eine verstoßen, so nahmen sie eine andere, so daß die Zahl stets voll war. Das gehörte sozusagen mit zu ihrem Ansehen. Die Scheichs wurden vom Volk mehr respektiert, wenn ihre ehelichen Verhältnisse nach den Traditionen des Islam geordnet waren. Im übrigen ist es meine Erfahrung, daß die Polygamie außerhalb dieses engen Kreises schon vor dem Verbot kaum mehr vorkam. Wohl aus praktischen Gründen, da große finanzielle Opfer damit verbunden sind. Jede Frau hat das Anrecht auf einen besonderen Haushalt. Im alten Serail hatten die Sultans für den Harem 300 verschiedene Küchen. Die Einehe ist jedenfalls auch eine Folge der Imitationsära, die auch hier die demoralisierten Verhältnisse in Europa nachahmt. Lieber vier offizielle Frauen für jeden Mann und keine Prostitution, wie es bisher in der Türkei war, als eine Frau und eine Mannigfaltigkeit von öffentlichen und geheimen Prostituierten nach dem Muster des Westens.«

Ehe wir uns trennen, bitte ich den Dolmetscher, mir das Schreiben des Scheichs zu übersetzen.

Es lautet:

»Im Namen des allmächtigen Gottes!

Hierdurch habe ich die Ehre, den Herren Scheichs und ehrwürdigen Weisen mitzuteilen, daß der Besitzer dieses demütigen Briefes eine Person von Distinktion und hohem Ansehen im Westen ist, ein Mann von großen Kenntnissen. Viele Jahre hat er dem Studium der heiligen und himmlischen Bücher geopfert und ist auch in den Sufismus eingedrungen. Als eine Folge dieser eingehenden Studien hat er die feste Überzeugung und den Glauben erreicht, daß es nur einen Gott gibt, daß der Koran Gottes Offenbarung und daß Mohammed, Ehre sei seinem Namen, ein ehrwürdiger Prophet ist. In aufrichtiger und religiöser Hingabe und mit einer ihm eigenen Energie hat er sich persönlichen Opfern unterworfen, die unvermeidlich sind, um dem Okzident dieselben Wahrheiten zu bringen.

Mit dem Vorhaben, tiefere Erfahrungen über die esoterischen Wissenschaften auf religiösem und auf sufistischem Gebiet zu ernten und die Resultate seiner Studien im Westen zu veröffentlichen, unternimmt er ausgedehnte Reisen. Auf einer derselben ist er in unser Kloster in Konstantinopel, Kelami genannt, gekommen, hat sich 14 Tage bei uns aufgehalten und sich mit uns über Erkenntnisfragen unterhalten.

Bei dieser Gelegenheit hat er uns seinen Wunsch ausgedrückt, die Religions- und Kulturunterschiede, die zwischen Osten und Westen bestehen, ausgleichen zu helfen. Es ist seine Absicht, seine Reisen diesem Ziel zu widmen und in persönliche Verbindung mit den hohen Scheichs und Weisen zu treten. Wir wünschen, daß der allgute Gott seine Bestrebungen gelingen lassen wolle, und erwarten, daß die aufgeklärten Männer es als eine religiöse Pflicht fühlen werden, ihm von der heiligen Kraft, die sie als Resultat ihrer hohen Erkenntnisse gewonnen haben, mitzuteilen, zum Beistand seiner Bestrebungen.

Ich hoffe, daß die Personen, die die Ehre haben werden, diesen Mann zu empfangen und die diesen Brief lesen, die islamischen Ideen in Ehren halten, indem sie ihn gut aufnehmen und ihm helfen.

Aller Erfolg hängt von Gott ab!

Der demütige Schreiber dieses Briefes ist Scheich des Naqshbandi- und Kadri-Ordens.«

Stempel, Datum und Unterschrift

بسمه

شیخ کرام وعلماء ذوی الاحترام عرض وافاده اولنور کم ... حال ورقار ... فقراء یوسو قار ... روت
غرباء ... معروف واصحاب وقوف ... سیمارینو معتبرلنده اولوب ... سنین عدیده دنبری ... العلوم ...
وقف وجودا تجسما اولدیغی کتبه ساوی ... ومؤلفات صوفیه ... آثاره جبیه سنده اولور ... مه
حوسیا ... دقتا ... حضریلو بر ... وقرآن کریمك کلام الله تعالی ... ومحمد علیه السلام ... برینی ذیشان
اولدیغنا ایمانا لواعتقاد حال ... تجسمه ... ومحفظا بر غیرت ومبغم ... وبرحمیت جبلیه سنك
سائقه سیله ... بنونه غریت اوله دون ... برحقیقت ... ناكلى ادلارس ... ایکونه ... خوردرلو ... غا خالص احتیاج
وشرف مه موجود ... بولنا بیه علماء ... دینیه ... وحال صوفیه نك ... علوم وعرفا ... سنده افتاب ... ایده حكى
خودكى ... وانبا ... جنسه ده استقبال اینك اور ... ومواسع برسیا حتما ... ابتدا ... بلمشتد
ذااخجله ... استنا ... شنولوده لهانه ... كلامى ... نامیلم معروف ... درکا ... فقرا ... زه ده کلم ... س
تقینا ... ایده ... ككته قدر ... مصاحبه ... ومصاحبه ... علمیده ... بولنیلر . عالم شریعه ایله ... عالم عرب
... میانسنده ك ... مباینت ... رفیع ... ومحی لغت ... مذهبه نك رفع ... وازاله سی ... حضوصنده ك ... آرزولرینی
بیانه ایلیم ... وبو مقصد على ... ومطلب احباد نك ... حصولى ... ایچونه ... لازمگله به ... سعی وغیرت
وشرفده موجود ... اولیا ... شیخ ... وعلماى ... نهایت ... مقصدیه ... برنامه سیا ... حتمه بوخورینى
سویلیر ... جناب حضه ... سیلارین ... مشکور ... بیویریره ... كمن ... بو مثالده ... اصحاب ... غیرت وحمیت
دینیه نك ... معاونت ... علیم لرى ... منوله لرا ... اسلام ... فریقنه ... ذمتى ... بولنله لغنده ... امیده ... ایده ... یله
مادقى اولدیغن ... ذوات ... کراملك ... مظهر رحمه ... ونهاد نتارى ... اولمه ... جهه دیدا ... ده ... اسلامیت
علمنه نه ... شاهداولدم جفردر ... ومن الله تعالى التوفیق

الفقیر
القادرى
حمزه

KAPITEL X

BESUCH BEI ALI IN ÜSKÜDAR

Am nächsten Montag begebe ich mich, von meinem sprachkundigen Freund begleitet, nach der asiatischen Küste hinüber, um in Alis Moschee an der wöchentlichen Zeremonie, die von seinem Vater geleitet wird, teilzunehmen.

Eine schönere Lage als diese Moschee und Alis gegenüberliegendes Haus läßt sich kaum denken. Es steht auf einem Hügelzug mit freier Aussicht über das Marmarameer nach den Minaretten und Moscheen Stambuls hinüber, die sich auf den sieben Hügeln, auf denen Konstantin seine Stadt baute, erheben und ihre zarten Silhouetten gegen den tiefblauen Himmel zeichnen. Es ist kaum zu entscheiden, was blauer ist, Meer oder Himmel.

Im Vordergrund, am Abhang des Höhenzuges, liegen alte heimelige türkische Holzhäuschen, von Feigenbäumen und Pinien beschattet. Nach Anatolien zu erhebt sich der Zypressenwald des weit ausgedehnten Friedhofs von Usküdar. Die meisten Rechtgläubigen wollen in asiatischer Erde ruhen. Deshalb ist Usküdar zur Gräberstadt Stambuls geworden.

Ali empfängt uns mit offenen Armen. Zwei reizende Kinder verstecken sich hinter dem Vater. Er führt uns durch sein großes, sauberes Haus in das oberste Stockwerk hinauf, wo wir von einem großen Altan aus die wundervolle Aussicht genießen können.

Bald kommt der alte Scheich zu uns herauf, von dem okkulten Hodscha und meinem Freund, dem Seelsorger vom Bosporusdorf, begleitet. Er drückt seine Freude darüber aus, mich wiederzusehen.

Hätte er gewußt, sagt er, daß ich noch so lange hier bliebe, so hätte er mich nicht so schnell von der Tekke fortgelassen. Er gratuliert mir dazu, daß ich mir einen Bart wachsen lasse. (Diese »Veränderung« begann ursprünglich damit, daß es in der Tekke keine Rasiergelegenheit gab.) Von ihm und den anderen Gästen wird mir ein Gebet für sein Wachstum versprochen.

Ich erfahre später, daß der Vollbart eine Absage an die Dinge dieser Welt bedeutet. Der Entschluß, ihn wachsen zu lassen, ist von einer Gebetszeremonie und heiligen Gelübden begleitet.

Der Scheich fragt, ob es bei mir zu Hause Sitte sei, sich den Bart stehen zu lassen. Ich verneine.

»Was werden die Leute von dir denken?«

»Daß bei mir eine Schraube los ist!«

Er lächelt und sagt: »Überall ist das so. Wenn einer etwas anderes tut als die anderen, dann wird er sofort für verrückt angesehen!« Er veranschaulicht seinen Ausspruch durch eine Anekdote.

»Der Prophet Hizir weissagte einmal seinem Volke ein Erdbeben, das zur Folge haben würde, daß alles Wasser verschwinden und das neue, das Gott den Menschen zu senden gedachte, diese verrückt machen würde. Ein Mann, der von dieser Prophezeiung hörte, sammelte sich einen großen Vorrat an Wasser, den er in Tonnen auf den Berg brachte, wo er wohnte.

Das Erdbeben kam, alles Wasser verschwand, und erst nach einigen Tagen floß neues Wasser in den Quellen. Der Mann auf dem Berg litt keine Not. Als er erfuhr, daß die anderen Menschen nun wieder Wasser hätten, ging er zu ihnen, um zu erfahren, welche Wirkung es auf sie gehabt hatte. Er fand die Menschen ganz verändert.

Aus Gottes Kindern waren sie zu Kindern der Erde geworden.

Und alle waren sich darüber einig, daß er verrückt geworden sein müsse, weil er anders dachte als sie. Er zog sich auf seinen Berg zurück. Doch da er die Einsamkeit auf die Dauer nicht ertrug, ging er wieder unter die Menschen, die noch immer nichts mit einem »Verrückten« zu tun haben wollten. Er goß das Weisheitswasser fort, trank vom neuen und wurde schließlich ebenso verrückt wie seine Mitmenschen. Es gehören starke Kräfte dazu, allein zu stehen.«

197

Vom Propheten Hizir wird erzählt, er soll die Quelle des Lebenswassers gefunden haben und daher unsterblich sein, was wohl der Sinn dieser kleinen Erzählung ist.

Jetzt kommen mehrere Gäste, ein Deputierter von Ankara, ein früherer Gesandter, mehrere Geistliche und mein Freund, der Bey. Ich werde den Fremden vorgestellt. Sie gratulieren mir zu meinem Entschluß, den Islam durch Erfahrung studieren zu wollen, und sagen, die Schranke zwischen Christentum und Islam könne mit beiderseitigem guten Willen leicht entfernt werden.

»Schon früher hat man Versuche in diese Richtung gemacht«, sagt der Gesandte. »Baha wollte durch seine Lehre, den Bahismus, Christen- und Judentum mit dem Islam vereinigen und eine universelle Brüderschaft ohne Rücksicht auf Klassen und Religionen bilden. Er hat mit seinem Kopf für diese Dreistigkeit büßen müssen. Hoffentlich werden Sie billiger wegkommen.«

Ich frage, weshalb er verfolgt wurde, wenn er nichts anderes wollte als das, worüber wir alle einig zu sein scheinen.

»Die Zeit war noch nicht reif«, wird geantwortet.

»In seinem Bajan, einer Art Koran, von ihm selbst verfaßt, gibt es viele neue Lehren, die von den fanatischen Persern als aufrührerisch empfunden wurden. Sie köpften ihn. Seine Anhänger wurden hier im Lande gut aufgenommen, wo sie sich nach dem Märtyrertod ihres Stifters im Jahr 1850 schnell verbreiteten.

Sein Sohn und Nachfolger, Baha Allah (Gottes Glanz), hat das Ende seines Vaters mit dem Tod Johannes des Täufers verglichen, wodurch Christi Mission eingeleitet wurde, mit der er seine eigene in Beziehung bringt.«

Jetzt nimmt der alte Scheich das Wort und sagt: »Baha Allah und sein Sohn, der jetzige Leiter der Bewegung, haben mich einmal im Irak besucht. Baha gefiel mir sehr gut. Er hatte sicher die edelsten Absichten und versicherte mir, daß seine Lehre darauf ausginge, den anderen Religionen die Wahrheiten des Islam mitzuteilen. Wenn er sich als eine persönliche Offenbarung Gottes ausgab, war das nur ein Mittel zum Zweck. Recht besehen sind wir ja alle Offenbarungen der Allmacht Gottes. Ich stimme in den Hauptpunkten mit seiner Lehre überein, für die die Menschen allerdings noch nicht reif sind.

Kurz darauf starb er im Jahre 1892. Ich hoffe, daß sein Sohn Abass, der ebenfalls einen äußerst günstigen Eindruck auf mich machte, guten Erfolg haben wird. Sein Großvater rechnete sich, wie er mir sagte, zum selben Orden wie wir, den Naqshbandi. Zuerst gehörte er dem persischen Babiorden an, von dem die Bewegung den Namen hat.«

Die Hauptlehre des Stifters war, daß die Tariqâtsübungen und Zikr-Methoden sich gerade so gut für Christen, Juden und Freidenker eignen wie für Muslime.

Werden diese unter kundiger Leitung befolgt, so verhelfen sie ihren Teilnehmern zu Visionen und Erlebnissen, die ihnen Beweise von der Realität der geistigen Welt und der Allgegenwart Gottes geben. Dies ist gewiß die einzige Erklärung für die große Verbreitung, die diese Bewegung in so kurzer Zeit, besonders in Amerika, gefunden hat. Einer der Anwesenden vergleicht mich mit Baha und sagt, daß ich, ohne es zu wissen, schon Proselyten gemacht hätte.

Dieser Mann ist Leiter eines Regierungsbüros in Izmir. Die meisten seiner Kollegen waren von der religiösen Gleichgültigkeit der Zeit angesteckt und hatten aufgehört, die Vorschriften des Islam zu befolgen.

»Neulich lud ich einige von meinen Kollegen bei mir zu Hause ein und erzählte ihnen von einem Gelehrten, der aus dem Westen gekommen sei, sich in unserer Tekke niedergelassen habe und von der Erhabenheit unserer Lehre und seinen Vertretern zum Islam bekehrt worden sei. Das ergriff meine Gäste so, daß sie in sich gingen und die täglichen Gebete wieder aufnahmen.«

Ich muß über diese Naivität lächeln, widerspreche aber nicht, da es mich nur freuen kann, dazu beizutragen, daß Menschen sich von der Gottlosigkeit der Zeit abwenden.

Aber mein früherer Nachbar in der Tekke, der berufseifrige Hodscha denkt wahrscheinlich: Wer schweigt, billigt! und deutet mein Lächeln anders, als es gemeint war.

»Ja«, sagt er, »jetzt bist du stolz darüber, daß du Gott hast dienen können! Aber denke daran, mit wieviel mehr Recht du stolz sein kannst, wenn du in Europa Seelen zum Islam führen wirst!«

Jetzt muß ich ernstlich protestieren. »Ich bin nicht bekehrt und habe nicht die Absicht, andere zu bekehren!« antworte ich. »Wenn ihr meinen Aufenthalt bei euch, meine Teilnahme an euren Gebeten und Zikr-Übungen und meine aufrichtige Freundschaft euch gegenüber so versteht, dann ist alles vergebens gewesen.

Ich habe euch zeigen wollen, daß Menschen, die den östlichen Tariqâts- oder westlichen Einweihungsweg gehen, als Brüder sich begegnen können, indem sie die Wahrheit als das höchste Ziel aller Religionen anerkennen. Ob sie vom christlichen, islamischen, jüdischen oder buddhistischen Glaubensbekenntnis ausgehen, ist einerlei. Ich glaube, daß die Zeit gekommen ist, wo freie Menschen keine äußeren Vorschriften oder Gebote irgendeines Glaubenbekenntnisses mehr nötig haben, um den Weg zu Gott zu finden. Ich kann meinen Gott gerade so gut in einer eurer Moscheen wie in einer christlichen Kirche anbeten.

Am leichtesten finde ich meinen Gott in der Natur außerhalb von Kirche und Moschee; denn er ist in allem und in allen!«

Die fremden Geistlichen blicken mich wie einen Aufrührer an. Der alte Scheich und sein Sohn sind unangenehm berührt. Es ist mir klar, daß ich von verschiedenen Elementen benutzt worden bin, wider seinen Willen, um neuen Glanz über die Heiligkeit des alten Scheichs zu verbreiten.

Mein Fall sollte zur Förderung eines ungesunden Fanatismus ausgenutzt werden.

Der Bey rettet die Situation, indem er den anwesenden Fremden erklärt, daß sie nicht dieselbe Einweihungsstufe wie ich erreicht hätten und daher meinen Standpunkt nicht erfassen könnten.

Der alte Scheich stimmt ihm bei und dankt mir, daß ich neue Bahnen eingeschlagen habe zum gegenseitigen Verständnis und zur Brüderschaft unter den Menschen. Und da der Autoritätsglaube hier alles zusammenhält, denken die Anwesenden, wie der Scheich es haben will, und die gute Stimmung von vorher ist bald wieder eingezogen.

Nachdem sich der größte Teil der Gäste zurückgezogen hat, dreht sich das Gespräch noch einmal um Gesichte und Visionen. Der Deputierte erzählt, daß sein Vater einmal sehr krank und von den Ärzten aufgegeben war. Die ganze Familie mit dem Hodscha des Ortes war um sein Lager versammelt, um Gebete und Zikr abzuhalten.

»In dieser Nacht«, erzählte er später, »besuchten mich der Prophet und Abu Bekr.« Letzterer legte seine Hände auf die Brust des Kranken und rieb sie. Dadurch bekam er neue Kräfte und war von dem Tage an hellsichtig. Die geistige Welt lag ihm offen. Er wußte, was die Zukunft bringen würde und konnte die Gedanken seiner Familienmitglieder lesen. Später kamen die Ärzte wieder, und als er ihre Medizin einnahm, verschwand seine Hellsichtigkeit sofort.«

»In unserem Ort«, fuhr der Deputierte fort, »wohnte ein alter Scheich, der auch die Gabe der Hellsichtigkeit besaß. Im Jahre 1912 besuchte ich ihn und fragte ihn, wie sich die politischen Verhältnisse in der Türkei in der kommenden Zeit gestalten würden.

Nachdem er sich in den besonderen Geisteszustand versetzt hatte, sagte er: ›Ein Staatsmann wird getötet werden, was zu Unruhen führt, die jedoch bald unterdrückt sein werden. Eine Zeitlang herrscht Ruhe, dann wird ein zweiter Staatsmann ermordet und ernstliche Aufstände sind die Folge. Vor Ende des Ramadans stirbt der Sultan. Der Thronfolger kommt nicht zur Regierung. Er begeht Selbstmord. Darauf folgt allgemeine Verwirrung und Unklarheit in der ganzen Welt.‹

Diese Wahrsagung, die ich niederschrieb, erfüllte sich vollkommen. Zuerst wurde der Kriegsminister Nasim Pascha ermordet, nachher Mahmud Schefket Pascha. Der Sultan starb am 27. Tag des Ramadans, und der Thronfolger beging Selbstmord. Mit dem beginnenden Weltkrieg aber war die politische Lage überall unklar geworden.«

Jetzt wird das Gespräch unterbrochen und zum Essen gerufen. Der alte Scheich und die vornehmen Gäste essen in einem Zimmer für sich. Die zwei Hodschas, der Dolmetscher und ich bleiben in dem Raum mit der wunderbaren Aussicht. Ali, der ausgezeichnete Wirt, ist bald bei uns, bald bei den anderen.

Es wird eine Platte mit Ragout und eine zweite mit Pilav und Gemüsen gebracht. Der Dolmetscher und ich müssen uns zuerst bedienen.

201

Wir zwei speisen mit Gabel und Messer aus Tellern. Die Geistlichen essen mit den Fingern geradewegs von den Platten. Später wird Yoghurt, Kuchen und Kompott gereicht.

Danach begeben wir uns alle in die kleine Moschee, wo das gemeinsame Gebet abgehalten wird. Es versammeln sich viele Andächtige, und als das Zikr unter der Leitung des alten Scheichs seinen Anfang nimmt, ist der Raum gestopft voll. Das Ritual wird hier anders als in der Tekke gehandhabt.

Der Scheich liest zuerst einen Koranvers, der lautet: »Gewiß ehren Gott und seine Engel den Propheten. Ihr Rechtgläubigen, ehrt auch den Propheten und segnet ihn in euren Lobpreisungen und Gebeten!«

Darauf singen alle Anwesenden: »O allmächtiger Gott, rühme und lobe unseren Herrn Mohammed, deinen Diener, deinen Propheten, deinen berühmten Abgesandten und seine Dynastie, seine Apostel und seine Freunde!« Diese Strophe wiederholt sich, indem bei jeder Wiederholung eine neue Eigenschaft dem Namen des Propheten zugefügt wird: dein Hochgeliebter; den Freund; das beste und nützlichste aller deiner Geschöpfe; das Licht deines Thrones; dein Schmuck; deine Offenbarung; dein Ruhm; deine Ehre und Verehrung; der, dem du alles Wissen gegeben hast; der Herr deiner Abgesandten; der Imam der Zweifelnden; das Siegel der Prophetenreihe (das heißt der letzte Prophet); der, welcher Barmherzigkeit hat mit der ganzen Welt und für die Sünder Fürbitte tut; der Abgesandte Gottes im Universum.

Dieser gemeinsame Hymnus endet so: »Ehre und demütigen Gruß an unseren Herrn, den Propheten Mohammed, und an die anderen Propheten, deine Ausgesandten und alle deine Geschöpfe!«

Die Melodie ist ergreifend und vollkommen rhythmisch.

Dann fangen die wohlbekannten Zikr-Übungen an, eingeleitet durch: »La ilahe ill'allah!«, die etwa 15 Minuten dauern.

Nachher folgt der besänftigende Korangesang und zum Abschluß das: »Allah, Allah« während weiterer 10 Minuten.

Da es Montag ist, liegt Werktagsstimmung über der Versammlung. Nur wenige der Anwesenden sind halluziniert; vollkommene Ruhe und Ordnung herrschen, als die Zeremonie zu Ende ist.

Mehrere Frauen, die in der Vorhalle der Moschee am Zikr teilgenommen haben, werfen sich dem alten Scheich zu Füßen, als er an ihnen vorbeigeht, und küssen den Saum seines Mantels. Alis Gäste ziehen sich zurück. Ich begleite den Bey auf einem Krankenbesuch zu einem Scheich, der geistig sehr hoch entwickelt sein soll. Wir werden ins Krankenzimmer geführt, wo der Patient auf seiner Matratze am Boden liegt. Er ist sehr schwach und seine Stimme kaum hörbar. Aber als der Bey mich als einen Adepten vom Westen vorstellt, leuchten seine Augen, und er drückt herzlich meine Hand,

Wir sprechen von seiner Krankheit. Der Bey hat ihm seinen Arzt angeboten, doch zieht der Kranke vor, sich selber durch Allahs Hilfe zu heilen.

»Solche Krankheiten sind die Schelmereien, die Gott mit uns treibt!« sagt er und erzählt, daß sein Vorgänger oftmals sehr krank war. Der Sultan schickte einen Kammerherrn mit seinem Leibarzt zu ihm und ließ ihn bitten, sich von diesem behandeln zu lassen. Ehe er sich jedoch mit dem kaiserlichen Abgesandten einließ, diskutierte er die Angelegenheit mit seiner Krankheit selber. Das Resultat war, daß er den zwei vornehmen Personen erklärte, er habe mit seinem Krankheitswesen gesprochen und sei zu der Überzeugung gekommen, daß sie zusammengehörten. Sie hätten sich aneinander gewöhnt; falls die Krankheit ihn jetzt verließe, bekäme er vielleicht eine andere, die ihn noch mehr quälen würde. Er bat daher, dem Sultan seinen Dank auszusprechen und ihm mitzuteilen, er zöge es vor, seine Krankheit zu behalten.

»Es geht mir wie meinem Vorgänger«, sagt der Kranke zum Bey. »Ich danke dir herzlich für deine Absicht, mir helfen zu wollen. Aber wenn Allah mir die Krankheit geschickt hat, muß es seine Absicht sein, daß ich mich dadurch ihm nähern soll. Gelingt mir dieses, so befreit er mich sicher selbst von meinen Schmerzen.«

Wir nehmen Abschied. Der Kranke gibt mir seinen Segen durch Gebet, Handauflegen und Anhauchen. Der Bey lädt mich nach Hause zum Tee ein. Wir fahren per Auto weit ins Land hinein. Er bewohnt ein Schloß in einem großen Wald. Wir werden von einem Heer von Dienern empfangen. Alles hier ist im alten Stil gehalten. Unter den Dienern befinden sich auch schwarze Eunuchen. Seine Frau serviert den Tee im Louis-Seize-Gartensaal.

Wir sprechen vom alten Scheich. Seine Frau ist sein ebenso hingegebener Schüler wie der Bey. »Meine Schwester«, sagt sie, »die ihr Leben in den diplomatischen Kreisen der Großstädte Europas verbracht und sich ganz die Weltanschauung des Westens angeeignet hat, besuchte uns voriges Jahr und amüsierte sich im Anfang, wie es uns schien, köstlich über unsere Naivität und unsere Verehrung für den alten Scheich.

Eines Tages, als er uns besuchte, bat sie, anwesend sein zu dürfen, um, wie sie sich auf Französisch ausdrückte: ›Se payer sa tête!‹ Während seines Besuches aber ging eine merkwürdige Veränderung mit ihr vor. Zuerst spielte sie die Überlegene und war sarkastisch ihm gegenüber. Aber als er es merkte und sich darauf konzentrierte, sie zu beeinflussen, dauerte es gar nicht lange, und sie war wie verwandelt. Sie wurde ernst und demütig, brach schließlich in Tränen aus, kniete vor dem Scheich und küßte seine Hände. Seit diesem Besuch ist auch meine Schwester eine treue Schülerin und macht wie wir ihre Übungen nach seinen Anweisungen.

Zuerst war sie beim Zikr so eifrig, daß ihr Herz darunter litt. Unser Arzt konnte nichts Besonderes feststellen. Aber das nächste Mal, als wir den Scheich trafen, erzählte er, ohne daß ihm jemand über sie berichtet hatte, daß einer seiner Schüler sich ein Herzleiden durch Übertreiben der Übungen zugezogen habe und gab an, wie jener durch seine Hilfe von dem Übel befreit würde. Meine Schwester befolgte diese indirekten Anweisungen und kam bald wieder zu Kräften.

Eines Tages fuhr ich mit ihr zu einer ihr befreundeten älteren Dame, die sie in einer sehr wichtigen Angelegenheit um Hilfe gebeten hatte. Wir fuhren allein im Auto hin. Unterwegs bat mich meine Schwester, nicht mehr mit ihr zu sprechen, da sie sich auf unseren Meister konzentrieren wolle, um seine Hilfe zu erbitten. Sie saß während der langen Fahrt in sich versunken, mit geschlossenen Augen und übereinandergelegten Händen da. Der Besuch verlief ganz nach ihrem Wunsch. Sie erreichte, was sie wollte.

Einige Tage nachher besuchten wir den alten Scheich in seiner Tekke. Er kam uns wie immer freundlich lächelnd entgegen und sprach sofort meine Schwester an: ›Am Sonnabend haben Sie mich ordentlich gebraucht. Ich fühlte es, wie Sie mich richtig zu sich hinzogen, und tat, was in meiner Macht lag, um Ihnen zu helfen. Das Resultat entsprach ja auch Ihren Wünschen!‹

Selbstverständlich hatte er von uns nichts über die Angelegenheit erfahren gehabt.«

Nachher kommen wir dazu, von der Frau eines ägyptischen Paschas in San Stephano zu reden, die hohe Gaben besitzen soll. Ich frage, ob auch sie zu den Schülern des alten Scheichs gehöre. »Nein«, lautet die Antwort, »sie hat im doppelten Sinn des Wortes ihre eigenen geistigen Leiter. Keiner von ihnen ist unter den Lebenden. Wir sprachen neulich mit unserm alten Meister über ihren Fall und fragten, was er von ihren Fähigkeiten halte.

›Sie hat ohne eigenes Verdienst einen Edelstein im Staube des Weges gefunden‹, sagte er. ›Wenn derartige geistige Eigenschaften nicht durch ernstliches Arbeiten an sich selbst unter kundiger Führung eines Meisters erworben werden, haben sie keinen Wert und können uns gerade so gut auf falsche wie auf rechte Wege leiten. Viele meiner Schüler hatten derartige Fähigkeiten, als sie zu mir kamen. Sie glaubten selbst, sehr weit auf dem schmalen Pfad fortgeschritten zu sein. Um ihre seelische Entwicklung in gesunde Bahnen zu leiten, mußte ich damit beginnen, ihnen Übungen und Meditationen zu geben, die dazu dienten, diese Fähigkeiten auszurotten. Nur wenige blieben bei mir. Die Versuchung war zu groß, als ein Wunder unter Menschen zu gelten, die das Echte vom Unechten nicht unterscheiden können.‹«

Ehe wir scheiden, werde ich eingeladen, in einigen Tagen an einem Garten-Lunch teilzunehmen, den der Bey auf seinen Ländereien in der Nähe geben will. Auch der alte Scheich und sein Sohn sollen anwesend sein.

☪

KAPITEL XI

KLEINASIATISCHE GARTENPARTY MIT DEN SPÄTER ZUM TODE VERURTEILTEN SCHEICHS

Auf dem Dampfer, der mich nach Üsküdar bringt – ich folge heute der Einladung zum Garten-Lunch –, treffe ich meinen Tekke-Freund, den früheren Mechaniklehrer der Marineakademie in seinem bescheidenen Hafis-Anzug. Er erkennt mich sofort und beglückwünscht mich feierlich zu meinem Bart.

Er befindet sich unterwegs nach seinem Heimatdorf in Anatolien, das er im günstigsten Fall mit dem Dampfer in acht Stunden erreichen könnte. Da aber in diesen Tagen kein Schiff geht, muß er den schlechten Landweg, nur im Ochsenwagen befahrbar, wählen, eine Reise von 48 Stunden Dauer.

Er fordert mich auf, ihn dort in seiner kleinen Tekke zu besuchen. Einstweilen hat er nur 14 Mitglieder, weil er erst kurz hier sei. Er hoffe aber, bald mehr Brüder heranzuziehen. Wir scheiden mit dem gewöhnlichen Gruß: Ische Allah! Auf Wiedersehen, falls Gott es will!

Am anatolischen Ufer muß ich einige Stationen weit mit der umstrittenen Bagdadbahn fahren, eine der Hauptursachen des Weltkrieges. Sie ist während desselben vielen Zerstörungsversuchen ausgesetzt gewesen, aber heute wieder mehr oder weniger in Ordnung. Nur der einst so prunkvolle Bahnhof in Haydarpascha, nach deutschem Muster gebaut, zeugt als halbe Ruine von den vielen englischen Fliegerangriffen.

Im Zug treffe ich zwei Tariqâtsbrüder, die eine mehrtägige Reise nach dem Landesinneren unternehmen.

Wie rührend genügsam diese Menschen sind, sieht man an ihrer

Reiseausrüstung. Ihre Habseligkeiten haben sie in ein Taschentuch gepackt, dessen vier Enden zusammengebunden sind.

Auf der Station des kleinen Dorfes erwartet mich schon der Gastgeber, um mich zu seinem »Heiligtum« – wie er sich ausdrückt – zu führen, einer altmodischen, geräumigen Villa mit anliegenden Wirtschaftsgebäuden und einem großen schattigen Garten. Eigentlicher Ackerbau wird hier nicht getrieben, dagegen Wein-, Feigen- und Gemüsebau. Im Garten unter einigen ausladenden Pinien ist ein prächtiger Teppich ausgebreitet, auf dem der alte Scheich und sein Sohn mit meinem Freund, dem Universitätsprofessor, und dem Deputierten sitzen. Später kommen auch der Bey und der Gutsverwalter dazu. Wie immer in diesen Kreisen, dreht sich das Gespräch um Themen von geistiger Natur.

Man findet in ganz Europa und Amerika kaum einen Ort, wo das geistige Gespräch in dem Maße vorherrschend ist wie hier. Zwischen Menschen in Europa, die auch für geistige Interessen leben, berührt das Gespräch äußerst selten die fundamentalen Fragen des Menschendaseins. Es gibt dort so viele andere Fragen, die zuerst erledigt werden müssen, gewerbliche, literarische, ökonomische, politische oder persönliche. Hier kommt man gleich auf das Wesentliche zu sprechen.

Es stehen einige Geranien in einem Blumenbeet in der Nähe des alten Scheichs. Er hat sich erhoben und steht versunken im Anschauen der farbenreichen, duftenden Blumenkörper, die er wie lebende Wesen liebkost.

Er sagt zum anwesenden Repräsentanten der Wissenschaft: »Hier finde ich die wirkliche lebendige Wissenschaft. Vertieft man sich in sie, so kann man viel mehr lernen, als von den toten Schriftzeichen der Bücher. Aber zuerst muß man das Buch der Natur verstehen, das Gott für uns ausgebreitet hat. Hat man erst dadurch sein wahres Wesen erkennen gelernt, so ist es, als gehe die Sonne auf. Alle anderen Lichter verblassen. Es heißt im Koran: ›Wer sich selbst erkennt, erkennt Gott. Und wer Gott erkennt, erkennt auch sich selbst.‹«

Auf dem Teppich sind einige Diener mit Vorbereitungen für das Mahl beschäftigt. Hinter einer Eiche röstet einer kleine Fleischstücke über einem Feuer. Ein anderer bringt eine große, runde, ziselierte Messingplatte, die als Tisch dienen soll. Zwei andere Diener sind mit dem Auspacken eines Eßkorbes beschäftigt.

Der alte Scheich zeigt auf den Teppich und sagt: »Wohl vor 30 Jahren war ich einmal mit einigen Freunden auf einer Wiese zusammen. Man hatte wie hier einen Teppich über das hohe Gras gebreitet. Das Essen war beendet. Wir priesen Gott im Zikr. Ich glaube, wir waren alle gleich ergriffen von der Schönheit der Natur, in der wir ganz aufgingen. Wir hörten die Sphärenharmonien, die Tespe, den Lobpreis der Allnatur an Gott. Unser Zikr schmolz mit dem der ganzen Natur zusammen. Ich erwachte als erster wieder zum Alltagsleben zurück und sah nun neben mir den Kopf einer großen Schlange, hoch über den Teppich erhoben, worunter ihr Körper versteckt lag. Still und unbeweglich, aber mit vibrierenden Augen verharrte sie in dieser Stellung. Es war für mich, als nähme sie teil an unserer Andacht. Als sie merkte, daß alle am Erwachen waren, drehte sie den Kopf und eilte davon.

Mein hoher Vorgänger als Scheich stellte die große Weisheit und Gotteshingabe der Tiere und Dschinnen höher als die der Menschen. Er hatte ein Tariqât für Dschinnen, worin 300 unsichtbare Teilnehmer sich von ihm belehren ließen und durch seine Weisheit sich einer höheren Entwicklungsstufe näherten.«

Als er mein zweifelndes Gesicht sieht, fügt er hinzu: »Einer meiner fortgeschrittensten Schüler schlief neulich eine Nacht draußen bei den heiligen Gräbern auf dem Friedhof. Dort sah er die Dschinnen ihre Zikr- und Meditationsübungen genau so machen wie Menschen.«

Wir sprechen nun von den Dschinnen. »Sie sind durchaus nicht immer diabolische Wesen«, sagt der Scheich. »Sie machen eine gewisse Entwicklung durch und gleichen dem Herrn, dem sie folgen. Ist er gut, so fühlen sich gute Wesen zu ihm hingezogen. Ist er schlecht, so folgen ihm schlechte oder diabolische Dschinnen.«

Ich frage, ob ein Kutdam ein solches Wesen sei wie das, was Goethe in seinem *Faust* »Mephisto« genannt habe.

»Ein Kutdam ist ein hochentwickelter Dschinn, ein Führer der Dschinnen. Der Mensch kann sich solche unsichtbaren Diener durch

Fasten, Gebet, Wachen und durch Benutzen gewisser überlieferter Beschwörungsformeln in syrischer, aramäischer oder hebräischer Sprache verschaffen.«

»Einer meiner Freunde«, sagt Ali, »bekam von seinem Vater auf dessen Sterbebett seinen Kutdam als Erbe. Der Vater beschrieb, wie dieser Geist durch Reiben eines Kerzenständers und Hersagen einer Formel, die er ihn lehrte, gerufen werden könne. Als später der Sohn den Versuch machte, meldete sich ein langer schwarzer Dschinn als Kutdam. Der Sohn fragte, welche Dienste er ihm leisten könne. ›Jeden‹, lautete die Antwort. ›Aber als ich in der Gewalt deines Vaters war, hat er nur einmal meine Dienste in Anspruch genommen. Es war auf der Reise. Er lag krank und einsam in seinem Zelt und rief mich, um ihm Brot und Wasser zu schaffen.‹

Der Sohn fragte nun, was er tun solle, um dem Kutdam die Freiheit wiederzugeben. ›Du mußt den Kerzenständer, dessen magische Kräfte mich fesseln, zerschlagen!‹ Gesagt, getan. Der Ständer wurde zerschmettert, und der Geist war frei.«

»Drüben in Stambul«, fügt der Bey hinzu, »lebt ein 110-jähriger Mann, der Epilepsie und andere Formen von Geistesstörungen, die er der Besessenheit zuschreibt, heilt, indem er die bösen Dschinnen austreibt und sie durch gute zu ersetzen sucht.«

»Ich habe eine rationelle Weise gesehen, um Dschinnen zu vertreiben«, erzählt der Deputierte. »Ein Besessener, der sich wie ein wildes Tier benahm und seiner Umgebung gefährlich war, wurde gebunden und zu einem Scheich geführt, der den Ruf hatte, mit Hilfe seines Kutdams böse Dschinnen vertreiben zu können. Der Scheich löste selbst die Fesseln des Kranken und befahl ihm, sich - wie im Koran vorgeschrieben - zum Gebet zu waschen. Zögernd und unwillig gehorchte dieser. Darauf stellte sich der Meister während des Gebetes neben den Kranken und ließ ihn am nachfolgenden Zikr teilnehmen.

Als alle Teilnehmer die Ekstase erreicht hatten und die Seele des Kranken - von den anderen mitgerissen - außer seinem Körper war, gab der Scheich dem Besessenen mit aller Gewalt ein paar Backenstreiche, indem er eine Beschwörungsformel murmelte. Der Kranke kam zu sich, ganz geknickt, und weinte wie ein Kind. Von dem Tage an war er von den Dschinnen befreit und wurde bald ganz normal.«

Ali hat einer anderen Form der Austreibung beigewohnt: Der Kranke wurde einem Feuer gegenüber aufgestellt, und der Scheich erzeugte vermittelst gewisser Kräuter einen besonderen Rauch, den »Ruach«. Damit lassen sich Geister hervorlocken. Der Kranke mußte seine linke Hand mit der Fläche gegen das Feuer vor sich halten. Während der Scheich nun singend den Koran vortrug, kam der Kranke in einen Dämmerzustand, während welchem die ausgestreckte Handfläche sich langsam und automatisch der Stirn näherte. Als diese erreicht war, verlor er das Bewußtsein.

Der Scheich begann jetzt, hebräische Formeln herzusagen. »Im Namen des Propheten, Moses, oder Jesu«, je nachdem, ob der Kranke Moslem, Jude oder Christ war.

»Bald erklang aus dem Inneren des Besessenen eine Stimme, die nicht seiner gewöhnlichen glich. Diesen Dschinn, dessen Stimme aus dem Kranken sprach, zwang der Scheich, seinen Namen und Stamm anzugeben, und beschwor ihn darauf, den Körper des Kranken zu verlassen. Er wollte nicht heraus. Der Scheich mußte seine ganze Kraft anwenden, um ihn zu zwingen. Zuletzt mußte sich der Dschinn geschlagen geben und wollte durch das eine Auge des Kranken entweichen, wodurch dieser aber das Sehvermögen verloren hätte.

Der Scheich befahl ihm deshalb, den Körper durch die kleine Zehe des linken Fußes zu verlassen, damit keine edleren Teile zerstört würden. Sofort fing der linke Fuß an zu zittern, und unter einem schrillen Schrei des Besessenen verließ ihn der böse Geist. Der Scheich heilte durch Formeln und Anhauchen die Zehe, die wie gespalten war. Aber noch mehrere Tage später konnte sich der Kranke nicht auf den Fuß stützen. Als er ganz gesund war, gab ihm der Scheich ein Amulett, das er immer tragen sollte, um sich zu schützen.

Ich habe denselben Scheich ähnliche Methoden gegen Schlangenbisse anwenden sehen. Am Tage nach der Beschwörung zeigte sich an der Bißstelle ein schwarzer Punkt, so groß wie eine Erbse, doch die Vergiftung war verschwunden.«

Der alte Scheich hat um ein Glas Wasser gebeten, das ihm in einem feingeschliffenen Glas von einem der Diener gereicht wird. Ehe er trinkt, taucht er die Fingerspitze hinein und bringt das Glas zum Klingen, indem er mit dem nassen Finger den Rand bestreicht. Er sagt: »Fülle Gläser in verschiedener Höhe mit Wasser und bringe sie zum Klingen, wie dieses hier. Du wirst hören, daß die Töne wechseln, da sie von der Menge des Wassers in den Gläsern abhängen. Genau so ist es mit den Menschen. Gott hat ihnen von seinem Geist - *rouh* - in verschiedenem Maße eingegossen, und je nach diesem Maß klingen sie verschieden. Einer ist so wenig vom guten Geiste erfüllt, daß sein niedrigeres Ich - *nafs* - ihn beherrscht. Ein anderer hat vom Guten so viel in sich, daß er mit seiner Hilfe das Böse vertreibt.

Genaugenommen gibt es keine Geschöpfe, es gibt nur Gott, der sich in den verschiedensten Weisen offenbart. Gott ist es, der auf das Kind im Mutterleibe haucht und ihm Leben gibt, wenn es sich vier Monate nach der Empfängnis zu rühren beginnt.

Gott und Adam sind es, die auf das geborene Kind hauchen, so daß es Gesicht und Gehör bekommt.

Und Gott ist es, der durch seinen Diener, den Scheich, auf die Herzen haucht, wenn der Mensch das innere Gesicht und Gehör erlangt, was ihm den Zutritt zu höheren Welten öffnet.

Gott allein ist es, der auf den Menschen haucht, wenn er so weit gekommen ist, daß er der Gehilfe Gottes werden kann.

Es wird von Bayazid Bastrami erzählt, daß er, als er nach dem Tode zu den Engeln kam, von diesen gefragt wurde, was er ihnen mitbringe. Er war erstaunt und antwortete: ›Wenn auf der Welt ein Mensch einen der Machthaber besucht, tut dieser die entgegengesetzte Frage, das heißt, er fragt den Besuchenden, was er von ihm wolle. Ich glaubte bisher, daß ich Gott gesucht hätte. Nun verstehe ich, daß Gott es ist, der mich sucht!‹ Nimmt der Geist Gottes nicht Wohnung in einem Menschen, so ist dieser verloren. Gott hilft eben nur dem, der ihm hilft.«

Ich frage: »Wie geht es den Menschen nach dem Tode, die nie einen Scheich gehabt haben, der sie auf den Weg durch höhere Welten zu Gott bringt?«

»Der Unterschied ist, daß diejenigen, die hier auf Erden die inneren Augen erhalten, die der Tariqâtsweg uns öffnen kann, schon hier durch das Fegefeuer oder *Kama-loka*, wie die Inder es nennen, gehen, während es für die anderen erst nach dem Tode beginnt. Die Folge ist, daß die Einweihungsschüler nach ihrem Hingang sich wieder um ihren Meister sammeln, der sie in der jenseitigen Welt, die er ihnen schon hier geöffnet hat, weiterführt.

Die übrigen bleiben dort unbewußt, weil sie hier im Leben nicht die latenten geistigen Seelenorgane entwickelt haben, die die Träger des Bewußtseins außerhalb des Körpers sind.«

Ich stimme in dieser Betrachtung mit dem Meister überein, behaupte aber, daß es für mich ein Widerspruch ist, okkulte Seeleneigenschaften, die dem Erreichen einer höheren Bewußtseinsstufe dienen sollen, in einer Abdämpfung des jetzigen Bewußtseins bis unter das Normale, wie das im Zikr geschieht, zu erreichen, und sage:

»In unserem Tariqât gehen wir den entgegengesetzten Weg. Wir arbeiten darauf hin, unser Bewußtsein auf eine höhere Stufe zu heben, so daß wir mit vollem Bewußtsein unsere Erfahrungen in den höheren Welten machen können.«

»Was weißt du von diesen Sachen?« fragt mein ehrwürdiger Freund. »Du urteilst nach den wenigen anormalen Fällen, die du während des Zikrs bei uns gesehen hast und deren Ursachen ich dir erklärt habe. Was weißt du von den jenseitigen Erlebnissen derer, die auch am Zikr teilnehmen, aber weder heulen noch sichtbar hingerissen werden? Wie wagst du das, was von diesen erreicht wird, eine niedrigere Bewußtseinsstufe zu nennen? Solange du nicht selbst auf unserem Weg das erreicht hast, was wir erreichen, bist du unfähig, in dieser Sache zu urteilen. Du hättest bei uns in der Tekke bleiben sollen, bis die höhere Welt sich dir geöffnet hätte. Nur so hättest du aus eigener Erfahrung mitreden können über das, was wir erleben!«

Jetzt greift Ali ein. Er ist stark erregt, faßt mich mit beiden Händen und preßt mich an sich. »Du sollst zu mir kommen und einen Monat lang bei mir wohnen. Wenn ich dir nicht während dieser Zeit die andere Welt eröffne, kannst du mich an diesem Baum aufhängen lassen«,

sagt er und zeigt auf eine der Zedern, unter der wir eben saßen. »Du
bist mir wie ein Spiegel. Ich sehe alles in dir und weiß, daß du durch
mich sehr bald über die Schwelle kommen könntest. Ja, ich bin überzeugt, daß ich nur zehn Tage brauche, um dir zu geben, wonach du
strebst.«

Ich frage, ob er dazu Fasten, Wachen, Gebet und Zikr benutzen will.

»Nichts von alledem ist nötig!« antwortet er. »Durch den Herzenskontakt, der zwischen uns schon besteht, kann ich dich mit mir nehmen, wenn du nur selbst willig bist und mir Vertrauen zeigst. Du hast bei
uns hier die Wahrheit gefunden und willst es dir nur nicht selber einge-
stehen. Aber du mußt einsehen können, daß es für einen Scheich nicht
möglich ist, dir von seinen spirituellen Kräften zu geben, solange du den
Schritt nicht ganz tust und dich vor dir selbst und anderen als Anhänger des Islam bekennst. Tust du das, so werden alle Hindernisse entfernt, und wir können dir die geistigen Kräfte mitteilen, die du nötig
hast, um die Schwelle der geistigen Welt zu überschreiten.

Was ich vorher sagte, ist mein voller Ernst. Falls du nach einem
Monat bei mir keine völlige Verwandlung in dir fühlst, will ich nicht wei-
terleben. Kannst du dagegen durch geistige Kräfte mir eine Wahrheit
offenbaren, die mein Wesen in gleicher Weise verwandelt, so verspreche ich, daß ich mich zu deinem Glauben bekehren will. Wagst du, wie
ich, dein Leben als Pfand zu setzen auf die Kraft, die Gott dir gibt, um
mich zu überzeugen?« (Armer, lieber Freund Ali! Hat die Gottheit dich
bestraft, weil du sie versuchtest? Wenige Jahre nach diesem Ausspruch
wurde er tatsächlich durch Hängen hingerichtet.) Ich antworte:

»Diese Art von Wetten, wo jeder sein Leben als Pfand für seinen Glauben einsetzt, gehört vergangenen Zeiten an. Will Gott ein Wunder tun,
indem er sich in einem Menschen offenbart, so tut er es, ohne daß wir
ihm zu drohen brauchen durch den Einsatz unseres Lebens. Ich glaube,
daß wir beide einen großen Einfluß aufeinander ausüben können. Schon
jetzt fühle ich oft deine astrale Anwesenheit. Wenn ich mich auf deinen
Vater konzentriere, tritt dein Bild mit sonderbarem Leben zwischen uns
und deckt das seinige. Aber ich will nicht mit mir selbst experimentieren, sondern den Weg fortsetzen, den ich begonnen habe, wenn es auch

213

langsam geht. Die Hauptsache ist nicht, daß wir etwas früher oder später in die höhere Welt hineinkommen, sondern daß unsere geistige Entwicklung harmonisch vor sich geht, so daß nichts in unserem Wesen dadurch Schaden leidet. Das ist, soweit ich selbst urteilen kann, der Fall gewesen mit den Anweisungen, denen ich bisher gefolgt bin. Und ich bin überzeugt, daß ihr dasselbe Resultat erreichen werdet mit den Vorschriften, denen ihr nachlebt.

Aber die seelische Entwicklung im Osten und Westen ist höchst verschieden. Wir müssen unsere eigenen Wege gehen und hoffen, daß wir uns an demselben Ziel treffen werden. Sind wir uns darüber einig, daß das Ziel das rechte ist, so werden wir auch lernen, als Freunde unsere Wege gegenseitig zu respektieren.

Hierauf beruht die Zukunft. Hierdurch wird entschieden, ob wir einer universellen Brüderschaft zwischen Osten und Westen entgegengehen, die Krieg und Blutvergießen ablösen soll, oder ob die Menschen denselben zerstörenden Kräften wie bisher unterliegen sollen.«

Jetzt bittet uns der Wirt, Platz zu nehmen, da die Mahlzeit bereit ist. Zuerst waschen wir uns nach guter orientalischer Sitte die Hände. Es wird ein Becken von einem Diener gereicht, während ein anderer Seife bringt und das Wasser über die Hände gießt. Ein dritter reicht das Handtuch.

Das Essen wird, mit gekreuzten Beinen sitzend, eingenommen. Die große Messingplatte, um die wir plaziert sind, steht auf einem niedrigen Untersatz. Man hat solche Platten in allen möglichen Großen, so daß bis zu 50 Personen darum Platz nehmen können.

Dadurch werden die in Europa unvermeidlichen, meist häßlichen Eßzimmer-Einrichtungen gespart, und da die Platten sauber sind und sich nach Gebrauch leicht putzen lassen, wird auch das Tischtuch unnötig.

Nach dem Essen geht Hand- und Mundwaschen in derselben Weise vor sich wie vorher. Heute ist weniger mit Tellern und Bestecken gespart worden als neulich bei Ali.

Außer dem gerösteten Fleisch (Kebab) wird uns Pilav, Gemüse, Butter, Käse und das herrlichste Obst serviert, dazu das feinste Quellwasser, womit hier ein ähnlicher Luxus getrieben wird wie in Frankreich mit den Châteauweinen. Richtige Feinschmecker behaupten, die Quelle angeben zu können, woher das Wasser stammt. Ebenso wie die französischen Weinkenner Jahreszahl und Herkunft des Weines herausschmecken.

Dann wird der herrliche türkische Kaffee serviert. Das Gedeck ist schnell entfernt und bald nachher ist es Zeit für das Mittagsgebet.

Es wird ein feiner Seidenteppich herbeigetragen. Der alte Scheich bestimmt genau die Himmelsrichtung nach der Sonne. Der Teppich wird in der Richtung nach Mekka ausgebreitet, und der Meister kniet darauf nieder. Wir anderen knien in Reihen hinter ihm auf dem großen Teppich, und dann geht das Gebet vor sich mit allen den bekannten Bewegungen, die von den Teilnehmern nach dem Vorbild des Scheichs gemacht werden.

Nachdem es beendigt ist, drücken alle meine Hände und beglückwünschen den Bey zu meiner Bekehrung. Ali umarmt mich gerührt. Jetzt kann kein Zweifel darüber sein, ich bin bekehrt. Daß ich am Gebet teilgenommen habe, ist für alle ein sicheres Zeichen, daß ich derselben Religion wie sie angehöre.

Der Alte fragt: »Was denkst du während des Gebetes, dessen Worte du ja nicht sprechen kannst?«

Ich antworte, daß es für mich nicht auf die Worte ankomme. »Es ist die schöne Sitte, Gott gemeinsam zu preisen und zu danken, die mir lieb ist. Und daran kann ich teilnehmen, wo immer es auf Gottes geschaffener Erde sein möge, und gleichgültig, unter welchen Menschen.«

Ich werde bald verreisen und sehe meinen Lehrer heute zum letzten Mal. Er drückt mich an sich und sagt, er werde auch in der Ferne mit mir sein. »Je weiter wir im Raum voneinander getrennt sind, um so stärker verbinden uns die seelischen Kräfte.«

Beim Abschied umarmt mich Ali und lädt mich wieder ein, bei sich im Hause als Gast zu wohnen, mit den Worten: »Falls du bloß eine Woche mit mir zusammenleben willst, so verspreche ich dir das Erlebnis vom Übersinnlichen, wonach du dich sehnst.«

Ich aber muß ablehnen, da ich abreise. Wir scheiden mit dem Versprechen, uns bei meinem nächsten Besuch wiederzusehen. Aber es sollte nicht sein.

Als ich mich bei meinem späteren Besuch nach Ali erkundigte, erfuhr ich, daß seine Moschee geschlossen sei wie die seines Vaters und alle Tekkes. Der alte Scheich lebte zurückgezogen auf dem Lande, wo ich ihn noch ein paar Mal besuchte und wie ein alter Freund aufgenommen wurde.

Ali hatte eine Anstellung bei dem Tabakmonopol bekommen, wo er Schnupftabak nach einem alten Rezept seines Vaters herstellte. Es gelang mir nicht, ihn wiederzusehen.

Vor kurzem ist er mit vielen anderen Scheichs, die ich in der Tekke kennenlernte, zum Tode verurteilt und in Menemen am 3. Februar 1931 hingerichtet worden.

Sie sollten unter der Leitung des alten Scheichs Essad an einer Verschwörung gegen die Regierung teilgenommen haben. Der alte Scheich wurde ebenfalls zum Tode verurteilt, starb jedoch im Gefängnis eines natürlichen Todes. Aber 29 Todesurteile wurden, Ali inbegriffen, in Menemen vollstreckt.

Während meines Aufenthaltes wurde im Kloster nie über Politik mit mir gesprochen; aber da war das Verbot gegen die Tekkes ja auch noch nicht erlassen.

☾

KAPITEL XII

BESUCH BEI EINEM
ÄGYPTISCHEN PASCHA
UND SEINER HELLSICHTIGEN FRAU

Der ägyptische Pascha in San Stephano hatte mich durch den Bey aufgefordert, einer der wöchentlichen Koranlesungen in seinem Hause beizuwohnen. Der zur Zeit geschätzteste Koransänger von Konstantinopel kam jeden Donnerstag zu ihnen heraus. Ich wurde gebeten, pünktlich zu sein, um die Andacht nicht zu stören, die kurz nach dem Mittagsgebet stattfindet.

Auf dem Zug treffe ich meinen Freund, den vielgereisten Scheich, der einige Brocken von verschiedenen Sprachen kennt, so daß wir uns verständigen können. Er hat dasselbe Ziel wie ich. Im Laufe des Gesprächs frage ich ihn, was er für das merkwürdigste halte, das er auf seinen Reisen erlebt habe.

Er antwortet: »Es war vor etwa 40 Jahren in Wien. Ich kam zu später Stunde an und bekam das letzte freie Zimmer in einem kleinen Hotel am Bahnhof, Hotel Saxonia hieß es.

Ich war müde und schlief bald ein, wachte aber dadurch auf, daß ein halbes Skelett vor mir stand und sagte: ›Gib mir meine andere Hälfte!‹ Als ich mich erhob und die Kerze anzündete, verschwand das Gesicht. Doch kaum hatte ich mich wieder hingelegt und das Licht gelöscht, so war es wieder da und wiederholte: ›Gib mir meine andere Hälfte!‹ Die Lage wurde mir nun bedenklich. Ich zündete die Lampe an, klingelte nach der Bedienung, die endlich kam, mich jedoch nicht verstehen konnte. Da es spät war, wollte ich den Wirt nicht rufen lassen. Ich beruhigte mich nach und nach und ging wieder zu Bett. Zum dritten Mal zeigte sich das unheimliche Gesicht und sprach dieselben Worte: ›Gib mir meine andere Hälfte!‹ Nun zog ich mich an und wollte das Hotel verlassen. Aber da auf einem der Korridore ein Sofa stand und ich sehr müde war, legte ich mich darauf und hatte bis zum nächsten Morgen Ruhe.

Im Laufe des Tages wurde ich vom türkischen Konsul abgeholt. Ich erzählte ihm, was geschehen war, und bat ihn, dafür zu sorgen, daß ich ein anderes Zimmer bekäme.

Der Wirt sah mich sicher für verrückt an, als er mein Erlebnis hörte, versprach aber, sein Bestes zu tun, um meinen Wunsch zu erfüllen.

Als ich am Abend, vom Konsul begleitet, zum Hotel zurückkam, wurden wir von der Wirtin lachend empfangen. Sie hatte das Zimmer untersucht und in einer langen Schachtel unter dem Bett ein der Länge nach durchgesägtes halbes Skelett gefunden, das von einem Medizinstudenten, der das Zimmer sonst bewohnte, hier zurückgelassen worden war, während er in Ferien ging. Es entsprach genau meinem Gesicht. Aus Sparsamkeitsgründen hatten sich zwei Studenten ein Skelett geteilt, und ich hatte dafür büssen müssen.

Daß man sich auch nicht den geringsten Teil eines Menschenkörpers aneignen darf, dafür erhielt ich später einen gründlichen Beweis.

Vor kurzem nahm ich ein Mädchen zur Frau, obgleich ich schon erwachsene Töchter aus früheren Ehen habe. Diese machten sich über mich lustig, da ich schon bei Jahren sei, und sagten, ich müßte mir mein Äußeres verjüngen und jedenfalls erst meinen fehlenden Vorderzahn einsetzen lassen. Ich ging zum Zahnarzt und ließ mich von ihm behandeln. Hier saß der neue Zahn.«

Der Scheich deutete auf eine Lücke in den Vorderzähnen. – »Nachdem wir geheiratet hatten, saß ich eines Abends mit der jungen Frau und meinen zwei Töchtern zusammen. Da zeigte sich ein Schatten und sagte deutlich: ›Gib mir meinen Zahn wieder!‹ Ich fragte die Anderen, was das für ein Wesen sei und von welchem Zahn die Rede wäre. Sie glaubten, ich hätte den Verstand verloren. Ich bat meine Frau, genau hinzusehen, falls der Schatten sich wieder zeigen sollte. Er erschien kurz nachher wieder und sprach dieselben Worte, wurde aber auch jetzt nur von mir bemerkt.

Ich fragte ihn, um was für einen Zahn es sich handle. ›Der, welcher dir eingesetzt worden ist, gehört mir‹, lautete die Antwort. Da meine Frau mich mit einem unsichtbaren Wesen sprechen hörte, glaubte auch sie, mein Verstand hätte gelitten und wollte mich als krank zu Bett bringen. Zum dritten Mal zeigte sich kurz nachher der Schatten und verlangte sein Eigentum. Ich war jetzt so erregt, daß ich mir den Zahn aus dem Mund riß und ihn nach dem Schatten warf. Er traf einen großen Spiegel mir gegenüber und blieb am Boden liegen. Der Schatten verschwand und ließ mich in Ruhe, aber seither fehlt mir wieder der Vorderzahn.«

Der Zug hält, und wir gehen zusammen nach dem Ufer zu einer großen, herrlich gelegenen Villa mit weiter Aussicht auf das Marmarameer und die braunen Hügel Kleinasiens. Die Bewohner empfangen uns mit der größten Liebenswürdigkeit, und da der Koransänger noch nicht gekommen ist, bitte ich um die Erlaubnis, die früher erwähnte Grabstelle im Garten besuchen zu dürfen. »Leider ist sie jetzt zugedeckt«, antwortet der Besitzer. »Sie wurde freigelegt, als ich den Abhang vor meinem Fenster planieren ließ. Es war kein Grab, wie wir es aus späteren Zeiten kennen, sondern ein mit Steinen ausgebauter, primitiver weiter Raum, zwei Meter lang und einen halben Meter breit, gerade für einen Menschenkörper passend.

Als wir vom Ausland nach Konstantinopel gezogen waren, zeigte sich einmal der hier beerdigte Scheich meiner Frau und sagte, daß wir dieses Haus kaufen sollten, das er so deutlich beschrieb, daß wir es leicht finden konnten. Wir besahen es; es paßte uns, der Preis dafür war nicht zu hoch. Wir kauften es und zogen ein. Seither hat sich dieser Scheich meiner Frau als ihr geistiger Leiter oft gezeigt und ihr Ratschläge gegeben. Einmal beschrieb er ihr eine arme Afrikanerin aus Tripolis sowie deren Aufenthaltsort in einem der Dörfer auf der asiatischen Seite des Bosporus. Er sagte, sie sei ein hochentwickelter Mensch, wäre aus Glaubensgründen verfolgt worden und sei hierher geflohen. Sie litte große Not und brauche Unterstützung. Wir fanden sie sofort nach der genauen Beschreibung.«

Es kann sonst Tage dauern, bis man einen Menschen hier findet. Ich kann das aus eigener Erfahrung bestätigen. Die Straßen in diesen Dörfern haben keine Namen, den Häusern fehlt die Nummer, die Bewohner halten sich dort oft unter fremdem Namen auf. Ohne Hilfe von geistigen Kräften ist es fast unmöglich, hier Menschen aufzuspüren; auch die genauesten Adressen versagen.

»Wie gesagt«, fährt mein Wirt fort, »wir fanden sie. Zuerst bestritt sie, von Tripolis gekommen zu sein und den angegebenen Namen zu besitzen. Erst als meine Frau ihr den Scheich beschrieb, verstand sie, daß wir von ihrem eigenen geistigen Leiter geschickt worden waren, um ihr zu helfen, und machte jetzt Mitteilungen, die genau mit denen übereinstimmten, die wir empfangen hatten.«

Ich frage nun, wie es sich mit dem Identitätsbeweis verhalte, der von diesem Scheich beim Auffinden des Grabes gegeben wurde. »Um einen solchen handelt es sich hier nicht«, sagt mein Wirt. »Tewfik Bey befand sich unter den Leitern des ersten Zuges gegen Konstantinopel. Wie bekannt, führte dieser nicht zur Einnahme der Stadt. Tewfik gehörte zu den Gefallenen und wurde auf dem Schlachtfeld außerhalb der Stadt beerdigt. Dies hatte er meiner Frau mitgeteilt, indem er hinzufügte, sie brauche nur unter den hohen Zypressen nachgraben zu lassen, so würde sie sein Grab finden. Allerdings seien die Gebeine nicht mehr darin.

Wir unternahmen damals nichts. Doch später bei den Planierungsarbeiten fanden wir wirklich auf der Stelle, die den Angaben entsprach, den steinernen Raum, der genau nach dem Muster der primitiven Gräber von damals gebildet ist. Durch ein Mißverständnis meines Gärtners wurde er zugedeckt. Ich werde ihn bei Gelegenheit wieder freilegen lassen und offen halten.«

»Hat Ihre Frau von Kindheit an die Fähigkeit gehabt, mit der astralen Welt in Verbindung zu treten?« frage ich.

»Nein, sie trat erst auf nach einer ernstlichen Krankheit im 13. oder 14. Jahr. Der Prophet zeigte sich ihr damals, herbeigerufen durch das Gebet der Anwesenden, und fragte sie, was sie sich von ihm wünsche. ›Die Zukunft zu kennen‹, war die Antwort. Und von dem Tage an hat sie die Gabe der Hellsichtigkeit gehabt, die sich in verschiedenster Weise äußert.

Eines Tages fuhr sie mit ihren Begleitern in der Umgebung von Kairo spazieren und sah eine große Anzahl kniender Frauen um einen Scheich versammelt. Sie ließ den Wagen halten und winkte ihn zu sich, um ihm Almosen zu geben. Er kam, wies aber lächelnd die Gabe zurück. ›Bin ich gewohnt, Geld anzunehmen?‹ fragte er. ›Wer bist du?‹ fragte sie. ›Scheich Bedevi!‹ antwortete er.

Sie wissen, der fromme Stifter des Bedevi-Ordens lebte vor vielen hundert Jahren und ist wegen seiner Toleranz der Schutzheilige der Prostituierten. Solche waren es, die sich um ihn versammelt hatten. Unterwegs vom Wagen zu den Frauen verschwand der Scheich. Er war außer von meiner Frau auch von den beiden begleitenden Damen und dem Kutscher gesehen worden sowie natürlich von den vielen Prostituierten, die lange seinen tröstenden Worten gelauscht hatten.

Ich habe selbst einmal ein Gespräch überwacht, das sie mit ihrem Leiter hatte. An einem frühen Morgen hörte ich, daß meine Frau, die neben mir lag, mit jemandem sprach. Ich blickte sie an, sie schien zu schlafen. Ich fiel bald wieder in Halbschlaf und hörte nun deutlich mehrere Sätze von einem Gespräch, bis ihr Meister sagte: ›Paß auf ihn auf, er schläft nicht, sondern lauscht!‹ Damit hörte das Gespräch sofort auf.

Vor einigen Jahren wollte sich meine Frau in Deutschland einer ernstlichen Operation unterziehen. Ich befand mich auf Reisen und konnte sie nicht begleiten; doch ich war überzeugt, daß alles günstig verlaufen würde, da sie alle Einzelheiten, sogar Gestalt und Adresse ihres Doktors sowie das glückliche Resultat vorausgesehen hatte und großes Vertrauen zu dem Chirurgen ihrer Vision besaß. Als sie nach München kam, war er verreist. Man empfahl ihr seinen Stellvertreter, der auch eine Berühmtheit sein sollte. Doch von diesem wollte sie nichts wissen. Zufällig aber traf sie bald darauf diesen auf der Straße, erkannte ihn sofort als das Bild ihrer Vision und fragte ihn, ob er, der Herr Professor, unerwartet von seiner Reise zurückgekehrt sei? Jetzt erst stellte es sich heraus, daß sie in ihren Gesichten eben diesen Stellvertreter geschaut hatte. Sie wurde sofort operiert, und alles verlief gut.

Neulich sah sie in einer Vision den Propheten, Abu Bekr mit ihrem Meister Tewfik. In ihrer Gesellschaft befand sich ein Mann im Kleide eines Feldarbeiters. Ihr Leiter sagte ihr, sie solle die Hände dieses Mannes küssen, wenn sie ihm begegnete, denn er sei ein großer Eingeweihter. Einige Tage nachher wollte sie ihren alten Scheich Essad besuchen. Auf dem Weg zur Tekke sah sie auf der Straße diesen Mann, als sie das Armenviertel durchfuhr. Sie ließ den Wagen halten, stieg aus und küßte ihm die Hände. Er wachte gleichsam auf, dachte ein wenig nach und sagte: ›Du kommst vom San Stephano draußen und bewohnst ein hübsches Haus am Ufer des Meeres.‹

Und jetzt beschrieb er unser Haus hier. Verwundert fragte ihn meine Frau, wer er sei. ›Ich gehöre dem Naqshbandi an und arbeite hier in den Gärten.‹ Geld wollte er nicht annehmen und setzte seinen Weg fort, bis er hinter einem Gartenzaun verschwand.«

Ich frage, ob mein Wirt oder seine Frau auch diesem Orden angehören.

»Nein, wir sind in keinem Orden. Aber dem früheren Türbedar, Ahmed Efendi, von dem Sie gewiß gehört haben, verdanke ich mein Leben. Deshalb stehen wir in Beziehung zu seinem Orden, und er war auch ein Naqshbandi-Bruder.

Vor einigen Jahren hatten wir in einem Hotel am Lago Maggiore Aufenthalt genommen. Meine Frau träumte drei Nächte hintereinander, daß wir das Zimmer, das wir bewohnten, aufgeben sollten. Aber da alles besetzt war und ich mich nicht lächerlich machen wollte dadurch, daß wir allerhand abergläubischen Eingebungen folgten, blieben wir. Kurz nachher erkrankte ich ernstlich an der Lungengrippe. Das Fieber stieg rasch, und bald war ich aufgegeben. Der Arzt sagte, wenn ich nicht selbst innere Kräfte mobil machen könnte, um die Krankheit zu überwinden, so sei keine Hoffnung mehr. Die Wissenschaft könne in diesem Fall nichts mehr anfangen. Meine Frau hatte mit einer Krankenschwester Tag und Nacht gewacht und gönnte sich erst etwas Ruhe, nachdem eine zweite Schwester gefunden war. Doch sie gab Befehl, daß man sie sofort rufen sollte, wenn irgendeine Veränderung mit mir eintreten würde.

Sie erwachte davon, daß Ahmed Efendi plötzlich vor ihr stand und sie schüttelte. Er gebot ihr, ihm zu folgen. Schnell warf sie ein Tuch um die Schultern und eilte ins Krankenzimmer, wo sie die neue Krankenschwester am Verzweifeln fand. ›Das Herz hat aufgehört zu schlagen‹, sagte sie. – ›Haben Sie ihm die Einspritzungen gemacht?‹ – ›Nein; es ist zu spät!‹ Nun gab mir meine Frau selber die vorgeschriebene Injektion, und langsam kehrte das Leben wieder zurück. Als mich der Arzt am nächsten Tag besuchte, erklärte er, ich sei durch übernatürliche Kräfte gerettet worden. Von jetzt an ginge es schnell mit mir bergauf.

Später stellten wir fest, daß vor uns ein Grippekranker in diesem Zimmer gewohnt hatte. Wahrscheinlich wäre meine Krankheit vermieden worden, wenn wir der ersten Eingebung meiner Frau gefolgt wären.

Drei Tage vor dem Mord von Sarajewo sah meine Gattin diesen voraus und alle die furchtbaren Folgen, die er nach sich zog.

In einer Nacht während des Krieges wachte sie erschrocken auf und rief: ›Ich höre rufen: *La Russie est au feu et au sang du Nord à Sud et de la mer à la mer!*‹ Es war der Tag, an dem die Revolution in Rußland ausbrach. Wir lebten damals in Paris, und an demselben Tage noch erzählte ich meinem Freund, dem türkischen Botschafter, von diesem Vorgang. Erst drei Tage später wurde ihm diese Vorhersage durch Telegramm bestätigt. Als der Krieg gerade ausgebrochen war, befand sich meine Frau mit ihrer Gesellschafterin, einer Deutschen, in der Schweiz. Diese schickte sie rechtzeitig nach Deutschland zurück und reiste allein nach Frankreich, um in Marseille Schiffsgelegenheit nach Kairo zu finden. Aber alle Schiffe waren für Truppentransporte beschlagnahmt. Sie wartete lange vergebens und war am Verzweifeln, da mit jedem Tag die Aussichten geringer, wurden, nach Hause zu kommen. In einer Nacht wurde ihr im Traum befohlen, sofort am nächsten Morgen zum japanischen Konsul zu gehen. Er hätte wichtige Mitteilungen für sie. Als sie auf das Konsulat kam, sagte man ihr, daß einer von den japanischen Dampfern Erlaubnis erhalten habe zu segeln und morgen über Port Said nach Japan führe. Der Konsul verschaffte ihr einen Platz an Bord, und so kam sie nach Kairo zurück, ehe dieses zur Unmöglichkeit wurde.«

Ich frage, ob ihre Gesundheit nicht unter diesen Visionen leide. »Nein«, lautet die Antwort, »sie ist wohl und außergewöhnlich energisch, aber etwas nervös und schläft sehr unruhig. Wir können öfters, wenn sie schläft, Gespräche und Schritte im Korridor außerhalb ihres Zimmers hören, wo sich keine Menschen befinden.

Kennen Sie den katholischen Heiligen St. Antonius? Sie wissen, daß er beim Verlust von Gegenständen angebetet wird. Einmal, in einer Gesellschaft in Paris, fühlte meine Frau plötzlich etwas wie eine Hand, die an ihr kostbares Ohrgehänge, eine Perle, griff und sah in demselben Augenblick den heiligen Antonius vor sich stehen mit abgewandtem Gesicht. Sie untersuchte den Schmuck und fand, daß die Schraube, durch die er befestigt war, sich gelöst hatte. Er wäre sicher verlorengegangen, wenn St. Antonius ihr nicht geholfen hätte.«

Ich spreche mein Erstaunen darüber aus, daß katholische Heilige auch den Kindern des Islam solche Dienste leisten, und sage, ich sehe in der Toleranz dieses Heiligen ein erfreuliches Zeichen. Aber es wird mir die Erklärung gegeben, Antonius habe zu denen gehört, die die Wahrheiten in der Lehre des Islam eingesehen, sich aber nicht öffentlich zu dieser Überzeugung bekannt hätten. Daher verberge er stets sein Gesicht, wenn er sich Muslimen zeige. Der Prophet wird von den Christen oft beschuldigt, den Menschen nichts Neues gebracht zu haben. Er gibt das selber zu, indem er sagt, daß lange, bevor er die Lehren des Islam gesammelt und offenbart hätte, die aufgeklärtesten Menschen schon Anhänger derselben gewesen seien und daß solche, die nach dem Gebot des Korans handeln, Christen, Juden oder Anhänger anderer Religionen, in Wirklichkeit doch Muslime wären und von solchen als Muslime behandelt werden müßten. Zu diesen gehörte St. Antonius.«

Jetzt kommt der Koransänger, der eine Stunde lang psalmodierend vorträgt und mir durch die Schönheit seines Gesangs einen echten musikalischen Genuß bereitet. Darauf wird Tee serviert. Ehe ich Abschied nehme, danke ich dem Pascha für die interessanten Mitteilungen und frage, ob unter den Aufgaben, die seiner Frau von ihrem unsichtbaren Leiter übertragen würden, nicht auch solche wären, die mit Menschen in Zusammenhang stünden, die ich selber aufsuchen könnte, um so das Phänomen von zwei Seiten bestätigt zu erhalten. Das sei für mich außerordentlich wichtig.

Nach kurzem Nachdenken antwortet mein Wirt: »Vor einem Jahr erhielt meine Frau den Bescheid, einen Hodscha aufzusuchen, der in einem der asiatischen Dörfer am Bosporus wohnt. Ein Name wurde ihr bezeichnet und hinzugefügt, er wohne auf einem Hügel in einem Garten.

Ich fuhr hinüber und fand den Mann, obgleich der ihr angegebene Name nicht im Dorf bekannt war. Ich forderte ihn auf, wie der Befehl lautete, einmal in jeder Woche zu uns zu kommen, um mit uns zu beten.

Tewfik Bey hatte nämlich von diesem Mann gesagt, daß er unechte Magie mit Hilfe seines Kutdams treibe und daß er jetzt versuchen würde, ihn auf den rechten Weg zu bringen.

Nachdem er uns mehrere Monate lang regelmäßig besucht hatte, blieb er auf einmal weg, und Tewfik sagte meiner Frau, daß sein Versuch mißlungen wäre. Da sich der Scheich nicht bessern wollte, hätte er ihn weggeschickt; er würde sich kaum wieder zeigen.«

Mir wurde Name und Ort bezeichnet, und einige Tage nachher fuhr ich mit dem Dolmetscher hinaus, um diesen merkwürdigen Mann aufzusuchen. Unter dem angegebenen Namen kannte ihn keiner. Aber da der Ort klein war und nicht viele Hodschas auf einem Hügel in einem Garten wohnen konnten, fanden wir heraus, daß es sich um Ali Hodscha mit dem Zunamen »der Bartarme« handelte. Wir fanden das Haus, wo er wohnte, und trafen ihn zu Hause.

Er hatte das charakteristische Tartarengesicht mit einem dünnen Spitzbart und schwarzen, stechenden Augen, die an Sultan Abdulhamid erinnerten. Er lud uns ein hereinzukommen. Wir zogen die Schuhe aus, folgten ihm und nahmen auf dem Diwan in seiner Stube Platz.

Darauf folgten neue Begrüßungen und die Frage, wer wir seien und wer uns geschickt hätte. Ihm lag besonders daran zu erfahren, wie wir zu seinem richtigen Namen gekommen waren.

Ich ließ durch den Dolmetscher antworten, er sei mir im Traum offenbart worden. Da ich großes Interesse für den Islam hätte und versuchte, mit seinen bedeutendsten Männern in Verbindung zu treten, sei mir unter anderen auch er im Traum genannt worden.

Langes Schweigen folgte.

Er sah mich scharf und argwöhnisch an und setzte ganz ungeniert und stark gestikulierend ein leises Gespräch mit einem unsichtbaren Anwesenden fort. Wahrscheinlich war dieser der diabolische Kutdam, den er in seinen Diensten hatte.

Nun nahm er meine Hand, und wir drückten wohl zehn Minuten

lang einander die Hände, indem wir uns zugleich tief in die Augen blickten, ohne ein Wort zu sagen.

Ich konzentrierte mich mit aller Kraft darauf, seinen Kutdam zu vertreiben. Sein Gesicht wechselte den Ausdruck, und ich merkte, wie unbehaglich ihm die Lage wurde.

Zuletzt riß er sich mit einem Geheul los, blies mich stark an und sprach: »Jetzt habe ich dir von meiner Gewalt gegeben; du kannst nun auf eigene Faust weitergehen. Ich habe mich mit deinem Herzen in Kontakt gebracht. Du hast starke Kräfte um dich und kannst mit ihrer Hilfe weit kommen!«

Ich beruhigte ihn und erzählte, ich hätte im Traum gesehen, wie er eine Treppe zu einem Haus emporstieg, das am Ufer des Marmarameeres mit schöner Aussicht stand. Ob er diesen Traum mit etwas Wirklichem in Verbindung bringen könne?

Er nannte den Namen meines Freundes, des Paschas, und sagte, daß der Traum genau auf seine Villa passe. Er habe sie oft besucht. Währenddessen steigerten sich Gesten und Mienenspiel in beunruhigender Weise.

Ich fragte, wie lange es her sei, daß er dort war. »Etwa ein halbes Jahr!« Und weshalb er nicht mehr hinginge? Er führte einen förmlichen Kampf mit seinem unsichtbaren Leiter und sagte dann: »Aus verschiedenen Gründen bin ich verhindert gewesen, aber ich werde bald wieder hinüberfahren.«

Zum zweiten Mal nahm er meine Hand. Ich hielt ihn so fest, daß er sich förmlich wand. Aber meine geistigen Kräfte waren die stärkeren. Er konnte nicht gegen sie aufkommen. Er riß sich wieder los, blitzte mich aus seinen Augen an, blies nochmals über mich und sagte erbost durch den Dolmetscher, falls er mir mit irgend etwas dienen könne, sollte ich es nur sagen.

Ich fragte ihn jetzt, wie man sich einen Kutdam verschafft.

»Nichts ist leichter. Ehe du abends zu Bett gehst, mußt du die rituellen Waschungen vornehmen und beten, dann höchstens zwei Stunden schlafen, hierauf dich wieder waschen und beten und den Rest der Nacht im Zikr verbringen. Setzest du das einige Wochen fort, so werden bei dir die Visionen anfangen. In diesen zeigt sich dir dein Führer und gibt dir die weiteren Anweisungen bezüglich Fasten, Beten, Beschwörungsformeln usw.«

Beim Abschied lud er mich nochmals ein, ihn wieder zu besuchen, falls ich weitere Aufklärungen wünsche.

Als ich seine Hand in der meinigen hielt, betrachtete ich sie. Sie ist fein gebildet, schmal, und hat lange, spitze Finger; die charakteristischen weißen Halbmonde an den Nagelwurzeln fehlen. Ob das wohl ein Kennzeichen der Zauberer ist?

Das Resultat dieses Besuches war enttäuschend. Ich hatte auf positive Beweise gehofft, wagte aber nicht, mit dem Ausfragen zu weit zu gehen, da sich der Scheich so abweisend verhielt.

Der Zufall mit dem »Sarkophag« zeigte wie gewöhnlich die Tendenz zum Übertreiben, wenn es sich um Berichte aus zweiter Hand handelte.

Es geschieht daher mit einer gewissen Befriedigung, daß ich diese Berichte abschließe, indem ich versichern kann, daß sich nicht die geringste Ausschmückung und Übertreibung in ihnen befinden.

Alle die erwähnten Erlebnisse und persönlichen Mitteilungen sind ganz genau wiedergegeben.

☾

POST FESTUM

Wir leben in einer Periode, in der gerichtet wird. Das Alte hat ausgedient und muß dem Neuen Platz machen. Was dieses bringen wird, liegt im Schoße der Zukunft. Aber bis zu einem gewissen Grad darf sowohl hier wie im einzelnen Menschenleben die Voraussage gelten.

Es ist nicht schwer zu prophezeien, daß ein Mensch, der sich blind seinen Trieben hingibt, keine leichte Zukunft haben wird. Versündigungen gegen die kosmischen Moralgesetze werden in entsprechender Weise gebüßt. Das individuelle sowie das kosmische Wiedervergeltungsprinzip, das in der indischen Philosophie Karma genannt wird, geht wie ein roter Faden durch die ganze Menschheitsentwicklung und kann durch eine tiefere Betrachtung sowohl aus den historischen Ereignissen wie aus den einzelnen Menschenschicksalen erkannt werden. Wie wir säen, so ernten wir.

Wie die »christlichen« Großmächte das Gebot des Christentums: »Du sollst deinen Nächsten lieben wie dich selbst!« halten, das geht deutlich aus den Zuständen hervor, die heute auf der Erde herrschen.

Raubgier zeugt Krieg mit Mord, Krankheit und Unglück. Europa, ja die ganze Erde zeigt uns ein trauriges Bild von den Folgen einer jahrhundertelangen Raubpolitik. Wohin man das Auge wendet, herrschen Not, Zwietracht und Hoffnungslosigkeit, und das Große ist ein Spiegelbild des Kleinen.

In jeder einzelnen Menschenseele haben Not, Zwietracht und Hoffnungslosigkeit inneren Frieden und Harmonie verdrängt, ohne die das Leben seinen Wert verliert.

In früheren Zeiten war es anders. Das Leben unserer Großeltern und selbst noch die Jugend der Älteren unter uns verliefen glücklich und harmonisch. Das Leben hatte damals nicht das atemberaubende Tempo wie heute. Man fand noch Zeit, auch an seinen Nächsten zu denken und nicht wie jetzt ausschließlich an sich selbst. Der Egoismus in Reinkultur, der die Einleitung des Kampfes aller gegen alle bildet, war damals erst im Keimen. Es ist das Tempo, was die Menschen mitreißt und von den wirklichen inneren Werten wegtreibt auf die Jagd nach imaginären Zielen, die sich so schnell entfernen, wie die Verfolger vorwärtseilen. Daher die Hoffnungslosigkeit.

Es sind die Resultate der Wissenschaft, die das Tempo geschaffen haben. Vor einigen Jahrhunderten gab es keine »Wissenschaft«. Die Menschen fußten noch auf den Traditionen der Vergangenheit und waren glücklicher. Die Religion trug sie. Aber Religion und Wissenschaft können nicht richtig vereinigt werden. Daher die Zwietracht.

Innere Zwietracht und Hoffnungslosigkeit treiben den Menschen von sich selber weg auf die Jagd. Zu den Urtrieben der Selbsterhaltung und Fortpflanzung hat sich ein dritter Trieb hinzugefügt: der nach Geschehnissen.

Dieser wird von den zerstörenden Mächten benutzt, um Völker gegen Völker, Klassen gegen Klassen und Menschen gegen Menschen zu hetzen, in Hass, Mord und Vernichtungslust. Die bösen, vernichtenden Mächte oder Wesen haben die guten, aufbauenden verdrängt.

Daher die Not.

Gott hat uns den Verstand gegeben, damit wir ihn gebrauchen. Unser Erkenntnistrieb peitscht uns stets weiter und weiter vorwärts zum »Baum des Lebens« hin. Die Früchte des »Baumes der Erkenntnis« haben uns vorwärtsgetrieben bis hin zum größten Rätsel: dem Geheimnis des Lebens. Des Lebens, das aus einem Samen oder einer Zelle hervorsprießt, sich entfaltet, vermehrt und erlischt. Des Lebens, das trotz allen Fortschritts der Wissenschaft stets das große ungelöste Rätsel bleibt.

Mit einer kleinen Umschreibung gilt noch heute ein alter Vers:
»O Wissenschaft, mit all deiner Kunst!
Füg' einer Nessel nur ein Blättchen zu! – umsonst!«

Ein Gebot, das uns in der Morgenröte der Zeiten auferlegt wurde, haben wir vollkommen erfüllt: Wir haben uns die Erde untertan gemacht. Dazu noch Wasser und Luft.

Der kleine Mensch hat Wunder geleistet. Er ist aber zum Sklaven dieser Wunder geworden. Eine Welt wurde gewonnen, aber das Selbst ist dabei am Verlorengehen. Die Werke, die durch unsere Schöpferkraft entstanden sind, haben sich unser bemächtigt. Sie halten uns mit eisernem Griff fest und saugen uns aus. Wir dienen ihnen als Nahrung und werden wie Abfall fortgeworfen, wenn unsere Kraft von ihnen aufgenommen ist.

Doch die Entwicklung geht unerbittlich weiter. Der Erkenntnisdrang treibt uns vorwärts, während Not, Zwietracht und Hoffnungslosigkeit zunehmen. Wie Zugtiere, die die Mühle treiben, eilen wir stets weiter im Kreise, mit der Binde vor den Augen, während die Mühlsteine Trauer und Elend in die Menschenherzen hineinmahlen.

Können wir uns die Binde nicht von den Augen reißen und gegen jene Mächte aufstehen, die uns zu Sklaven machen?

Wir können, doch wir wollen nicht. Wir finden nicht Mut und Kraft, wieder von vorne anzufangen.

Wir wollen nicht einsehen, daß wir auf die falsche Spur geraten sind.

Wir wollen nicht verstehen, daß unser unbändiger Drang zur Erkenntnis uns vom wahren Erkenntnisweg abgebracht und in Sackgassen geführt hat, wo wir daran sind, zugrunde zu gehen.

Hätten wir, jeder für sich, das große Gebot des Christentums befolgt, anstatt dieses Kirche und Staat zu überlassen und uns selber dadurch zu den Feinden des Christentums zu machen, so würde die Welt heute anders aussehen.

Die großen Entdeckungen der Wissenschaft stünden heute im Dienste der Menschenliebe, anstatt dem Menschenhaß und der Menschenvernichtung Vorschub zu leisten. Brüderlichkeit und Nächstenliebe hätten geherrscht statt Konkurrenzneid im Kampf um das Dasein. Die sogenannte »christliche Kultur« unserer Zeit, oder wie sie eher heißen sollte, die »antichristliche Kultur« geht ihrem Untergang entgegen. Darüber sind sich alle klugen Köpfe einig. Was folgen wird, ist unsicher.

Werden wir wieder neue Völkerwanderungen von Osten und Süden erleben?

Werden, wie Nostradamus einst prophezeite, die Araber, wird die gelbe oder die schwarze Rasse sich über das degenerierte Europa hereinwälzen und sich zu Herren über die Reste einer Kultur machen, die nicht mehr auf Geist, sondern auf Kanonen basiert?

Wird Spengler recht behalten, wenn er, von logischen Schlüssen ausgehend, zu denselben Resultaten kommt? Er sagt: »Die Großmächte nehmen Schwarze und Gelbe zum Kriegsdienst, um ihre eigenen Söhne zu sparen. Die Zukunftskriege werden sich auf den Territorien dieser Völker abspielen. Versehen mit dem ganzen modernen Kriegsmaterial und gut vorgebildet in deren Benützung, werden siegreiche Gelbe und Schwarze sich zu Herren über ihre Lehrmeister machen und die Länder erobern, deren Einwohner nicht mehr die Lasten des Kriegshandwerks vertragen.«

Gibt es denn gar nichts, was eine solche Zukunftsaussicht abwehren kann? In den Lehren des Christentums ist der Weg sehr deutlich gezeigt. Und in der letzten Zeit hat in Indien Gandhi sein Volk auf diesen Weg hingeleitet.

Es gehört aber zum Pilgergang der Menschheit durch die schönen Erdenreiche, daß die eine Kultur die andere ablöst, daß ein Volk oder eine Rasse über die andere herrscht und das Ganze mit seinen besonderen Kräften und Eigenschaften durchsäuert.

»Alles fließt!« sagte schon Heraklit.

Ein weitschauender Historiker (Ernst von Lassaulx, in *Der Untergang des Hellenismus*) schrieb in der Mitte des vorigen Jahrhunderts: »Die Pflanzung und das Wachstum der christlichen Kirche inmitten der sinkenden Staaten des Altertums ist eine Tatsache, deren Erforschung dem denkenden Beobachter einen tiefen Einblick in die innere Werkstätte des Völkerlebens und die Gesetze seiner Entwicklung gewährt, ja, die ihn, falls er dessen fähig ist, über die Welt der Erscheinungen hinaus bis zu den Ursachen und letzten Gründen derselben leitet, und, so weit dies dem Menschen vergönnt ist, die Pläne der göttlichen Weltvorsehung selbst ahnen läßt.« – Und: »Wir heutigen Menschen des 19. Jahrhunderts, am Vorabend einer ähnlichen Katastrophe des europäischen Lebens, wie jene des 4. Jahrhunderts war, werden uns, trotz der Erkenntnis seiner inneren Notwendigkeit, schwerlich einer mitfühlenden Teilnahme an dem Untergang des Hellenismus erwehren können. Denn wenn alle menschlichen Schicksale uns nicht fremd sind, so müssen uns die hellenisch-römischen, an deren Ende unsere Anfänge anknüpfen, fast wie ein Vorspiel unserer eigenen anmuten.«

Dr. Rudolf Steiner sagt: »Heute ist es Sünde, das Wort *Ex Oriente lux* auszusprechen, denn das Licht kann nicht mehr von dort kommen. Die Sonne ist verschwunden in die Untergründe der Menschheit. – Wir müssen durch geisteswissenschaftliche Entwicklung die Sonne wiederfinden, sonst verschwindet das Palladium in der Finsternis des Ostens. Denn wie ein fluoreszierender Körper ist das Palladium finster an sich. Wird es aber vom Licht durchströmt, dann leuchtet es auf.

So wird es mit der Weisheit des Ostens sein. Vom geistigen Licht des Westens durchdrungen, leuchtet es auf.«

Wie der Brand, der Troja als Einleitung einer neuen Periode in der Welt- und einer höheren Bewußtseinsstufe in der Menschheitsentwicklung verzehrt, so hat mit dem verzehrenden Weltkrieg wieder eine neue Periode der Menschheitsgeschichte eingesetzt.

Die äußere christliche Kultur ist tot.

Durch Kirchen und Dogmen ist im Laufe von 2000 Jahren die sogenannte christliche Kultur aufgebaut worden. Das mächtige Gebäude steht noch da, aber der Christusgeist hat es verlassen, daher wird sie zu Grunde gehen müssen.

Aber wie der Vogel Phönix wird aus dem Brand, der sie verzehrte, eine neue Kultur entstehen, die die tragende Kultur für die nächste Periode der geschichtlichen Entwicklung werden wird.

Ihre ersten Schößlinge streben schon zur Sonne empor durch das, was an Neuem und Wachstumskräftigem von der anthroposophischen Bewegung geschaffen ist. Sie werden stark und kräftig werden, ebenso wie jene Schößlinge am Anfang der jetzt abgeschlossenen Periode mitten in den krankhaften und hinsterbenden römischen Gesellschaftsformen, deren Ebenbild wir jetzt um uns sehen.

Es ist das Zeitalter des Bewußtseins, das eingeleitet wird. Die Entwicklung des Menschheitsgefühls und der Menschheitsvernunft liegt hinter uns.

Jetzt müssen alle Binden von den Augen gerissen werden, so daß wir zur vollen Klarheit über unser Wesen kommen und dadurch die Erweiterung des Bewußtseins vorbereiten, bis dieses auch die bisher verborgene geistige Welt umschließen wird.

Nach vollem Licht und voller Klarheit streben wir immer weiter.

ENDE

SUFISMUS UND ANTHROPOSOPHIE

Eine Betrachtung

von

André Ahmed Al Habib

Mit dem Buch *Seltsame Erlebnisse in einem Derwischkloster* von Carl Vett liegt uns eines der wenigen Dokumente vor, in denen ein Europäer über die Einweihungspraktiken des Sufismus berichtet – der esoterischen Lehre des Islam. Detailliert beschreibt der Autor die Praktiken in dem Sufi-Orden der Badawi unter der Leitung des legendären Scheichs Essad Efendi, der in diesem Orden die Lehrsysteme der beiden wohl wichtigsten Sufi-Orden in der islamischen Welt – der Kadiris und Naqushbandis – zusammenfügt.

Interessant an diesem Buch ist der anthroposophische Blickwinkel des Autors. Die Anthroposophie ist ein auf den österreichischen Mystiker Rudolf Steiner (gest. 1925) zurückgehender esoterischer Schulungsweg, in dem viele Bereiche des abendländischen Okkultismus zu einem großen Weltbild zusammengefasst wurden. Der Autor beschreibt die Schulung in dem Derwischkloster vor dem Hintergrund der Anthroposophie und ermöglicht damit einen Einblick in beide Lehrsysteme.

Der westlichen Öffentlichkeit ist sowohl der Sufismus als auch die Anthroposophie weitgehend unbekannt. Im Sufismus, der islamischen Mystik, wird ein unmittelbares Eintauchen in die göttliche Realität angestrebt. Die Sufis nennen diesen Zustand *Fana fi Allah*. Durch bestimmte Übungen versuchen sie, sich geistig zu öffnen, denn es heißt, wer die im Koran beschriebenen Erleuchtungsstadien und Paradiese schon in diesem Leben erreicht, dem werden sie auch im nächsten Leben sicher sein. Durch ihre Übungen entwickeln die Sufis ein Gefühl der allumfassenden Liebe und Bewusstheit. Dadurch sind sie in der Lage, in jedem

Augenblick die Schönheit Allahs in der Schöpfung zu erkennen und zu preisen. Es geht also wie in der Anthroposophie um die Höherentwicklung des menschlichen Geistes.

Als die ersten Sufis gelten der Prophet Mohammed, seine Gefährten und seine Familienmitglieder, wie sein Freund und Schwiegervater Abu Bhakr, sein Cousin und Schwiegersohn Ali, seine Tochter Fatimah, die Prophetenfrauen Chadischa und Aisha, sowie die engen Vertrauten Omar, Salman Farsi, Bilal und besonders noch die beiden Enkel des Propheten Hassan und Hussein.

Der Ursprung der Bezeichnung *Sufismus* ist umstritten. Gemeinhin führt man den Namen auf die *Ahle suffe* zurück, arabisch für »die Menschen der Steinbank«. Damit sind jene Muslime gemeint, denen Mohammed jeden Morgen auf der Terrasse vor der Moschee von Medina die esoterischen Prinzipien des Islam erklärte. Zu den Prinzipien, die Mohammed lehrte, gehört zum Beispiel, dass jede Zeile des Korans sieben verborgene Bedeutungen besitzt, die sich dem Mystiker bei seinem geistigen Aufstieg nach und nach offenbaren; oder dass Allah ein verborgener Schatz ist und die ganze Schöpfung dazu dient, ihn zu erkennen und zu preisen. Das Organ, um die göttliche Schönheit in der Welt auszumachen, ist, so Mohammed, das Herz. Ein wichtiger Prophetenausspruch hierzu lautet: »Das ganze Universum ist nicht groß genug, um Gott aufzunehmen, aber das menschliche Herz ist groß genug, um Gott aufzunehmen.«

Eine andere Interpretation für das Wort *Sufi* kommt von *Suf,* »Wolle«. Damit wird angedeutet, dass die Muslime der ersten Generationen als Zeichen ihrer Weltabgewandtheit nur raue Wollgewänder trugen.

Auch von dem arabischen Wort *safia,* »rein, heilig«, wird der Begriff »Sufi« hergeleitet. Der französische Orientalist Henry Corbin weist darauf hin, dass eine Herleitung von dem griechischen Wort »Sophisten« ebenfalls denkbar ist, mit dem im damaligen Arabien und Mittelmeerraum jene Menschen bezeichnet wurden, die durchaus auch außerhalb der Konventionen nach der Wahrheit suchten.

Vor allem im persischsprachigen Raum spricht man von den Sufis als von den »Derwischen« (persisch für »Bettler«). Damit wird ausgedrückt, dass die ersten Mystiker oftmals umherziehende Bettler waren. Wie es der große islamische Heilige Hujwiri (gest. 1071) ausdrückt, besteht jedoch ein essenzieller Unterschied zwischen einem normalen Bettler und einem Mystiker: Den Bettler weist die Welt zurück, der Derwisch aber weist die Welt zurück.

Besonders im Gebiet der heutigen Türkei, wo seit Jahrhunderten hellenische, christliche und zentralasiatisch-schamanische Glaubensmodelle miteinander konkurrierten, fiel der Sufismus auf fruchtbaren Boden. Zu nennen wären solch großartige Persönlichkeiten wie der mystische Dichter Yunus Emre (gest. 1321), der in engelhaftem Wohlklang die essenziellen Fragen des Seins besang, oder sein Zeitgenosse, der populäre Hadschi Bektash Veli, der einen unorthodoxen Islam auch außerhalb der Moscheen lehrte. Auf ihn geht die Gemeinde der Bektashis zurück, zu denen sich noch heute weite Teile der anatolischen Bevölkerung zählen.

Vor allem Mevlana Jallaludin Rumi (gest. 1273) trug viel dazu bei, dass der Westen die Türkei als ein wichtiges Zentrum des Sufismus betrachtet. Geboren im Gebiet des heutigen Afghanistan, flüchtete Rumi mit seiner Familie vor den heranrückenden Mongolen nach Konya, das in der heutigen Türkei liegt und zu jener Zeit eines der wichtigsten Zentren entlang der Seidenstrasse war. Schon in jungen Jahren schuf sich Rumi den Ruf eines großen Gelehrten, und zahlreiche Anhänger scharten sich um ihn. Den Wendepunkt in Rumis Leben brachte der Wanderderwisch Shams-i Täbriz. Dieser Adept lehrte Rumi, dass man das eigentliche Wissen nicht aus Büchern, sondern nur durch die unmittelbare Erkenntnis Allahs erlangen kann.

Das mitunter stundenlange Drehen um die eigene Achse war schon zu jener Zeit bei den Derwischen eine verbreitete Methode, um mystische Erkenntnisse zu erlangen. Durch Schams' Lehren angeregt, fing Rumi eines Tages auf dem Marktplatz von Konya an, sich zu den Hammerschlägen eines Goldschmieds zu drehen. In diesem Zustand blieb Rumi zwei volle Tage und Nächte. Dabei erlangte er die Erleuchtung, die sich auf vier aufeinander aufbauenden Erkenntnissen entwickelte. Zuerst erkannte Rumi, dass er sich um sich selbst dreht, so wie sich das

Bewusstsein der meisten Menschen vor allem um sich selbst drehte. Aus dieser Egozentrik heraus ging Rumis Bewusstsein schließlich dazu über, sich nur noch um Allah zu drehen. So erkannte Rumi, dass sich mit ihm zusammen die ganze Schöpfung nur um Allah dreht. Schließlich erlangte Rumi die höchste Erleuchtung, in der er erkannte, dass es letztendlich Allah selbst ist, der sich durch die ganze Schöpfung um sich selbst dreht und der sich auch durch die verschiedenen Bereiche seiner Schöpfung hindurch erkennt, lobt und preist.

Daraufhin schrieb Rumi ein »Reimgedicht« (persisch *Mathnawi*, türkisch *Mesnevi*), das mehrere Tausend Verse umfasst und in dem er die ihm zuteil gewordene Erleuchtung auf die verschiedenen Bereiche des Lebens überträgt. Aus dem Zustand der höchsten Erkenntnis heraus geschrieben, ist dieses Gedicht von einer seltsam anmutigen, eindringlichen und klaren Sprache. Darum gilt das *Mathnawi* zuweilen auch als »Koran in persischer Sprache« und wird seit Jahrhunderten zur Schulung von Derwischen verwendet.

In der damaligen islamischen Welt herrschte große Toleranz zwischen den verschiedenen Religionsgemeinschaften. Vor allem unter Derwischen wurde der intensive Austausch mit der Mystik anderer Religionen gepflegt. Rumi erkannte in allen Religionen die eine, immer wieder gleiche Wahrheit des alldurchdringenden Gottesbewusstseins. Im damaligen Konya gehörten deshalb nicht nur Muslime zu seinen Bewunderern, sondern auch Juden, Christen und sogar Buddhisten. Einer der engsten Freunde Rumis war der Patriarch der orthodoxen Christen, der in Konya schließlich direkt neben Rumi in dessen Grabesmoschee bestattet wurde und dessen Grab noch heute zu besichtigen ist.

Auf Mevlana Jallaludin Rumi geht der Orden der Mevlevis zurück, der Orden der sich drehenden Derwische, der nicht nur in der heutigen Türkei und in Syrien viele Anhänger besitzt, sondern auch in Europa, Nordamerika und sogar Australien.

Andere wichtige Sufi-Orden im Gebiet der heutigen Türkei sind die Kadiris und die Naqushbandis. Die Kadiris gehen ursprünglich auf Abdul Kadir Al-Gilani zurück, einen der wohl wichtigsten Heiligen des

Sufismus. Abdul Kadir Al-Gilani wird nicht nur in der heutigen Türkei, sondern nahezu in der ganzen islamischen Welt verehrt. Das arabische Wort *Kadir* bedeutet soviel wie »Macht, mächtig«. Abdul Kadir Al-Gilani gilt bei den Derwischen als »Pol der Macht«. Den Kadiris wird Macht über alle Leidenschaften nachgesagt. Eine von Abdul Kadirs Grundaussagen lautet: »Ebenso, wie ein leidenschaftlicher oder reicher Mensch alles nur Erdenkliche unternimmt, um seine Leidenschaft zu stillen oder seinen Reichtum zu mehren, so soll ein Derwisch alles nur Erdenkliche tun, um seine religiöse Inbrunst zu festigen.«

Den Kadiris schreibt man nicht nur Macht über ihre Leidenschaften zu, sondern auch die Macht über ihr Schmerzempfinden und ihre Körperfunktionen. Zu den Praktiken der Kadiris gehört deshalb in ihrer Ekstase das Durchstechen ihres Körpers mit scharfen oder glühenden Gegenständen.

Ein anderes Wort für jene Derwische ist auch *Fakir*, arabisch für »Armer«. Das Wort *Fakir* leitet sich auf den Prophetenausspruch zurück: »Fachr faqur«, »Meine Armut ist mein Stolz«. Die europäische Vorstellung von Fakiren wurde von diesen Derwischen beeinflusst.

Eine andere wichtige Derwischtradition, die auch im Gebiet der heutigen Türkei verbreitet ist, ist der Orden der *Khjajasan* (Heiligen), der auch »Orden der Naqushbandis« genannt wird. Der Name »Naqushbandi« bedeutet so viel wie »anheften« oder auch »eingravieren«. Allgemein wird angenommen, dass der Begründer des Ordens der legendäre Bahauddin Naqushbandi sei, der im 14. Jahrhundert im heutigen Usbekistan lebte und dessen Grabesmoschee in Buchara noch immer eines der wichtigsten Heiligtümer des Sufismus ist. Die heutige Forschung geht jedoch davon aus, dass der Orden der Naqushbandis noch älter ist. Bahauddin hat den Zusatz »Naqushbandi« demnach bloß angenommen, um die Tradition dieses Ordens auch durch seinen Namen auszudrücken.

Die Naqushbandis selbst sehen sich in einer Einweihungstradition, die unmittelbar auf den Propheten Mohammed und seinen Stellvertreter Abu Bhakr zurückgeht. Auf der Flucht von Mekka nach Medina wurden beide von mekkanischen Häschern verfolgt. Sie suchten Unterschlupf in einer Höhle. Es war ihnen klar, dass die Soldaten den Propheten töten würden, sollten sie gefunden werden. Der Legende nach soll damals Mohammed seinen Gefährten Abu Bhakr jenseits aller Worte in den esoterischen Islam eingeweiht haben. Mohammed setzte sich seinem Freund gegenüber und sprach: »Ein Teil von Gottes Allmacht floß aus dem Herzen des Erzengels Gabriel in mein Herz. Jetzt fließt dieses göttliche Licht in dein Herz, damit du es weitergibst, indem du es von deinem Herzen aus in das Herz derjenigen fließen lässt, die dir folgen, damit diese es wiederum weitergeben.«

In dieser Nacht webte eine Spinne ihr Netz vor dem Eingang der Höhle, zwei Tauben bauten ihr Nest, und ein Palmbaum war vor dem Höhleneingang gewachsen, so dass die mekkanischen Häscher die Höhle nicht betraten.

Der Überlieferung nach wurde diese Herzenseinweihung dann von Abu Bhakr an die nachfolgenden Generationen weitergegeben. Der Naqushbandi-Tradition zufolge fließt demnach seit Jahrhunderten dieses wundervolle Licht Mohammeds von Herz zu Herz. Auch Carl Vett schildert in seinem Buch, wie ihm sein Scheich Essad Efendi diese Herzensübertragung anbietet.

Eines der Grundkonzepte des Sufismus ist, dass wahres Wissen vor allem nonverbal übertragen wird. Indem der Scheich sich auf das Herz der Schüler konzentriert oder indem die Schüler immer wieder bestimmte Aussagen aus dem Koran oder Namen Gottes wiederholen, wird ein Wissen aufgebaut, das den Menschen dann in den entscheidenden Situationen zur Verfügung steht.

Dieses mystische Erbe wurde im Osmanischen Reich von den verschiedenen Sufi-Bruderschaften bewahrt und weiterentwickelt. Zu nennen wäre besonders der von Carl Vett beschriebene Scheich Essad Efendi, der zu seiner Zeit eine Anhängerschaft von mehreren Zehntausend Schülern hatte. Die Herrscher des Osmanischen Reiches standen traditionell den verschiedenen Derwischschulen sehr nahe, die dadurch einen großen Machtfaktor darstellten.

Nach der Machtübernahme Kemal Atatürks wurden nicht nur sämtliche

239

Derwischorden verboten, sondern auch das öffentliche Ausüben jedweder Religion. Als es zu einem Aufstand einiger Anhänger von Scheich Essad Efendi gegen das neue Regime kam, wurden er, sein Sohn Ali und einige seiner engsten Mitarbeiter zum Tode verurteilt. Der Scheich, der von Carl Vett als ein Mensch beschrieben wird, bei dem »Bescheidenheit und Demut in umgekehrtem Verhältnis zu seinem inneren Reichtum stehen«, verschied daraufhin in seiner Gefängniszelle. Sein Sohn Ali und weitere nennenswerte Derwische wurden jedoch am 3. Februar 1931 hingerichtet.

Paradoxerweise wird gerade in der heutigen Türkei der Staatsgründer Kemal Atatürk, der zu seiner Zeit die Derwischorden verbieten ließ, von vielen Derwischen hoch verehrt. Der Grund ist, dass Atatürk mit seinen Reformen die Grundlagen für eine weltoffene und moderne Türkei schuf. Gerade der Sufismus lehrt auch im geistigen Bereich Offenheit und Vielfalt. In der heutigen Türkei entdecken weite Teile der Bevölkerung darum auch den Sufismus als geistigen Schulungsweg neu, um einerseits dem Materialismus des westlichen Denkens und andererseits den orthodoxen Muslimen geistig etwas entgegensetzen zu können.

Der Sufismus und die Orthodoxie behaupten von sich, die einzig richtige Interpretation der Lehren Mohammeds zu geben, und berufen sich dabei auf entsprechende Koranpassagen und Aussagen des Propheten. Wie der große islamische Mystiker Ibn Arabi schreibt, ist dies gerade das Besondere am Koran: Jeder kann darin das entdecken, was er sucht. Und wie ein anderer großer Sufi, der Theologe und Philosoph Al-Ghasali schreibt, kann niemand von sich behaupten, ein Korangelehrter zu sein, der für ein entsprechendes Koranzitat nicht mindestens zwei verschiedene Interpretationen angeben kann.

Im Koran lassen sich zum Beispiel sowohl Passagen finden, die zum Kampf gegen »Ungläubige« aufrufen, als auch Passagen, die sich für Toleranz gegenüber Andersgläubigen einsetzen. Zum Beispiel heißt es in der Sure *Al Tawba* (Die Reue): »Tötet die Götzendiener, wo ihr sie trefft. Nehmt sie gefangen, umzingelt sie und lauert ihnen auf allen Wegen auf« (9:5), wohingegen es in der Sure 2:62 heißt: »All denen, seien es nun Muslime, Juden, Christen oder Sabäer, wenn sie nur an Gott glauben, an den Jüngsten Tag, und das Rechte tun, werden sie von ihrem Herrn ebenfalls Lohn erhalten und weder Furcht noch Traurigkeit wird über sie kommen.«

Gewaltbereite Fundamentalisten berufen sich auf solch kämpferische Koranverse wie den erstgenannten, um militant gegen Andersgläubige vorzugehen. Sufis hingegen weisen darauf hin, dass die durchgehende Botschaft des Korans immer wieder die Liebe, die Nachsicht und die Schönheit ist.

Koranpassagen wie die in der genannten Sure *Al Tauba*, in der zum Kampf gegen die Ungläubigen aufgerufen wird, erklären moderne muslimische Theologen in ihrem historischen Kontext. Zum damaligen Zeitpunkt herrschte eine konkrete Bedrohung der Muslime durch die schwer bewaffneten und zu allem entschlossenen Götzendiener. Die Sure *Al Tauba* wurde vor allem darum als Manifest gegen die Ungläubigen vorgetragen.

Da eine der Aussagen des Propheten Mohammed ist, dass jeder Teil des Korans sieben esoterische Bedeutungen besitzt, erkannten zu einem späteren Zeitpunkt viele Muslime in solch kämpferischen Versen vor allem die Anweisung, die niederen Triebe des Unglaubens in sich selbst zu erkennen und auszutilgen.

In anderen Passagen des Korans wird ausdrücklich zur Toleranz aufgerufen. So heißt es in Sure 2:257: »Es soll kein Zwang sein im Glauben«, und ein Prophetenausspruch lautet: »Ich befehle euch, jedem Bedrängten beizustehen, mag er nun ein Muslim sein oder nicht.«

Auch das islamische Konzept des *Dschihad* weckt im Bewusstsein des Westens oft Besorgnis. Das arabische Wort *Dschihad* bedeutet so viel wie »religiöses Streben«. Eine Forderung des Propheten Mohammed war, dass die Muslime permanent alles, was sie tun, mit religiösem Streben verbinden.

Als es im Jahr 624 zur legendären Schlacht von Badr kam, drohte das vorzeitige Ende des Islam. Ein gut bewaffnetes Reiterheer stand in dieser Schlacht einem Trupp von nur schlecht bewaffneten Muslimen gegenüber. Da sprach der Prophet die Worte: »Ein Muslim soll alles in seiner Macht Stehende tun, um einen Krieg zu vermeiden. Kommt es aber zu einem Krieg, so soll er alles in seiner Macht Stehende tun, um diesen Krieg zu gewinnen.« Dadurch wurde auch der Kampf zu einer religiösen Handlung. Als es zur entscheidenden Schlacht von Badr kam, wurde in den Reihen der Muslime der Koran zitiert. Die Muslime wurden dadurch in ihrem Kampfeswillen gestärkt, während ihre Gegner zu zweifeln begannen. Der muslimischen Überlieferung nach soll sogar der Erzengel Gabriel mit seinen Engelsscharen auf Seiten der Muslime in den Kampf eingegriffen haben. So kam es zum völlig überraschenden Sieg Mohammeds und seiner Getreuen.

Als im Jahre 630 die Muslime die Stadt Mekka friedlich zurückeroberten, sprach der Prophet die Worte: »Der kleine Dschihad ist nun beendet. Die Muslime sollten wieder zum großen Dschihad (Dschihad Al-Akbar) zurückkehren«, dem eigentlichen Kampf, den sie permanent gegen die niederen Ansprüche ihres Ego führen.

Dieses Konzept ist im Sufismus essenziell. Es heißt, die Gewohnheiten des niederen Ichs (arabisch: *Nafs ummara*) halten die Menschen davon ab, in das göttliche Bewusstsein einzutauchen. Wie der Sufi-Heilige Shibli (gestorben 945) schreibt, ist der Schritt zu Allah relativ einfach: »Es ist nur der Schritt aus dir selbst heraus.«

Um diese göttliche Wahrheit den Schülern zu vermitteln, entwickelten die Derwische verschiedene Techniken. Die wohl wichtigste ist das Zikr, das auch Carl Vett im vorliegenden Buch beschreibt. Das Zikr ist im Islam das preisende Gebet, das ab einem gewissen Punkt zum permanenten Gottgedenken wird.

Im Islam unterscheidet man generell drei Formen des Gebets:

1. Das für alle Muslime vorgeschriebene Pflichtgebet (arabisch: *Salat),* das möglichst fünfmal täglich von allen Muslimen verrichtet werden soll. In seiner Einfachheit versetzt es die Muslime in einen unmittelbaren Zustand der Bewusstwerdung und der Meditation.
2. Das persönliche Bittgebet (arabisch: *Dua),* bei dem die Gläubigen sich persönlich mit ihren Anliegen an Gott wenden.
3. Das Zikr, das die Muslime möglichst ununterbrochen praktizieren

sollen. Dabei wird einer der schönen Namen Allahs oder ein Satz aus dem Koran ständig wiederholt. Das türkische Wort *Zikr* kommt von dem arabischen Wort *dhikr*, das so viel wie »erinnern« heißt. Im Koran gibt es zahlreiche Beispiele für die Wichtigkeit des Zikr. So heißt es im Koran: »Erinnert euch meiner und ich werde mich eurer erinnern« (2:151), oder »… und gedenkt Gottes oft.« (33:40)

Es gibt eine Fülle von Geschichten aus der Frühzeit des Islam, die die Bedeutung des Zikr veranschaulichen. Bekannt ist die Geschichte von Mohammeds Tochter Fatimah und deren Mann Ali, Mohammeds Cousin und Lieblingsschüler.

Unter den Muslimen herrschte im Exil in Medina große Armut. Ali und Fatimah mußten darüber hinaus ständig Gäste in Mohammeds Haus bewirten. Einmal baten sie Mohammed um ein paar Diener. Mohammed antwortete, sie hätten bereits drei mächtige Diener. Es seien die Sätze: »*subhan-allah*«, »Gepriesen sei Allah«, »*al-hamdullilah*«, »Gedankt sei Allah« und »*allahu-akbar*«, »Allah ist größer«. Mohammed sagte, wer diese drei Sätze ständig spräche, dem stünden alle Reichtümer der Erde und der Himmel offen. Gott wird dann den Menschen beistehen, und das Bewusstsein der Menschen wird mit reiner Freude und Klarheit erfüllt.

Tatsächlich berichten Sufis, die in ihrem Zikr fortschreiten, immer wieder, dass die im Koran beschriebenen Paradiese mit ihren wunderbaren Lichtern und Schattierungen, ihren engelhaften Bewohnern sowie ihren vier Strömen aus Milch, Wasser, Honig und Wein keine abstrakten Wunschbilder sind, sondern reale Zustände, in die die Sufis durch ihre speziellen Übungen schon in diesem Leben eintauchen.

Wie der zeitgenössische Sufi-Scheich Lex Hixon beschreibt, wird der Strom aus Milch als ein Gefühl des reinen Wissens empfunden, der Strom aus Honig als reine Glückseligkeit, der Strom aus Wasser als eine überwältigende Klarheit und der Strom aus Wein als ein Zustand der Ekstase, von der man allerdings keine Kopfschmerzen bekommt.

Es heißt, Mohammed habe den Muslimen den Alkohol verboten, um sie vor niederer Trunkenheit zu bewahren, und ihnen dafür das Zikr gegeben, um sie in die göttliche Trunkenheit zu versetzen.

Im Sufismus unterscheidet man zwei Zikr-Formen: das gesprochene oder gesungene Zikr, das der Prophet der Legende nach seinem Schwiegersohn und Cousin Ali übermittelte; und das innere, kontemplative Zikr, in das der Legende nach der Prophet seinen besten Freund und Stellvertreter Abu Bhakr einweihte.

Carl Vett beschreibt in seinem Buch beide Formen. Das Abu-Bhakr-Zikr gilt im Allgemeinen als das höherstehende. Die Derwische konzentrieren sich dabei in der Regel auf ihren Atem, auf ihr feinstoffliches Herz oder auch auf ihren Herzschlag. Dazu wird gewöhnlich der Name »Allah« wiederholt oder der erste Teil des islamischen Glaubensbekenntnisses: »*La illaha ill'Allah*«, »Es gibt keine Götter außer Allah«.

Beim Abu-Bhakr-Zikr treten die Menschen äußerlich in eine meditative Ruhe ein. Beim Ali-Zikr hingegen geben sich die Derwische ihren Gefühlen hin. Die Gesänge werden oftmals von Musikinstrumenten begleitet, und durch die mit dem Zikr verbundene Atmung werden zuweilen enorme Energien freigesetzt.

Die Melodien und der Aufbau der verschiedenen Zikrs sind von Orden zu Orden verschieden. Manche Zikrs sind so mächtig, dass sie immer wieder Menschen in den Zustand der Ekstase versetzen. Dass Menschen sich während des Zikr erleuchtet fühlen und dabei regelrecht von ihren Plätzen gerissen werden, ist ein immer wiederkehrendes Phänomen, das auch Carl Vett in seinem Buch beschreibt.

Eines der von Carl Vett geschilderten Zikrs wird auch heute noch in mehreren Derwischorden praktiziert. Dabei zitieren die Derwische zuerst bestimmte Passagen aus dem Koran – in der Regel die 1. und die 112. Sure, aber auch andere Stellen. Dadurch entsteht eine meditative Grundstimmung. Dann singen die Derwische 100 Mal »*Astarchfirullah*«, »Verzeih mir Gott«, was eine Reinigungsformel ist. Dann wird 100 Mal der Satz »*La illaha ill'Allah*« zitiert, dann 300 Mal oder auch 1000 Mal »*Allah*«. Carl Vetts Beschreibung endet hier. Jedoch wird dieses Zikr oft noch weitergeführt. Die Derwische nennen dann noch die besonders mächtigen Gottesnamen *Hu* (arabisch für »Er«), *Haqq* (Wahrheit), *Hay* (Leben) und *Ya Hay Ya Quayum* (Der Lebende, in sich Bestehende). Oft werden noch weitere Namen angehängt wie *Rachman* (Gnädiger),

Rachim (Allverzeihenden), *Azziz* (Kostbarer), *Salam* (Frieden), *Nur* (Licht) oder *Halim* (Nachsichtiger).

Was gerade auch westliche Menschen an der islamischen Mystik fasziniert, ist die Verbindung der entsprechenden Gebete und Meditationen mit Tänzen. In der arabischen Welt wird allgemein viel getanzt. Deshalb lag es nahe, auch das Zikr mit Tänzen zu verbinden. Im Lauf der Jahrhunderte gab es immer wieder Mystiker, die in ihrer Erleuchtung zu den Lobpreisungen Allahs anfingen, sich zu bewegen. Ein Grundgedanke bei den Derwischtänzen ist: Indem die Derwische zum Zikr die gleichen Bewegungen wie ihre Meister ausführen, vollziehen sie die Erleuchtung der Meister nach. Eine andere Erklärung lautet, dass die verschiedenen Tänze die Bewegungen der Engel wiedergeben, die in den oberen Sphären ununterbrochen Allah preisen. Durch die Zikr-Tänze erreichen die Derwische die Schwingungen der Engel und erschaffen sich so schon in diesem Leben einen paradiesischen Körper.

Im Westen bekannt ist vor allem der Drehtanz der Mevlevis. Dabei drehen sich die Derwische um ihre eigene Achse. Andere verbreitete Tänze sind die der Rifai und der Burhania. Bei ihnen bewegen sich die Sufis in einer Reihe stehend auf und ab und hin und her. Der vor allem in Indien und Pakistan verbreitete Orden der Chishti lehrt ein Zikr, bei dem die Schüler sitzend zum islamischen Glaubensbekenntnis »La illaha ill'Allah« mit dem Oberkörper einen Kreis zu den Knien ausführen und sich dann wieder auf und ab bewegen. Carl Vett beschreibt ein ähnliches Zikr, das er bei seinem Aufenthalt in der Derga des Badawi-Ordens miterlebte: Zur Glaubensaussage »*La illaha ill'Allah*« bewegen sich die sitzenden Derwische vor und zurück und dann nach links und nach rechts.

Die durch das Zikr hervorgerufene Ekstase ist ein direktes Mittel, um das Bewusstsein für die höheren Welten zu öffnen. Wie Scheich Essad Efendi darlegt, lassen sich generell drei Wege (Tariquats) zu Allah festmachen. Als Erstes der Weg des genauen Einhaltens der religiösen Vorschriften. Wie Scheich Essad Efendi erläutert, führt dieser Weg sicher zum Ziel, ist aber auch sehr langwierig. Als Zweites der Weg der persönlichen Schulung. Dabei üben sich die Schüler ständig in Demut, sie kontrollieren ihre Begierden und beschäftigen sich mit geistigen Schriften. Dieser Weg, so Scheich Essad Efendi, ist schwierig, führt aber schneller zum Ziel als der erste. Als Drittes benennt Scheich Essad Efendi noch den Weg der Ekstase. Durch ihn gelangen die Schüler unmittelbar in die geistigen Welten. Allerdings ist dieser Weg, wie der Scheich erklärt, auch sehr gefährlich. Die Schüler werden in den geistigen Welten von negativen Kräften bedroht und können leicht vom Weg abkommen. Deshalb kann dieser Weg nur unter der Aufsicht eines Scheichs beschritten werden.

Ein gängiger Satz bei den Naqushbandi-Derwischen hierzu lautet: »Wer keinen Scheich hat, hat den Sheitan (Teufel) als Scheich.« Die Gefahr bei der Ekstase der Derwische ist, dass sich die Geister (Dschinnen) in das Bewusstsein der Adepten einschleichen. Die Dschinnen gaukeln den Adepten eine Größe vor, die sie in Wahrheit gar nicht besitzen.

Eine weitere Übung, die Scheich Essad Efendi mit Carl Vett praktiziert hat, ist die Lataif-Übung. Das arabische Wort *lataif* bedeutet so viel wie »einfühlsam« oder »feinfühlig«. Dabei konzentrieren sich die Sufis während ihres kontemplativen Zikr auf fünf feinstoffliche Punkte, die im Brustbereich verteilt sind. Scheich Essad Efendi nennt diese Punkte »Fußstapfen der Propheten«. Die Idee dahinter ist, dass sich der Bewusstseinskörper der Menschen mit dem Erscheinen der verschiedenen Propheten entwickelt, die im feinstofflichen Körper der Menschen ihre Spuren hinterlassen.

Die Lataif-Übung wird vor allem im Naqushbandi-Orden praktiziert (zu dem auch der Scheich von Carl Vett gehört), der ursprünglich vom Gebiet des heutigen Usbekistan ausgehend eine weite Verbreitung vor allem in Indien, aber auch in den Gebieten des osmanischen Reiches fand.

Dadurch wird ein wesentlicher Punkt sichtbar: Durch die enorme Ausbreitung des Islam von Schwarzafrika bis Indonesien und von Indien bis nach Tatarstan kam es zu einer menschheitsgeschichtlich bis dahin wohl einmaligen Verschmelzung zuvor isoliert bestehender magisch-spiritueller Hochkulturen. Die hermetischen Lehren des pharaonischen

Ägyptens, die Vedanta- und Yogalehren Indiens, die Lichtkulte Persiens, der Buddhismus und Taoismus der Himalaya-Gebiete und Turkestans, der Schamanismus Zentralasiens, die Geister- und Ahnenkulte Schwarzafrikas, aber auch der Platonismus und die christliche Mystik des Mittelmeerraums wurden nun unter dem Sufismus zu einem durchgehenden Strom des Wissens, der den Adepten in der ganzen islamischen Welt zugute kam.

Diese spirituelle Synergie fand nicht nur in den Übungen der Sufis ihren Niederschlag, sondern auch in deren theosophischen Schriften. Beispielhaft dafür sind die Lehren des Lichtmystikers Shyhabudyn As-Suhrawardi (gest. 1191), der in seinen Schriften die Lehren des Korans mit den Lehren Platons, den Lehren des pharaonischen Ägyptens und den Lichtkulten des alten Persiens in schlüssiger Form vereint. Dabei beschreibt Suhrawardi die ganze Schöpfung als Licht, das sich über verschiedene Abstufungen zur materiellen Welt verdichtet. Durch die islamischen Praktiken treten die Mystiker eine Rückkehr zur Quelle allen Lichts an, zu Gott, wobei sich bei jeder geistigen Station neue Engelswelten erschließen, die den Menschen schwere Prüfungen auferlegen.

Wie es im »Lichtvers« im Koran heißt:

»Allah ist das Licht der Himmel und der Erde. Sein Licht gleicht dem in einer Nische in einer Mauer, in der eine Lampe und die Lampe in einem Glas ist. Das Glas scheint dann wie ein leuchtender Stern. Es wird erhellt vom Öl eines gesegneten Baumes, eines Olivenbaumes, der weder im Osten noch im Westen wächst; dessen Öl fast ohne Berührung des Feuers Licht gibt und dessen Licht über allem Licht steht und Allah leitet mit seinem Lichte, wen er will. So stellt Allah Gleichnisse auf, denn Allah kennt alle Dinge.« (24:35)

Ein anderer großer Mystiker des Islam ist Scheich Muhyddin Ibn Arabi (gest. 1240), der zudem als der größte islamische Theosoph überhaupt gilt. Auch Scheich Essad Efendi geht in dem Buch von Carl Vett auf diesen Mystiker ein. Die theosophischen Abhandlungen Ibn Arabis werden auf mehr als 500 an der Zahl geschätzt. In ihnen nimmt er mit profundem Wissen zu fast jedem in der damaligen islamischen Welt bekannten Thema Stellung: Astrologie, Träume, Heilkunst, Numerologie, Geschichtswissenschaft, Koranwissenschaft, Engel, Dschinnen, das Reich der Tiere und Mineralien. Deshalb bezeichnete man Ibn Arabi auch schon als »den Rudolf Steiner der islamischen Welt«, und genauso könnte man Rudolf Steiner als »den Ibn Arabi der christlichen Welt« bezeichnen.

Vor allem zwei Werke Ibn Arabis gelten als fundamentale Eckpfeiler der islamischen Mystik, die auch heute noch in den Derwischschulen gelesen werden: *Al Futuhat Al-Makkia*, »Die Mekkanischen Offenbarungen«, und *Al Fusus Al Hikam*, »Die Siegelringe der Weisheit«.

In den *Mekkanischen Offenbarungen* fügt Ibn Arabi die Lehren des Korans logisch zusammen. Dabei interpretiert er diesen in einem mystischen Zusammenhang neu. Demnach hat Allah alles erschaffen, um sich seiner selbst bewusst zu werden. Die ganze Schöpfung bildet dabei eine einzige zusammenhängende Einheit, in der jeder Bereich die göttliche Allgegenwart umfasst. Ibn Arabi spricht dabei von einer Einheit des Seins.

Wie der bekannte Islamgelehrte des 20. Jahrhunderts, S. H. Nasr, schreibt, fasste Ibn Arabi in seinen Werken das Wissen zusammen, dass den ersten Generationen der Muslime noch geläufig war, das aber im Lauf der Zeit verloren ging. Ibn Arabi bewahrte das eigentliche Verständnis des Korans vor dem Vergessen.

Das zweite grosse Werk Ibn Arabis heißt, wie gesagt, *Al Fusus Al Hikam,* »Die Siegelringe der Weisheit«. In diesem Buch interpretiert Ibn Arabi in einer fast schon übermenschlichen Klarheit die Prophetologie des Korans. Wie schon vor Ibn Arabi der Prophet Mohammed lehrte, ist der Islam keine neue Religion, sondern die ursprüngliche Religion, der schon die Engel im Paradies angehörten und die mit Adam, dem ersten Menschen, zur Erde kam. Deshalb glauben Muslime auch an die Propheten und Heilsbringer und verehren sie, an die auch die Juden und Christen glauben. In dem Werk *Fusus Al-Hikam* beschreibt Ibn Arabi, wie jeder der 28 im Koran erwähnten Propheten auf die Erde geschickt wurde, um den Menschen ihrem Umkreis und ihrer Epoche entsprechend den Glauben an Allah zu vermitteln und dadurch die Bewusstwerdung der Menschen zu bewerkstelligen.

Ibn Arabi beschreibt die Propheten dabei als Siegelringe. So wie Fürsten immer wieder ihre Siegelringe in heißes Wachs tauchen, um so ihr Zeichen zu hinterlassen, so benutzt Allah die Propheten als Siegelringe, mit denen er den Völkern der Erde zu bestimmten Epochen die eine göttliche Wahrheit immer wieder neu übermittelt.

Den ersten Propheten, *Adam*, beschreibt Ibn Arabi dabei nicht als konkrete Person, sondern als Urbild, aus dem alle Menschen herausfließen und neu geschaffen werden. Laut Ibn Arabi wurden Adam die Namen der einzelnen Teile der Schöpfung vermittelt, weshalb ihm die ganze Schöpfung untertan ist.

Abraham war vom Göttlichen durchdrungen und lehrte den Menschen die reine Gottesliebe. Sein Sohn *Issak* brachte den Menschen die Bedeutung der Symbole. Dadurch, dass für ihn ein Schaf und kein Kamel geopfert wurde, das die Araber eigentlich höher schätzten, erwachte die Menschheit zur Bedeutung von Symbolen. *Joseph* hingegen, der die Träume des Pharao deutete, übermittelte den Menschen die Kunst der Traumdeutung. *Moses* brachte den Menschen die Fähigkeit, sich aus gewohnten Bahnen loszulösen, um ein höheres Bewusstsein zu entwickeln.

Yonas, der im Bauch des Wals war, brachte den Menschen die Fähigkeit, sich in Klausur zu begeben, um zu meditieren. *Salomon* brachte den Menschen die Herrschaft über die Dschinnen und die Erkenntnis, dass im Islam religiöse Vollkommenheit und weltlicher Besitz einander nicht ausschließen. *Jesus* wird von Ibn Arabi vor allem als Heiler beschrieben. Durch die geistige Heilung werden auch körperliche Leiden geheilt. Der Höhepunkt der menschlichen Bewusstwerdung findet nach Ibn Arabi jedoch ganz nach islamischer Tradition durch das Erscheinen des Propheten Mohammed statt. *Mohammed* übermittelte den Menschen das Ritualgebet und den Koran, durch den dem islamischen Glauben nach Allah direkt zu den Menschen spricht. Dadurch, so Ibn Arabi, hat der Mensch nicht nur in diesem Leben schon materiellen Segen, sondern auch Zugang zu allen Paradiesen.

Der Prophet Mohammed sagte selbst einmal, dass es neben den im Koran namentlich erwähnten Propheten noch weitere 124 000 ungenannte gibt.

Sufis beziehen sich immer wieder auf das von Ibn Arabi beschriebene Bild der »Siegelringe der Weisheit«, die die Bewusstwerdung der Menschheit gestalten. Sie zählen zu ihnen auch die Heilsbringer der anderen großen Religionen: Shiva, Rama, Mahivira, Laotse, Konfuzius, Buddha, Pythagoras oder Zarathustra.

Im Westen weitgehend unbekannt ist zum Beispiel, dass das höchste Heiligtum der indischen Shiva-Hindus eine besondere Höhle im Himalaya ist. Diese Höhle wurde von einem muslimischen Hirten entdeckt, zu dem Shiva sprach, dass er den Menschen erzählen solle, dass Er, Shiva, in dieser Höhle lebe. Der Hirte hatte daraufhin einen Wunsch frei und wünschte sich die Pilgerfahrt nach Mekka. So nahm ihn Shiva auf seine Flügel und flog mit ihm nach Mekka.

Am Fuß der Höhle finden sich neben Hindutempeln auch Moscheen, in denen Muslime zu Allah beten und die Shiva-Erscheinung als den Propheten Pir Baba verehren. Der große Sufi-Heilige des 20. Jahrhunderts, Pir Vilayat Khan (gestorben 2004) lehrte hierzu, dass Shiva als »Siegelring der Weisheit« auf die Erde kam, um die Menschen die Nutzung der Naturgewalten zur spirituellen Erleuchtung zu lehren.

Wie Pir Vilayat Khan in der Tradition Ibn Arabis weiter erklärt, erschien Zarathustra als Prophet, um den Menschen die Bedeutung des göttlichen Lichts zu vermitteln. Seine Aufgabe war es, so Pir Vilayat Khan, den Schleier zwischen der irdischen Ebene und den himmlischen Sphären aufzulösen, der aus unterschiedlich entfalteten Abstufungen von Licht besteht.

Buddha hingegen wird von Pir Vilayat Khan als Prophet beschrieben, der die Menschen lehrte, dass das Nichtanhaften an die Welt und die damit verbundene Reinheit zur höchsten Erkenntnis führt.

Als im Jahre 2001 radikalislamische Taliban in afghanischen Bamiyan die bis dahin größten Buddhastatuen der Welt sprengten, schrie die Welt auf vor Empörung angesichts solch eines Maßes an religiöser Intoleranz und kultureller Barbarei. Doch war Afghanistan bis zum Einmarsch der Sowjets im Jahr 1980 aufgrund seiner Lage zwischen Zentralasien, Indien, Persien und China eines der Hauptzentren des Sufismus. Gegenüber den Buddhastatuen von Bamiyan waren in schönen Gärten auf Terrassen auch Sufi-Schulen angesiedelt, die angesichts der Buddhafiguren zu Allah beteten und meditierten und wie selbstverständlich Buddha als Gesandten Allahs verehrten. Doch im Lauf des mehr als zwanzig Jahre andauernden Krieges in Afghanistan wurden auch diese Sufi-Schulen zerstört.

Zu erwähnen wäre in diesem Zusammenhang auch der indische Mogul-Herrscher Darah Shokuh (gestorben 1649), der in den Sufismus initiiert war und der eigenhändig die Upanishaden ins Persische übersetzte. Außerdem hatte er ein Werk in Auftrag gegeben, das die Unterschiede und Gemeinsamkeiten zwischen Hinduismus und Islam untersuchen sollte. In diesem Werk mit dem Titel *Magm Al-Bahr*, »Der Zusammenfluss der beiden Ozeane« wird mit wissenschaftlicher Systematik beschrieben, wie die essentiellen Aussagen der Veden mit denen des Korans übereinstimmen. Deshalb wurde unter Darah Shokuh auch der Hinduismus zur »zu tolerierenden Buchreligion« erklärt.

Ein wichtiges Prinzip im Islam ist das der Toleranz gegenüber anderen Religionen. Diese Toleranz wurde schon in der Frühzeit des Islam ausdrücklich auf die »Buchreligionen« Christentum und Judentum festgeschrieben, die ebenfalls heilige Schriften besitzen und die ebenfalls an den einen Gott glauben.

Wie es im Koran dazu heißt:

»Einem jeden Volke gaben wir die Religion und einen offenen Weg. Wenn es Allah nur gewollt hätte, so hätte er euch allen nur einen Glauben gegeben, so aber will er euch in dem prüfen, was euch zuteil geworden ist. Wetteifert daher in guten Werken, denn ihr werdet alle zu Allah heimkehren und dann wird er euch über das aufklären, worüber ihr uneinig wart.« (5:49)

Es wäre zu wünschen, dass sich die islamistischen Terroristen der Gegenwart wieder auf die Größe ihres Propheten Mohammed besinnen. Ein Ausspruch des Propheten lautet, dass sich ein Muslim niemals von negativen Gefühlen überkommen lassen soll. Dieser Satz ist so wichtig, dass ihn in der islamischen Welt schon Grundschüler lernen. Eiferer, die ihren Hass auf westliche Lebensformen religiös legitimieren, vernachlässigen klassische islamische Werte wie Toleranz, Gastfreundschaft und Nächstenliebe.

Das von Ibn Arabi beschriebene Prinzip, dass das Bewusstsein der Menschen durch verschiedene Entwicklungsstadien hindurch gebildet wird, ist auch eine essentielle Aussage im Werk von Rudolf Steiner. In einem seiner Hauptwerke, *Die Geheimwissenschaft im Umriss,* beschreibt Steiner sieben große Epochen auf der Erde, in denen sich das menschliche Bewusstsein entwickelt. Die gegenwärtige vierte Kulturepoche nennt Steiner die »Nach-Atlantische«, die er wiederum in sieben weitere große Unterepochen untergliedert. Ähnlich wie Ibn Arabi geht auch Steiner dabei vom Erscheinen bestimmter Meister der Weisheit aus, die in diesen Epochen das Bewusstsein der Menschen formen.

Die erste Unterepoche nennt Steiner die »Altindische Kulturepoche«, in der sieben Weisheitslehrer erschienen sind. Die Menschen in dieser Kulturepoche lebten laut Steiner in völlig vergeistigter Form.

Als Nächstes benennt Steiner die »Altpersische Kulturepoche«, in der die Menschen den Blick auf das rein Materielle richteten. Als großen Weisheitslehrer jener Zeit führt Steiner Zarathustra an. In dieser Zeit, so Steiner, blühten Fruchtbarkeitskulte, Magie und Kriegskunst.

Diese Epoche wurde von der »Ägyptisch-Babylonischen Kulturepoche« abgelöst, in der die Menschen die Erforschung der geistigen Gesetze hinter der physisch-sinnlichen Welt anstrebten. Laut Steiner entstanden zu jener Zeit die Orakelkulte, Sternenkunde, Mathematik und Architektur. Der prägende Weisheitslehrer jener Epoche war Hermes Trismegistos.

Interessant ist, dass Hermes auch im Koran als Prophet erwähnt wird. Der arabische Name von Hermes ist Idris. Ibn Arabi schreibt dem

Propheten Idres in seinen *Siegelringen der Weisheit* eine ähnliche Sendung zu wie 700 Jahre später auch Steiner in seiner *Geheimwissenschaft im Umriss*. Laut Ibn Arabi vermittelt Allah durch Idris den Menschen das reine Denken, das sich auch außerhalb der materiellen Begebenheiten entwickeln kann und die Bedeutung der Zahlen, um durch sie die allumfassende Einheit Allahs zu erkennen.

Laut Steiner wurde die »Ägyptisch-Babylonische Epoche«, die unter dem Einfluss von Hermes stand, durch die »Griechisch-Lateinische« abgelöst, in der die Menschen die geistigen Gesetze im Materiellen verwirklichten, was sich in den bildenden Künsten, der Architektur, den Tempelanlagen und den olympischen Spielen ausdrückte. Diese Kulturepoche stand laut Steiner unter dem Einfluss von Pythagoras, den auch die Derwischschulen hoch verehren.

Die vorangegangenen Epochen waren für Steiner die Vorbedingungen für das Erscheinen des Christus-Logos, durch den dem Menschen alle schöpferisch-geistigen Impulse zur Verfügung stehen. Anders als bei dem Muslim Ibn Arabi bildet für den Christen Rudolf Steiner verständlicherweise den Höhepunkt der Weisheitslehrer nicht der Prophet Mohammed, sondern Jesus Christus. In zahlreichen Werken setzte sich Steiner mit dem »Christus-Impuls« auseinander, bei dem durch die Taufe im Fluss Jordan das göttliche Christus-Bewusstsein in den Menschen Jesus überging.

Den Propheten Mohammed erwähnte Steiner hingegen nur am Rande und oftmals mit einem eher misstrauischen Unterton. Dieses Misstrauen kann aber mit Steiners mangelhaftem Wissen vom Islam erklärt werden. Steiner war ein Kind seiner Zeit und konnte nur auf einen Wissensschatz zurückgreifen, der im Abendland kulturell vorgegeben war. Anders als die islamische Welt, in der der Prophet Mohammed als erstes Licht der Schöpfung und in all seinen irdischen Tätigkeiten nur mit Superlativen beschrieben wird (der größte Prophet, Mystiker, Staatsmann, Feldherr, Ehemann, Familienvater, Poet, Revolutionär, Traumdeuter, Astralreisende, Geisteraustreiber etc.), nahm das christliche Europa im Lauf der Jahrhunderte Mohammed vor allem als Herausforderung wahr. Christliche Chronisten beschrieben Mohammed daher oft als »primitiv«, vor allem wohl wegen der praktizierten Vielehe des Propheten und seiner Rolle als Kriegsherr.

Die gegenwärtige Kulturepoche bezeichnet Steiner als die »Lateinisch-Germanische«. Dabei geht es um die Entwicklung der Verstandesseele und um die Beherrschung des Sinnlich-Materiellen.

Laut Steiner folgen in der Zukunft noch zwei weitere Kulturepochen: die Slawische und die Amerikanische, in denen die Menschen neue Gemeinschaftsformen praktizieren und ihr technisches Wissen verfeinern werden. Damit sei die volle Entwicklung auf dieser Erde noch nicht abgeschlossen, sondern es sollen noch zwei weitere große Kulturepochen mit jeweils sieben Unterepochen folgen, durch die hindurch sich das Bewusstsein des Menschen weiterentwickeln wird.

Bei seinen Orientstudien beschäftigte sich Steiner vor allem mit politischen Herrschern wie dem legendären Kalifen Harun Ar-Raschid oder Sultan Saladin, dem Eroberer Jerusalems. Beide Herrscher betrachtete Steiner als große Adepten, denen er großen Respekt zollte. Auch arabische Philosophen wie Ibn Rushd, der den Europäern das aristotelische Denken vermittelte, erwähnt Steiner in seinen Büchern durchweg positiv.

Die islamische Geisteswissenschaft bezeichnet Steiner als »Arabismus«, der sich vor allem durch seine Logik auszeichnet. In seinen Spätschriften lehnt Steiner aber das für ihn im arabischen Denken vermeintlich Logische für die europäische Kulturentwicklung ab. Seiner Meinung nach drohte das aus Arabien überlieferte logische Denken, das dort noch mit dem Glauben an den Schöpfergott verbunden war, in Europa zu engstirnigem Materialismus zu erkalten.

Interessant sind im vorliegenden Buch besonders die Diskussionen zwischen dem anthroposophisch geprägten Autor Carl Vett und dem Sufi-Scheich Essad Efendi zum Thema Reinkarnation. Der Autor vermittelt den Gedanken der Seelenwanderung, wie er gegen Ende des 19. Jahrhunderts von der russischen Theosophin Helena Petrovna Blavatsky formuliert und von Esoterikern wie Rudolf Steiner oder Alice Bailey weiterentwickelt wurde. Auch heute besitzt dieser Gedanke in der New-Age-Bewegung noch Gültigkeit. In einer Weiterentwicklung des hinduistischen Karmagedankens inkarnieren demnach ständig Seelen neu auf der Erde, um sich in verschiedenen Kulturepochen geistige Fähigkeiten anzueignen.

Auch in der islamischen Mystik wurde mehrfach der Gedanke der Reinkarnation aufgegriffen. Im Koran finden sich einige Passagen zu diesem Thema:

> »Wie wollt ihr Allah leugnen? Ihr wart ja ohne Leben, er hat euch Leben gegeben, er wird euch sterben lassen und er wird euch dereinst wieder zum Leben erwecken. Dann werdet ihr wieder zu ihm zurückkehren.« (2:28)

> »Allah hat euch aus der Erde hervorgebracht, und er wird euch in dieselbe zurückführen und auch wieder aus derselben hervorholen. Allah hat euch die Erde wie einen Teppich ausgebreitet, damit ihr auf derselben in breiten Wegen gehen könnt.« (71:17-20)

Auch vom Propheten Mohammed, auf den sich alle Sufi-Mystiker beziehen, gibt es verschiedene Aussagen, die sich als Beleg für eine Reinkarnation deuten lassen. Überliefert ist der Prophetenausspruch, dass zuerst die Menschen in das Paradies eintreten werden, die in ihrem Leben geglaubt und Gutes getan haben. Dann werden die Menschen in das Paradies eintreten, die nicht geglaubt, aber dennoch Gutes getan haben. Die Menschen aber, die in ihrem Leben weder geglaubt noch Gutes getan haben, werden in einen Fluss vor den Toren des Paradieses geworfen, der »Das Leben« heißt.

Auch von Jallaludin Rumi, dem großen Erneuerer des Islam im 12. Jahrhundert, gibt es Aussagen wie diese:

> »Zuerst warst du Mineral, dann Pflanze, dann Tier, dann Mensch. Du wirst ein Engel werden, und auch das wirst du hinter dir lassen. Es warten noch tausend weitere Existenzformen auf dich. Was du dir nicht vorstellen kannst, das wirst du sein.«

Im Islam gibt es darum schon seit der Frühzeit verschiedene Gruppen, die an die Reinkarnation glauben. Zum Beispiel die Drusen, von denen es weltweit mehrere hunderttausend gibt und die vor allem im Libanon vertreten sind; die Aleviten und Bektashis, die in der Türkei zehn Prozent der Bevölkerung ausmachen; die den Aleviten verwandten syrischen Aleviten, die in Syrien zwölf Prozent der Bevölkerung stellen; oder die Ismailiten unter der Leitung des in Ägypten ansässigen Aga Khan mit weltweit mehreren hunderttausend Anhängern vor allem in Ägypten, Indien und in Turkestan.

Dem Glauben der Drusen nach entfaltet sich das Bewusstsein Allahs schrittweise durch die Inkarnation der unzähligen Lebewesen durch die verschiedenen Leben.

Allerdings ist der Glaube an die Reinkarnation im sunnitischen Islam, dem die meisten Sufis angehören (so auch der Scheich von Carl Vett), nicht verbreitet. Der Grund ist einfach und wird durch die folgende Geschichte verdeutlicht:

Zwei Kaufleute fuhren einmal gemeinsam zur See und erzählten sich von ihrem Zuhause. Der eine sprach von seiner Ehefrau, wie sehr er sie vermisse, dass er sich schon freue, zu ihr zurückzukommen und dass er alles tun würde, um immer bei ihr zu bleiben. Der andere erzählte, dass auch er eine Frau zu Hause hätte und dass er sie vermissen würde. Aber sobald sich die Möglichkeit bieten würde, würde er wieder wegfahren. Er hätte ja noch andere Dinge zu erledigen und zur Ruhe setzen könne er sich irgendwann später.

Die Position des ersten Kaufmanns verdeutlicht den Standpunkt der Sufis zum Thema Reinkarnation. Für die islamischen Mystiker, deren Streben sich in erster Linie darauf richtet, mit dem Geliebten - Allah - für immer vereint zu sein, ist es nur schwer erträglich, mehrere Male wiedergeboren zu werden, um dieses höchste aller Ziele zu erreichen. Für die Verfechter der Reinkarnationslehre jedoch muß man viele Male wiedergeboren werden, um diesen Zustand zu erreichen.

Ein Fakt, auf den die islamische Mystik immer wieder hinweist, ist, die Relativität des menschlichen Egos, die durch einen Perspektivenwechsel deutlich wird. Betrachtet man die einzelnen Individuen als vom göttlichen Ganzen abgeschottet, so erscheint eine Entwicklung des Geistes über mehrere Leben hinweg plausibel. Betrachtet man dagegen die Schöpfung aus Sicht des göttlichen Ganzen, so gibt es immer nur die Allgegenwart Allahs, die sich in den verschiedenen Formen der Schöpfung immer wieder neu inkarniert. Sowohl in der Anthroposophie als auch im Sufismus geht es dabei um die Höherentwicklung des menschlichen Geistes, und wer die beiden Lehren miteinander vergleicht, wird sich wundern, wie schmal die Kluft ist, der diese beiden großartigen Weisheitssysteme voneinander trennt. Es wäre wünschenswert, wenn diese Kluft harmonisch überwunden werden könnte, damit sich beide esoterischen Lehrsysteme gegenseitig ergänzen und befruchten.

Aus den Gesprächen zwischen dem Autor Carl Vett und Scheich Essad Efendi zum Thema Reinkarnation ergeben sich einige interessante Ausblicke. Eine Frage in allen Religionen ist die nach der Endlichkeit der Schöpfung. Wie es die muslimischen Aleviten lehren, ist der Sinn der Schöpfung die Selbstentfaltung des Schöpfers. Ein Gedanke, wie er auch im 19. Jahrhundert von dem deutschen Philosophen Hegel formuliert wurde.

Im Koran steht hierzu geschrieben, dass es einmal ein Jüngstes Gericht geben wird. Die ganze Schöpfung wird dann zu ihrem Schöpfer zurückkehren. Im Koran wird nicht angedeutet, wann dieses Jüngste Gericht eintreten wird, aber es wird auf ein paar unmissverständliche Zeichen hingewiesen. So wird zwischen den Menschen allgemein Unruhe herrschen, ein sprechendes Tier wird erscheinen und die Sonne wird im Westen und nicht wie gewohnt im Osten aufgehen.

Wie der Autor Carl Vett bei den Diskussionen mit Scheich Essad Efendi erklärt, ist damit das geistige Licht gemeint. Seit Jahrtausenden strahlt das geistige Licht immer aus dem Osten in den Westen. Erst dadurch, dass die Sonne des geistigen Lichts aus dem Westen in den Osten strahlt, rückt der Tag des Jüngsten Gerichts in greifbare Nähe. Wie Carl Vett jedoch betont, liegt darin auch eine große Chance für die Menschen des Westens. Der anthroposophischen Reinkarnationslehre nach inkarnieren nicht nur die einzelnen Seelen auf der Erde über die verschiedenen Seinsstufen hinweg, sondern auch ganze Planeten inkarnieren immer wieder neu, um sich höher zu entwickeln. Auch die Erde wird nach der anthroposophischen Lehre eines Tages vergehen und in einer höheren Daseinsform eines Tages wieder auferstehen. Für den Autor Carl Vett liegt darum die Chance für die Menschen im Westen darin, durch eine entsprechende Bewusstwerdung dazu beitragen zu können, dass die Inkarnation des Erdenlogos nicht im Chaos endet, sondern sich in großer Harmonie und Frieden vollzieht.

Wie die Begründerin der Theosophie, Madame Blavatsky, schreibt, ist der Sinn des menschlichen Lebens, die Wahrheit zu finden. Zu Beginn des 3. Jahrtausends bleibt darum zu hoffen, dass die geistig aufgeschlossenen Menschen aller Nationen zusammenkommen und sich über alle ideologischen und religiösen Sichtweisen hinweg vorurteilsfrei austauschen, um die Wahrheit zu finden, die alle Menschen brüderlich und in Frieden vereinen wird.

In der gegenwärtigen Zeit, in der ein globales Bewusstsein geboren wird, in dem das Zusammenrücken der verschiedenen Kulturen unausweichlich wird, kann gerade die Mystik dazu beitragen, dass sich die Kulturen auf friedlichem und nicht auf kriegerischem Weg begegnen. Wie der bedeutende islamische Mystiker Ibn Arabi sprach:

> »Mein Herz umfasst sämtliche Formen
> Das Mönchskloster, den Götzentempel
> Die Weide der Gazellen und die Kaaba des Gläubigen
> Die Tafeln der Thora und den Koran
> Die Liebe ist, wozu ich mich bekenne:
> Wohin seine Kamele sich auch wenden mögen
> Die Liebe ist und bleibt mir Glaube und Gesetz.«

André Ahmed Al Habib
Sufismus
Das mystische Herz des Islam
Eine Einführung

311 Seiten, Paperback
16,90 Euro

ISBN 978-3-929345-24-7

Dieses Standardwerk gibt einen umfangreichen Einblick in die Vielfalt der islamischen Mystik, in die Techniken und Lehren, und geht damit weit über den Inhalt anderer Bücher zu diesem Thema, die zumeist nur kulturhistorische bzw. Teil-Aspekte des Sufismus behandeln, hinaus. In den Text eingewoben sind viele Sufi-Geschichten und Heiligenanekdoten.

---

mehr Info auf www.verlaghjmaurer.de

Michaela M. Özelsel
40 Tage
Erfahrungsbericht einer
traditionellen Derwischklausur

Vorwort von Annemarie
Schimmel

327 Seiten, Paperback
19,90 Euro

ISBN 978-3-929345-64-3

Das faszinierende Tagebuch einer Deutschen, die sich in Istanbul einer Derwischklausur unterzieht und in 40 Tagen Einsamkeit und Fasten einen auflergewöhnlichen Zugang zu Gott und sich selbst findet. Und gleichzeitig die erstaunliche Dokumentation einer westlichen Wissenschaftlerin, die auf historischem um medizinischem Gebiet Hinweise dafür sucht und findet, dass der Weg des Herzens tatsächlich zu einer neuen Dimension des Bewusstseins führt.

Michael Celler

Der Koran für Nichtmuslime

391 Seiten

22,90 Euro

ISBN 978-3-929345-65-0

2. überarbeitete Auflage